看清常识背后的秘密　洞见秘密背后的真相

管理通识

成功企业"四梁八柱"经营管理的核心秘密

周辉　著

中华工商联合出版社

图书在版编目（CIP）数据

管理通识：成功企业"四梁八柱"经营管理的核心秘密/周辉著.—北京：中华工商联合出版社，2023.5

ISBN 978-7-5158-3658-4

Ⅰ.①管… Ⅱ.①周… Ⅲ.①企业经营管理 Ⅳ.① F272.3

中国国家版本馆 CIP 数据核字（2023）第 077406 号

管理通识：成功企业"四梁八柱"经营管理的核心秘密

作　　者：	周　辉
出 品 人：	刘　刚
责任编辑：	吴建新　关山美
装帧设计：	智　画·王桂花
责任审读：	付德华
责任印制：	迈致红
出版发行：	中华工商联合出版社有限责任公司
印　　刷：	北京毅峰迅捷印刷有限公司
版　　次：	2023 年 6 月第 1 版
印　　次：	2023 年 6 月第 1 次印刷
开　　本：	710mm×1000mm　1/16
字　　数：	260 千字
印　　张：	17.5
书　　号：	ISBN 978-7-5158-3658-4
定　　价：	68.00 元

服务热线：010-58301130-0（前台）

销售热线：010-58301132（发行部）
　　　　　010-58302977（网络部）
　　　　　010-58302837（馆配部）
　　　　　010-58302813（团购部）

地址邮编：北京市西城区西环广场 A 座
　　　　　19-20 层，100044

http://www.chgslcbs.cn

投稿热线：010-58302907（总编室）

投稿邮箱：1621239583@qq.com

工商联版图书
版权所有　侵权必究

凡本社图书出现印装质量问题，请与印务部联系。

联系电话：010-58302915

赞誉

好的管理举措往往是系统性的、成体系的。任何一位成功的企业经营者，都明白一个简单却又至关重要的道理：建立一个行之有效的经营管理体系，是企业实现长久稳健发展的重要保障。《管理通识》一书颠覆了普通人对经营管理高高在上的认知误区，"四梁八柱"的结构体系是让每个人都可以轻松掌握经营管理的不二法门。

——**陈汉聪 博士**（白沙泉并购金融研究院执行院长、浙江省并购联合会副秘书长）

管理是一种理论指导下的实践与探索，管理一般很难有万能钥匙。每一家企业成长历程的不同，也体现出管理需要理论常识并通过实战进化。周辉先生用他多年的学习和实战，独创了"四梁八柱"科学实用的管理结构体系，打通了管理的"任督二脉"，让管理回归简单。《管理通识》一书，值得细读精读。

——**刘文标**（之江商学院副院长）

本书主要对企业经营管理进行系统阐述，是一本优秀的、极具洞察力的企业经营管理书籍。书中提及的经营管理问题常常困扰着各行各业的朋友，建议企业的管理者认真研读这本书，汲取书中凝聚的企业经营管理哲学。

——**代建俊**（清科创业 1945.HK 创业服务中心总经理）

企业管理是基于系统的动态升级。周辉根据长期管理经验独创了"四梁八柱"管理体系，将有效的方法论传授于管理者，以减少战略、组织、人才和文化等方面的失败，《管理通识》一书是管理者自修自学的参考书。

——林小桢（共创引导技术开发者、《共创对话：从头脑风暴到决策共识》作者）

商业不只是依靠运气，如何将成功企业的理念运用到企业经营管理活动中？本书结合案例清晰地阐释了一套行之有效的企业经营管理方法。许多我们在企业经营中遇到的问题，其背后原理在本书中总有一个特别恰当的解释。它能帮你理清思路，发掘管理事务的本质，值得一读再读。

——贾波（浙江省企业培训师协会会长）

本书紧密结合了现代企业经营管理的基本科学理论，将抽象的原理与理论用"四梁八柱"的形式呈现，运用图像生动地介绍经营管理的理论和实践。本书通俗易懂且结合大量案例，对经营管理的底层逻辑和应用场景进行了详细阐述，增强了全书的可读性，读者可以通过本书学习并巩固管理基本功。

——姚晓冬（长三角新能源汽车产业链联盟执行秘书长）

企业管理如同弹钢琴。如何做到十个指头都动，并且有节奏、有轻重？

周辉此书以"战略、股权、文化、执行力"为企业管理之"四梁"，并从"市场、财务、资本、薪酬、绩效、股权激励、组织、人才"八个层面展示了他对经营管理方法论的探索，勾勒出企业战略管理的基本框架与逻辑。此书是建立于作者实践基础上的原创经验，相信将对经营管理者有所裨益，值得一读！

——**徐王婴**（财经作家，浙商研究会常务副会长）

在现代商业中，一家成功的企业往往意味着在经营管理方面具备全面的综合竞争优势。周辉先生提出的具有独创性的"四梁八柱"方法能够帮助你将商业设想变为成功的、可持续的现实。你将在书中找到企业经营管理的战略与管理方法论，并将其运用到企业经营管理的持续创新中。

——**谢江涛**（金域医学副总裁）

周辉通过独创的"四梁八柱"管理体系从12个方面全面细致、通俗易懂却又不失逻辑地阐述了管理者如何科学严谨地经营企业，从而使企业与员工共同快速发展。本书适合于创业者和各级企业管理人员阅读，将有效地帮助他们解决在商业中遇到的管理难题。

——**孟鑫鹏**（杭州巴士传媒集团有限公司总经理、杭州市广告协会会长）

企业的管理需要有效的方法论，并构建起科学思考逻辑。作者以自己的亲身管理经历撰写这本书，尤其是提出了"四梁八柱"的结构理念，有其独到之处。管理并不只是少数天才能做的事，我们完全可以通过学习，也成为成功案例，建议读者借助这本书学习并掌握企业经营管理的秘诀。

——**胡勇锋**（浙江菜根科技产业发展有限公司总经理）

众所周知，企业经营管理在企业发展中具有极为重要的地位，对于提高企业竞争力和企业综合实力意义重大,然而企业经营管理是一项综合性课题,做好要素间的协调并非易事。本书将经营管理学常识系统性地铺开在读者眼前,带领读者有逻辑地理解管理学中的重要概念。管理学的初学者在阅读本书后能够立刻把握管理学中的核心与重点,并且形成体系化思维,用科学的角度认识管理学。认真阅读本书可以快速提升读者对企业经营管理的实践认识。

——**毛利豪**(浙江省农村发展集团有限公司总经理、浙江国资国企创新联合会副理事长)

企业管理有层次、有逻辑。作者深耕企业经营管理领域十数载,经验颇丰,深谙经营管理之道。本书高度浓缩了作者多年的理论与实践,具有极强的阅读价值。作为一本经营管理学科普书籍,本书在每一章节最后都附有思考与练习题,引导读者有意识地消化此前所阅读吸收的内容,很有新意。

——**张维璋**(浙江金科汤姆猫文化产业股份有限公司总经理)

推荐序一

能为周辉的新书写一些推荐感悟，深感荣幸。

我和周辉之间曾就企业经营管理开展过很多探讨，在探讨过程中我时常能体会到他对企业经营管理的深刻见解。他对企业管理不仅有丰富的经验，更难能可贵的是他有自己独特的想法，并且擅长将想法落地，在此过程中不断思考、完善。

在企业经营管理的早期阶段，国内大部分企业仍处于"摸着石头过河"的阶段，零散地抓一些经营管理学要点，并没有一个体系化的管理框架。周辉进入企业管理咨询领域后逐渐发现了企业管理普遍存在的问题——缺乏系统性。和其他企业管理者交流的时候，我们总是围绕如何充分调动各项要素展开激烈的讨论，并在渴求一套系统化管理方法论上形成共鸣。周辉很敏锐地洞察到管理者们的需求与企业经营管理的痛点，并开始进行相应课题的研究。基于其从业十余年的经验，他从更科学、更顶层的角度构建了"四梁八柱"的企业经营管理框架。

通读本书之后，我发现该书特点尤为鲜明，故对本书特点做了如下总结：

一方面，《管理通识》的受众非常广泛，这是由其语言风格与详略得当所决定的，即便是从未涉猎企业经营管理的人阅读本书也能立刻领会文字背后的含义，通过简单翻阅便能对企业经营管理有基本认知。书中的方法论立足于实践，并且在行文布局上具有逻辑性，从企业的使命着手，介绍了为什么要做企业经营管理，企业经营管理的意义为何等。书稿中多用设问的模式，引导读者带着问题阅读本书，并有针对性地获得企业经营管理的有关知识。在企业经营管理领域摸爬滚打多年的管理者，也能通过阅读本书打通过去经营管理的难点，用更系统化的视角看待管理问题。

另一方面，作为一名经验丰富的企业家、企业经营管理咨询专家，周辉对于形成系统科学的管理思维和管理模式有着清醒的认知和思考，这些也正是本书核心优势所在。在构建基本体系的基础上，他细致分析了各体系要素的重点与使用路径，使得本书接地气、善实践。跟着本书章节循序渐进地学习，可以使得读者有逻辑有层次地递进掌握企业经营管理的诸要点。

企业经营管理的发展史为我们提供了丰富的素材，但是企业管理发展的未来需由我们创造。《管理通识》是一本具有启发性的好书，期待有更多的管理者能从中有所收益。

混沌大学杭州校区校长

兔狗科技创始人、董事长

贾光

推荐序二

现代商业中,企业之间的竞争其实就是经营管理的竞争。一个企业想要做大做强并持续发展,必不可少的关键因素是有效经营。从成功企业的实践经验可以看出,在发展过程中不断健全和优化科学经营管理方式,对企业健康成长、持续发展有很大的推动作用。

很多企业管理者会问,为什么自己的企业已经做了多年,拥有一定的财力物力,却不能做大做强?其实,很大原因是他们没有深度探究企业经营管理的底层逻辑。有些管理者喜欢思考、观察,也能形成一套行之有效的经营管理办法,因为他们通过实践形成的见解恰好与企业发展所需符合。

对于现实中成功的企业和企业家,我们可以研究他们,但不可全部模仿。我们需要在科学规范的经营管理基础知识之上,发掘成功者背后的管理秘密。作者立足于企业经营管理的基本原理,结合自己的管理实践撰写此书——《管理通识》。

通过本书,读者会认识到企业的两大使命——健康成长和永续传承。为了能让读者对企业经营管理有更好的了解,作者介绍了当前企业中普遍存在的经营管理问题,利用"四梁八柱"的模型从战略、股权、文化、执行力、市场、财务、资本、薪酬、绩效、股权激励、组织、人才这12个方面深入浅出地进行讲解,涉及企业经营管理的方方面面。同时,作者结合了许多案例,以通俗易懂的方式对经营管理基本原理进行了阐述。另外,本书还尤其注重企业管理理论与实践的结合,提供了很多可以参考的标准化工具,比如如何进行战略解码、业务评估、绩效管理等。这些基础的管理工具,是成为企业优秀经营管理者的基本功课,能使管理者更加具有全局观和专业性。

为了让读者更好地理解知识,本书还在每个部分结尾设置了测试练习,帮助读者检测自我学习成果。因此，本书更像是一本管理课堂的教科书。书中所列举的问题和解决方法虽然并不能完全适用读者在现实中碰到的全部问题，但读者可以在书中指导思想的引导下，结合实际解决企业经营管理的问题。

希望读者通过本书能有所收获，将本书作为管理工作指南，指导企业形成规范且有效的经营管理模式。

浙江省科技创新创业促进会会长

张旭光

推荐序三

世界知名企业的生存和发展能力都非常强,虽然不排除企业管理者的天赋因素,但更多的是企业管理者用科学管理成就了企业。知名企业所使用的管理方法是其管理者经过实践而产生的,但也有许多是学习借鉴而来,并在企业中得到充分运用且证明是行之有效的。因此,管理者需要通过学习掌握现代企业管理方法与技巧,提升经营管理水平,学会解决企业经营管理的难题,摆脱困境。法律领域中法律思维及法学方法论之于法律工作的重要性不言而喻,管理学范畴中科学管理方法论之于企业管理实践的重要性亦是如此。在我为企业提供法律服务的过程中不可避免地涉及部分管理学内容,周辉的这本书也解答了我在实践中遇到的诸多疑问。

管理问题是一个综合性问题,我所从事的股权及企业商事服务领域与管理学有一定重合的部分,即便作为一名法律从业者,在长期工作实践中我也认识到我们需要以更为广阔的全新视角来思考企业经营管理问题。企业家或者企业管理者、领导者是经营管理企业的人,巴菲特说"首席执行官就是首席投资官",成功的管理者,尤其需要长期主义价值投资的思维。比如疫情期间,很多企业经营困难、发展滞缓,企业家如何抓住寒冬中蕴藏的机会,找到穿越经济周期波动的破局之道,扎实的经营管理实践是重中之重。

本书作者把企业经营管理的基本概念和理念整合在"四梁八柱"的框架中,这样读者们能在较短的时间内掌握相关概念和理念,并建立体系化的经营管理框架。同时,本书紧跟新时代的步伐,讲解了新形势下企业经营管理的趋势和挑战,比如全球化背景、员工离职潮、新生代职场人等问题。

另外,本书也给出了不少具体的案例。作者在深入分析了常见管理理论的基础上,结合知名企业的案例和管理实践,把不少管理难题进行了经验总结，读者可以较为容易地看懂并实际运用在企业经营管理当中。此书也介绍了很多具有参考借鉴意义的管理工具，关于股权等部分的内容较为准确深刻，足见作者在撰写本书时所付出的心血与努力，该书值得企业经营管理者常翻常新。

最后，希望广大读者能通过阅读此书有所收获！

上海澜亭（杭州）律师事务所主任
《12步玩转股权激励》《解码股权战略：一体两翼三步法》作者

鲍乐东

自序

缘起　管理就是坚守常识

我自2004年进入企业，开始实际接触企业经营管理，从事企业管理的相关工作。在此之前，我和许多职场新人一样，对企业管理认识并不深刻。直到真正深入企业、了解企业运营全过程后，我才发现对一家企业而言，经营管理涉及方方面面，宏观至企业发展战略，微观至协调员工关系，企业需要管理者投入精力加以管控的切入点如繁星一般遍布于各处。同时，这些切入点并不是松散的、分裂的，而是具有千丝万缕的联系，甚至可以说是密不可分的，并且根据影响力不同而分为不同层次。明确此点后，作为企业管理者，需要对其中诸多要素进行综合考量与统筹安排。

之后的几年时间里，我致力于解决企业管理的困境，通读市面上常见的企业管理学书籍，并与企业管理实践工作相结合，从每一要点出发，进行专项研究与攻克，并在此过程中不断探索各管控要点之间以何种形式相连接才能产生最佳效果。厚积理论与丰富经验令我在企业管理之路中摸出了一些门道，但这些还远远不够，我深知单个企业得出的结论并不具有普适性。

2012年，得益于一些契机，我正式踏进企业管理咨询领域。做好企业管理咨询，既要具有丰富管理理论与经验，又要掌握科学的管理咨询技术，明确企业要求，深入走访掌握企业情况，遵循一定的方法论，指出企业发展存在的问题，并加以分析，提出并促使企业管理方案落地，改善企业经营管理现状。近十年来，我帮助100多家不同行业、不同属性、具备不同特色的国内企业改善经营管理问题，提升业绩。一方面，不同企业处于不同环境之中，受制于不同因素的影响，面临的问题也大不相同，经营管理各有侧重。另一方面，对于同一家企业而言，企业始终处于动态变化之中，不同阶段具备不同形势特征，故而经营管理重点也产生相应的变化。根据哲学原理，普遍性寓于特殊性之中，共性寓于个性之中，企业管理的一般性、系统性经验势必是可以提炼的。在参考了多家企业管理情况后，我开始进行中国企业经营管理方法论的提炼，思考是否能有一套系统性与普适性的方法论用于中国企业的经营管理。

探索　管理常识背后的秘密

带着构建企业经营管理系统化方法论这一目的，我进行了广泛调研和管理实践。再进一步接触并分析各个企业的行业特点、管理重点、管理模式与实际困境，走进各个企业现场，利用现有的咨询经验为客户提供企业经营管理解决方案，并有意识地将同类乃至不同类管理经验进行整合，尝试将企业经营管理问题解决路径概括形成一套系统思路。

这十年间，我以一名企业管理咨询顾问的身份陪伴 100 多家企业共同解决企业管理问题，也得益于此，我的"四梁八柱"经营管理模式逐渐成形，并在为各个企业提供方案的过程中不断得到灵感，以填补框架。"四梁八柱"经营管理模型具有整体观、全局观，从系统和要素、要素和要素、系统和环境的相互关系、相互作用中考虑问题，以最有效的方式解决国内企业经营管理问题。帮助数以百计的企业解决经营管理问题的经历，使得"四梁八柱"经营管理模型更清晰地呈现。

洞见　把握管理的底层逻辑

企业经营管理者的核心使命是企业的"健康成长"和"永续传承"。

"健康成长"要解决企业业绩增长和规模化带来的管理问题；"永续传承"要解决如何传承、如何开创新征程的问题。企业管理者要实现这两个核心使命绝非易事，这也是由当今时代特色所决定的。

社会发展到今天，社会资源的进一步挖掘使得个体的综合素质得到很大程度的提升，知识、眼界、能力、信息利用能力、个体独立性均不可同日而语，这也导致社会个体意识空前觉醒，个体对自身利益的追求在很大程度上向前跃进了一步；个体之外，组织特色也发生了改变，组织空前壮大，资源整合能力、平台打造能力均有所提高，个体倾向于借组织之力实现个人价值的飞跃，组织也渴望提升驾驭优秀个体的能力。个体和企业的相互关系通过个体的结合体现出来，个人形成合力为企业创造财富与价值，企业核心管理者必须思考如何调动各要素潜能，充分激发个体与组织的活力，管理正是解决这个问题的核心，在此过程中具有不言而喻的重要意义。

后人总是站在前人的肩膀上远眺，人类才得以进步。我并不是想借此说明自己在管理学领域做出了何种重大贡献，而是希望能以本书为广大管理者提供参考，提升构建企业经营管理的效率，以我浅薄之经验帮助读者在从事企业经营管理工作中少走弯路。

本书是我十几年管理理论与经验的集成，是对企业经营管理方法论的系统性思考。希望本书不仅能帮助企业解决当下经营管理的问题，更能帮助企业经营管理者构建系统化的管理思维。笔者创造性地将企业经营管理以"四梁八柱"的形式体现，以点线面体结合的形式将企业经营管理思考逻辑具象化，为管理者提供可遵循的指导。

通过阅读本书，读者可以得到企业经营管理的部分答案。

本书在进行说理叙述时引入了大量实践案例加以佐证，并提供实际运用的参考，具有极强的落地性，以适应企业经营管理者、管理咨询师学习之需要。我希望通过本书向各位读者传达企业经营管理的方法论，并期望各位读者能吸收本书内容，并将所知所学应用于实践操作中。对于已经具备经营管理基础的读者来说，我希望本书能为读者提供整合理论方面的帮助，进一步加深读者对企业经营管理的理解。

本书的撰写创作过程是我回顾企业经营管理方法的心路历程，也是我对过往经验梳理、重塑的过程,在写作过程中,我对管理学理论进行反刍,常学常新。特别感谢曾经服务过的诸多企业及交流过的各位企业家、企业经营管理者,他们为我的理论形成与书稿创作提供了宝贵的素材。

目录 / Contents

第 1 章 企业的两大使命　001
　　使命一：健康成长　002
　　使命二：永续传承　006
　　"四梁八柱"：筑牢企业使命的"堤坝"　007

第 2 章 "四梁"之一：战略　017
　　战略不是公司机密，需要让人人都知道　019
　　战略规划三阶段　020
　　战略解码：将规划转化为行动　032
　　战略管理四步法　042

第 3 章 "四梁"之二：股权　045
　　股权设计的核心是控制权　046
　　股权比例决定公司控制权　051
　　公司控制权的补强措施　055

第 4 章 "四梁"之三：文化　071
　　企业文化是企业持续发展的核心　073
　　企业文化体系的搭建、实施与管理　073
　　新形势下企业文化的五大挑战　085

第 5 章　"四梁"之四：执行力　091

五大思考：是什么导致执行不力　093

五大对策：超级执行力是这样炼成的　096

执行力的本质是领导力　108

第 6 章　"八柱"之一：市场　111

所有成功的企业家，都应该是市场营销大师　113

三大市场营销战略　114

市场营销战略制订七步法　117

寻找新市场，实现业务持续有效增长　122

第 7 章　"八柱"之二：财务　127

企业家应学会看懂的三张财务报表　128

建立科学的财务管理制度体系　134

财务管理制度示例　137

第 8 章　"八柱"之三：资本　155

资本市场的重要作用　156

境内上市可选择的路径、流程、时间　157

企业从初创到 IPO 如何融资　160

第 9 章　"八柱"之四：薪酬　173

如何判断薪酬的激励性　176

设计科学合理的薪酬体系　179

建立整体薪酬框架，便于企业统一管理　184

第 10 章 "八柱"之五：绩效　189

绩效管理的作用和原则　190

绩效管理能够有效提升企业的管理质量　194

常见的绩效管理工具　200

绩效管理新趋势　202

第 11 章 "八柱"之六：股权激励　205

股权激励的常见方式　209

股权激励的时机　211

第 12 章 "八柱"之七：组织　217

组织承担着承上启下的作用　218

组织管理的核心是组织设计　219

组织变革　225

打造韧性组织　232

第 13 章 "八柱"之八：人才　237

人才管理的基本法则　239

干部的培养与管理　241

企业家如何成为人才管理大师　247

第 14 章 管理的未来　253

历经百年的公司是怎么持续成功的　254

驾驭不确定性　255

参考文献　259

第1章
企业的两大使命

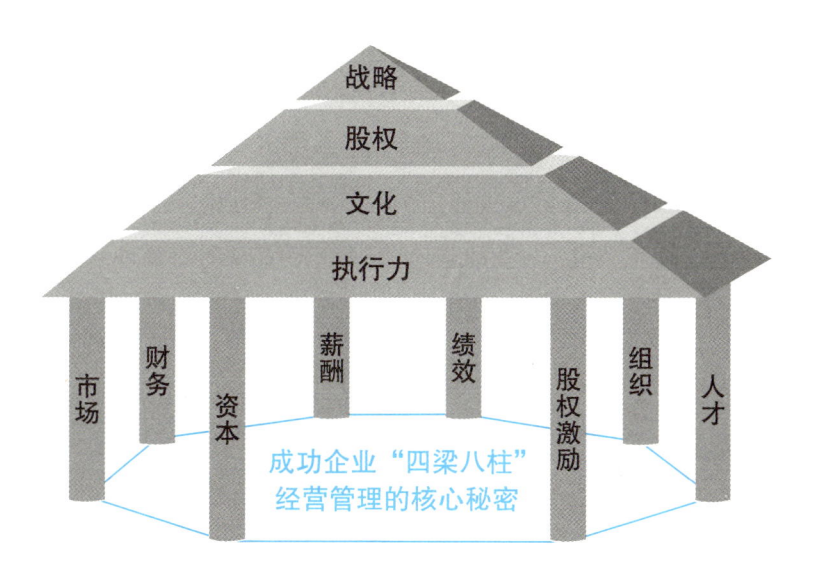

成功企业"四梁八柱"经营管理的核心秘密

在人类发展历程中，企业的功能和作用逐渐形成，成为当代社会最重要的经济组织形式之一。

探究企业发展背后的秘密，不难发现，企业使命、愿景、核心价值观像一个人的思想和灵魂，始终贯穿在企业生命力的方方面面。就像经常有人问自己"我是谁，从哪里来，要到哪里去"的道理一样，企业和企业的经营者们也会经常这样问自己。这些问题及答案的背后，是企业的产品和服务，是企业的生产和经营活动。

所谓企业使命，指的是企业生产经营的总方向、总目标、总特征和总的指导思想。无论企业使命的陈述是宏大的还是简洁的，是华丽的还是务实的，其根本目的只有两个：一是帮助企业业绩倍增、有效管理和健康成长，二是在实现第一个目的的基础上，进一步得到永续经营和传承。本书将企业的两大使命总结为健康成长和永续传承。

使命一：健康成长

一个社会要想经济快速发展与进步，离不开企业的增长，既包括数量的增长，也包括发展质量的不断改善。

企业数量的增长及发展质量的改善，能够增多就业人员，提供更多的就业机会。劳动就业人员数量每年都在不断增加，而其中大部分流向了大大小小的各类企业，换句话说，企业数量越多，能够容纳的社会就业人员就越多，这对社会稳定和发展都具有深远和积极的意义。

企业数量的增长及发展质量的改善能够创造更多的社会财富，有利于促进社会经济发展，提高社会经济效益。企业发展得越快，创造的社会财富也就越多，从国家层面看，就是财政收入的不断增多，用于再分配的社会财富也越来越多，人民的生活水平才会越来越好，从而形成一个良性的发展循环。

从长远发展的角度来看，社会发展不只依靠企业数量的增长，更关键的是质量的提升，企业发展的质量决定了企业的生存与发展，只有高质量发展的企业，才能生存得更久。帮助企业提高发展质量，既是企业发展的需要，也是社会发展的要求。

企业高质量发展和健康成长的具体内涵主要有以下三个方面：

一是技术素质和创新能力的提高，持续强化创新驱动，推动产品向价值链高端发展。高质量的发展一定是以创新为导向的，需要以企业为主体，不断促进技术创新和产品创新，才能增强经济创新力和竞争力，驱动生产效率的提高和产品性能的提升，促进新科技、新产品的出现，不断推动产业向价值链的中高端迈进。

二是产品和服务质量的提高。企业最基本的业务就是把最优的产品和服务推广给客户、分享给社会，形成品牌自身的影响力。中国企业如果想要在全球竞争中脱颖而出，就必须持续输出高质量的产品和服务，形成具有全球影响力的品牌价值。

三是高质量的管理体系和团队的建设。通过建立学习型组织，强化企业文化建设和重视人才的培养，引进先进的管理理念及方法并形成具有中国企业特色的管理体系，切实提高人才质量，优化管理方案，激发创新活力。

企业高质量发展和健康成长的最终目的是推动经济发展方式的转变，应在保持经济增长速度和增长规模的同时，注重社会效益和生态效益，让高质量发展的成果惠及全体人民。

中国经济正处于转型升级的关键时期，正处于经济全球化的浪潮中，中国企业既面临着机遇又面临着挑战，最关键的是不能闭门造车，而要放眼世界，把握全球经济变化的趋势和动态。

中国企业的最大机遇是市场需求的增长，从国内市场的角度来看，中国的城市化、工业化还有很大的发展空间，14亿人的吃穿用度、生活娱乐将极大地拉动消费的增长，消费结构的变化将会推动中国市场迎来一个新的消费高峰，造就一个更大的市场。从国际市场的角度来看，在经济全球化的大背景下，随着商品经济的发展，对外贸易越来越频繁，国际市场也不断发展和扩大，形成更大的需求。

中国企业面临的挑战主要是一些后发劣势，包括国外企业对市场的垄断，压缩了本土企业的生存空间，特别是技术专利的打压，随着技术的不断发展，研发难度也随之增加，一些中国企业因为起步时间晚而与国外企业在技术上有较大的差距，经验也相对不足，导致综合竞争力较差。

另外，还有一个挑战是原材料和劳动力成本的上升。2022年3月1日，国家统计局服务业调查中心和中国物流与采购联合会发布了中国采购经理指数，其中主要原材料购进价格指数和出厂价格指数分别为60%和54.1%，高于上月3.6和3.2个百分点，两个价格指数均连续两个月明显上升，制造业市场价格总体水平涨幅扩大，相关行业原材料采购成本不断增加，产品销售价格同步较快上涨。

然而，当今世界正经历百年未有之大变局。大变局的重点不仅在于"大"，还在于"变"，新的科技革命浪潮催生了很多新兴产业，这个变化是很长时期以来没有过的。中国企业及企业家在面对百年未有之大变局时，更要沉着应对，积极采取措施。

虽然企业管理在我国的艰辛探索不足百年，但企业管理在理论和实践两方面都取得了许多成果。比如，在理论建设方面，我国企业管理实行改革创新，将中华优秀管理理念融合到现代管理学概念中，丰富了管理学的理念，为中国企业管理学的理论体系和概念体系建设奠定了基础。同时，在实际探索方面，企业以中国管理现状为基础，摸索出了一条具有中国特色的管理道路。管理理论和管理模式同时创新，对中国企业突破自身发展缺陷、养成自身核心优势发挥了积极作用，也加速了中国企业的转型升级。

不得不承认和面对的事实是，当今世界形势复杂多变，风险挑战增多，复杂性、严峻性和不确定性上升。

如何驾驭复杂局面是当今企业管理者面临的最显著的挑战。在这样的经营环境下，对于企业者而言，交流和理性思考显得十分重要。

面临外部世界变化的挑战，对待其复杂性的态度和采取的措施决定了企业未来的发展。企业不积极应变，复杂性就会成为企业发展道路上的绊脚石，减缓发展速度，危害企业利润；相反，复杂性也有可能转化为竞争优势，拉近企业与顾客距离，充分发挥出创新力和竞争力。

基于以上的观察和思考，中国企业经营管理的觉醒，正形成一股新的冲击波，正在刷新着大家对管理通识的认知。对企业来说，经营和管理一直都在，只是在好赚钱的年代，我们不太注意它们的存在罢了。企业的经营和管理是不可分割的一体两面，从不同角度来达成企业的经营目标，两者互相依存，没有经营就谈不上管理，没有科学的管理，经营也很难有收益。但两者存在区别，经营对管理来说就像"方向盘"，决定了企业发展方向、目标等根本性问题，是企业管理产生和发展的基础和中心，一旦经营方向出现了偏离，企业管理得再好也无济于事。管理对于经营来说就像"黏合剂"，通过各种管理理念和方法，可以把经营活动中各个环节和要素凝聚在一起，既为经营服务，又指导经营。随着企业生产规模的不断扩大，技术越升级，分工越精细，管理对经济的作用也越重要，对于现代企业来说，企业管理的好坏对经营的成败往往有着决定性作用。

很多成功的企业家都认识到管理对企业发展的重要性，因为他们都意识到，一个企业要想在残酷的市场竞争中立于不败之地，没有一套科学的、切合实际的管理制度是不可能的。只有建立起完善的管理制度，才能把企业中个人的行为规范起来，才能减少企业运作中的风险，才能给企业带来最大的发展机会。

正是因为当年华为公司有"华为基本法"的落地实施，建立全面的、科学的、系统的管理体系，才有当公司处于外部危险环境中时，华为多次发出"过冬"的内部信件和文章，及时调整经营管理策略，抱团取暖，于危急关头扭转局面，使企业始终处于健康成长的赛道上。如果凛冬注定要来，最好的过冬方式绝不是"裸奔"，而是裹紧"棉衣"。

使命二：永续传承

目前，中国企业界刮起了"一代"退出管理层、"二代"逐渐接班的浪潮，而且已经有许多"二代"开始接手家族企业。

《福布斯》中文版发布了"中国现代家族企业调查报告"，调查范围包括沪深两地上市民营家族企业以及港交所上市的内地民营家族企业。通过相关统计，福布斯将民营公司划分为家族企业和非家族企业，其中上市的民营家族企业，占全部民营上市公司数量比重近一半，达到49%。

曾被多家媒体引用的一份调研报告显示，72%的"二代"认为现在和父辈时代的成功模式有很大不同，49%的"二代"不赞同父辈的经营理念。被问及"决定自己未来的成功和父辈的成功的因素是否有所不同"时，72%的受访者认为是不同的。被问及"和父辈成功模式的不同点"的时候，选择"投资环境和背景发生了变化"的最多，其次是"时代不同导致经营理念的不同"，排在第三位的是"更多的技术投入"；在"最大的不同点"的选择上，"经营理念的不同"排在第一位，在"次要的不同点"的选择上，"投资环境的变化"排在第二位。

"二代"对父辈的事业有着自己的看法，他们认为，"改革开放营造了良好的大环境""机遇""正确的管理理念"是决定父辈成功最重要的三个因素。在访谈中，绝大部分人把父辈成功的因素归结于吃苦耐劳这一因素。他们比父辈在市场经济知识和管理的正规化上更有优势，这与他们后天受到的教育有关。

甚至有很多"二代"从海外留学归来，回来后再看家里的企业，觉得存在处于传统行业、企业规模小、硬件简陋、发展方式粗放等问题，因此他们不看好父辈企业的发展，不愿意回到家族企业里继续干下去。有一些"二代"回到家族企业后，随着时间的推移，家庭关系的加深，以及熟悉之后的危机感，冲突的程度也就增加了。根深蒂固的、长期的激烈争斗和争吵会影响公司内的每一个人，并会造成分裂。因为涉及家庭成员，冲突可能更难解决，并可能导致很不好的结果。

"一代"在公司经营和发展中积累了丰富的管理经验，锻炼了管理能力，而"二代"一接手面对的就是整个公司不兼容的管理，难免会出现管理理论知识不足，或者空有理论、实践困难的问题。即使不争不吵，"二代"接班仍面临着许多现实的困惑：老一辈的团队如何管理？业务如何保持高效增长？用了几十年的企业文化如何保持活力？人才机制如何激发活力？只有解决好这些问题，才有可能谈永续经营和传承，否则就会发生"翻车事故"。在"一代"手中经营得好好的企业，传到"二代"手中，过不了几年，企业陷入瘫痪甚至崩溃的绝境，有能力的"一代"上演一曲重整河山的大戏，如果"一代"在年龄和精力上真的到了风烛残年，力有不逮，只能仰天一声唉息，眼睁睁看着自己一辈子苦心经营的企业，灰飞烟灭，家族荣耀一去不复返。"二代"及其下一代要想重新走上光荣的舞台，只能重新开启新征程。对任何家族来说，一个家族的最大损失，莫过于前辈人的心血付之东流。

所以，对企业来说，除了健康成长的使命外，第二大使命就是永续传承。只有"二代"承接得了，"一代"艰苦创业的意义才能突显出价值。

"四梁八柱"：筑牢企业使命的"堤坝"

那么，人们不禁要问：

- 我们做企业，怎样才能做到健康成长？
- 当"一代"老了，手中的家族企业如何才能很好地传承下去？

任正非曾说过一句经典名言："管理就像长江一样，我们修好堤坝，让水在里面自由流。"是时候为我们自己的企业思考"堤坝"了。这个堤坝稳不稳、牢不牢，就看我们修堤坝的基建工程如何了。

四梁八柱，是中国古代传统的一种建筑结构，依靠四根梁和八根柱子就满足了对整个建筑的支撑，能够使房屋更加稳固，以经受外界环境的撼动。

企业管理堤坝的"四梁八柱"包含以下内容（如图 1-1 所示）。

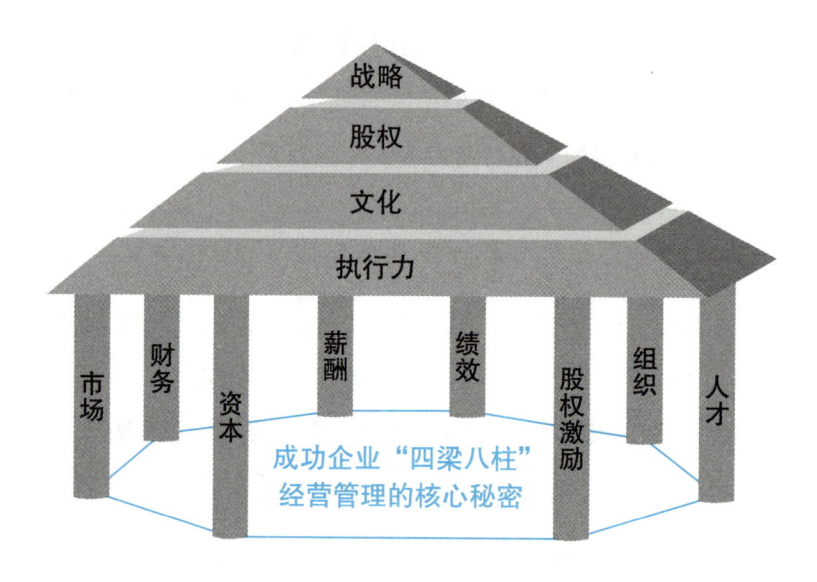

图 1-1　企业经营管理的"四梁八柱"

"四梁"包括战略、股权、文化和执行。

"八柱"包括市场、财务、资本（经营层面的三要素），薪酬、绩效、股权激励（激励层面的三部曲），以及组织和人才（两个核心竞争力）。

一、"四梁"

战略一词来源于军事术语，指对战争全局的筹划和谋略。后来，将战略思想引入企业管理理论中，便形成了企业战略这一概念。这一概念来源于企业生产经营活动的实践，不同的管理学家和企业家由于自身管理经验不同会对企业战略产生不同的认识。

管理学家安索夫认为，企业战略是贯穿于企业经营与产品和市场之间的一条"共同经营主线"，决定着企业目前所从事的，或者计划要从事的经营业务的基本性质。

哈佛大学商学院安德鲁斯教授认为:"战略是目标、意图或目的,以及为达到这些目的而制订的主要方针和计划的一种模式。"

学者霍夫和申德尔认为:"战略是企业目前的和计划的资源配置与环境相互作用的基本模式。该模式表明企业将如何实现自己的目标。"

企业战略是指企业在经营管理过程中为了适应外界环境变化,寻求长期生存和稳定发展而制订的具有总体性和长远性的计划和方针,是企业未来发展的一张蓝图。要绘画这张蓝图,就必须建立在充分了解环境变化和自身情况的基础上,经过一系列科学筹划和决策,集中体现企业经营思想。其本质是实现企业外部环境、内部条件和战略目标这三者的平衡。

股权是指投资人由于向公民合伙和向企业法人投资而享有的权利。在广义层面,泛指股东得以向公司主张的各种权利,狭义层面仅指股东基于股东资格而享有的、从公司获得经济利益并参与公司经营管理的权利。通俗来讲,股权就是股东因出资而取得的、依据法定或者公司章程的规定参与到公司事务中并在其中享受财产利益、具有可转让性的权利。

股权设计是公司组织的顶层架构设计,企业战略解决的是做什么、怎么做的问题,而股权设计能够解决谁投资、谁来做、谁收益、如何分的问题。股权设计的内容主要由三部分组成,包括股权架构系统、股权分配机制和股权运行机制。

公司控制权是从股东所有权中派生出来的经济性权利,一般是相对于所有权而言的,是指对某项资源的支配权。控制权又分为形式控制权和实际控制权。形式控制权是指由谁做出决策,比如股份公司的股东大会具有对公司重大事件的决策权;实际控制权是实际做出决策的权力。

企业文化是指在一定的社会文化环境下,经过企业家的长期倡导和受到全体员工的共同认可的,在实践和创新中形成的独具特色的整体价值理念、道德规范和行为准则,是企业规范制度、经营哲学、管理风格和历史传统的总和。企业文化融合了文化和管理两种属性的学科知识,管理是决定企业文化性质的核心要素,但文化的特性也是不容忽视的。

由于企业文化既有文化的内涵又有管理的内涵，从文化的角度分析，企业文化分为精神文化、制度文化和物质文化三个部分。从管理的角度分析，企业文化可分为显性内容和隐性内容，显性内容是指以物化形式表现出来的企业精神，能够被人直接感知，表现为企业设施、企业形象等形式；隐性内容是企业文化的根本，对企业经营活动有直接的影响，包括企业精神、价值观等。

执行力和管理是密切相关的，如果人类社会不需要管理，那么它也不需要执行。管理也有好的管理和坏的管理，高效和有效的管理就是好的管理。作为一个社会经济组织，公司是自然资源的直接使用者，也是社会财富的直接创造者，同时它又是展示管理者才能的舞台，所以必须尽一切努力提高其执行力。换句话说，企业管理的本质是最有效地利用企业的所有资源，以达到最佳效果。正是在这种实际背景下，强大的执行力是十分必要的。

战略和文化是相辅相成的关系，企业文化决定战略定位，同时也是战略实施的关键。所以，企业文化和战略需要相互调整配合，优秀的企业文化是一个企业成功的战略管理的基础，能够推动战略的发展。

战略与执行力两者对于企业来说都不能缺少，战略是第一位的，执行力是第二位的，如果战略错误，执行力再强，也是走在错误的道路上。任何企业与组织都要有战略，但是也一定要执行下去，二者缺一不可。战略提供了方向，指明了道路，执行就是怎么更快更好地往这个方向走。

文化和执行力同样也密不可分，执行力的基础就是企业文化，组织中所有成员共享文化、价值观时，员工的执行力就会增强，最终产生良性循环。执行力的塑造不是空洞的口号，而应将企业文化渗透到企业员工的执行行为中。

二、"八柱"

1. 市场、财务、资本——经营三要素

市场是企业中进行市场活动的部门，通过营销，促进交易的达成，实现

企业的营收。通常情况下，市场和营销是密不可分的，企业的市场营销管理就是对市场营销活动的实施控制，是企业为了促进与目标客户交换而进行的对市场营销活动的计划、组织和控制的过程，一般包括市场机会的识别、选择细分市场、制订营销战略、设计营销战术以及实施并控制营销计划等环节，企业的市场营销活动是否成功很大程度上取决于市场营销工作的开展情况。

我们企业常说的市场是个狭义的概念，主要是指市场营销。市场营销管理是企业规划和实施营销理念、制订市场营销组合，为满足目标顾客需求和企业利益而创造交换机会的动态、系统的管理过程，是企业经营管理的重要组成部分，也是企业营销部门的主要职能。

财务是指企业在生产经营过程中关于资金的筹集、使用和利润分配活动及其货币关系的总称，是指企业在生产实践过程中客观存在的资金运动和其体现的经济利益关系，包括财务活动和财务关系两方面。财务活动是企业各项资金的筹集、使用和利润分配活动；财务关系是财务活动过程中形成的企业和各方面的货币关系。财务是企业生产实践活动的一个重要组成部分，是企业生产、营销、技术、人事的集中体现。

财务管理就是企业对财务进行综合、全面的管理，是基于企业生产过程中客观存在的财务活动和财务关系而产生的，是企业财务活动处理财务关系的一项综合性管理工作。财务管理是保证现代企业制度顺利实现的核心机制，它不仅可以帮助管理者改进管理方式，实现经营目标，而且可以保护企业资产的安全和完整，有助于杜绝资产流失和损失，是保证管理和财务信息的真实性和完整性以及企业财务活动合法性的必要措施。

资本是现代企业发展必然需要的，企业的发展壮大，必须以资本实力的增加为前提。资本制胜的时代已经到来，很多企业上演的"资本神话"，使得资本市场越来越受到关注。同时，中国企业的经营环境和经营模式产生了新变化，资本的聚合裂变成为影响企业做大做强的关键。企业家需要在了解资本市场的大环境、明确自身资本战略的同时，进行投融资和资本运作，从而实现资本的快速增值。

资本市场是金融市场的一部分，指的是证券融资和经营一年以上中长期资金借贷的金融市场，包括股票市场、债券市场、基金市场和中长期信贷市场等其融通的资金主要作为扩大再生产的资本使用。资本市场是一种市场形式，而不是指一个物理地点，它是指所有在这个市场上交易的人、机构以及他们之间的关系。

我国资本市场从20世纪90年代发展至今，主要由场内市场和场外市场构成，场内市场是上海证券交易所和深圳证券交易所两个市场，场外市场主要是全国中小企业股份转让系统和区域性股权交易市场。

市场、财务和资本形成一个铁三角，共同支撑起企业的经营。市场是企业经营最重要的要素，市场营销部门是企业的一个重要部门，通过营销的手段实现企业的营收。财务是企业对资金进行综合全面的管理。资本可以将企业的资金扩大，企业通过自身、金融机构和金融市场，采取适当的融资方式，可以获取所需资金。

2. 薪酬、绩效、股权激励——激励三要素

薪酬是员工因向其所在组织提供劳务而获得的各种形式的酬劳，实质是一种公平的交易或交换关系，是员工向组织让渡其劳动或劳务使用权后获得的报偿。在这个交换关系中，组织承担的是劳务购买者的角色，员工承担的是劳务出卖者的角色，薪酬是劳动或劳务的价格表现。

薪酬管理专家约瑟夫·马尔托奇奥的《战略薪酬管理》一书将薪酬划分为外在薪酬和内在薪酬两种形式，外在薪酬即是员工得到的货币、实物和服务等，内在薪酬通常指员工因自身工作而获得的心理收益。薪酬还有广义和狭义之分，广义的薪酬包括经济性薪酬和非经济性的薪酬，狭义的薪酬是货币和实物薪酬的总和。

薪酬是企业管理的一个非常重要的工具，如果管理得当，可以使公司的人力成本更加合理，同时确保员工有很强的工作积极性，从而有助于企业实现良好的经济回报。一个公司的薪酬水平是否合理，直接影响到它在人才市场的竞争力。只有当薪酬相对于外部环境具有竞争力时，公司才能吸引他们

发展所需的不同类型的优秀人才。因此，有必要设计建立一个有竞争力的薪酬体系。

在绩效管理实践中，绩效强调一个工作活动的过程及其结果，以及组织结合个人在过去工作中的素质和能力，也就是说个人绩效包括了工作行为以及工作行为的结果。绩效是指组织及个人的履职表现和工作任务的完成情况，是组织期望的为实现其目标而展现在组织不同层面上的工作行为及其结果，它是组织的使命、核心价值观、愿景和战略的重要表现形式。

绩效是绩与效的总和，绩是业绩，能够体现企业的利润目标，包括目标管理和职责要求两部分，目标管理能保证企业向希望的方向前进，职责要求提出了对员工日常工作的要求。效是效率、效果，体现的是企业的管理成熟度目标。

股权激励是指通过企业员工获得公司股权的形式，使其享有一定的经济权利，使其能够以股东身份参与企业决策、分享利润、承担风险，是企业发展的一项长期激励制度。本质上讲，股权激励是原股东和激励对象之间的一种"交易"。换句话说，原股东利用激励对象的专业能力和忠诚度，让激励对象有机会参与并受益于股权，分享公司的控制权，形成新老股东共同治理的局面。

股权激励的根本目的是优化企业的资源配置，提高企业的竞争力，实现企业的可持续发展。它可以有效地将企业的短期利益和长期利益结合起来，实现企业核心员工从所有者的角度考虑企业的发展，达到企业所有者、管理层和其他核心员工共赢的目标。

薪酬、绩效和股权激励相辅相成，共同组成公司激励体系。薪酬是短期的、稳定的激励，是激励体系的底盘；绩效是中短期的激励；股权激励是中长期的激励。三者共同形成一个稳定的三角结构，促进企业更稳定的发展。

3.组织、人才——两个核心竞争力

企业组织探讨的是企业内部的管理问题，企业是由许多的资源要素构成的，且这些资源要素不是无序的组合，而是以某种特定的形式和关系组合在

一起的。企业组织就是为了实现组织的目标，在组织理论指导下，经过组织设计形成的组织内部各个部门、各个层次之间固定的排列方式，这就是组织内部的构成方式。企业组织是为了更好地贯彻和实施企业制订的战略和决策以及相关的方针政策，是实现企业战略目标的组织保证。

现代公司，无论是新成立的、重组的还是存续状态，都需要充分利用其组织结构所提供的框架来实现其发展战略，公司的组织结构对其经营成果和控制效果有直接影响。适当的组织设计为规划、指导和控制奠定了基础，并有助于形成良好的内部控制环境。建立和完善组织结构是企业的重中之重，否则其他方面就无从谈起，其有利于建立现代企业制度，有助于预防和减少各种风险，并能在内部控制制度的建设中起到结构性支撑作用。

企业人才队伍的建设至关重要，企业的创新其实是人的创新，企业有了现代、高效、合理的企业制度，还需要有一个强有力的人才队伍来完成工作。对一个企业来说，如何选择、吸引、培养人才是至关重要的问题。

人才管理是指吸引、保留和发展劳动力的战略方法。组织根据业务的需要，以现代管理理论为指导，综合运用最新科技成果，开发各类人力资源和组织管理的过程，包括人力资源需求预测、招聘、培训、运用、评估和考核等内容。

人才发展和组织环境类似于鱼和水的关系。人才发展的目标是实现组织发展的基础和保障，而组织发展则为人才发展提供了良好的环境基础和制度保障。如果没有人才的培养和能力的运用，就很难构建和实施良好的组织发展计划。重视人才发展还应注重组织理念和企业组织结构与外部环境的适应性，使企业有能力深入市场需求，并对其做出快速反应，在市场引导下，通过优化自身的人才管理体系，提高企业人才的整体素质。

思考与练习

1.本书中我们提出了企业的两大使命，它们分别是什么？

_____

_____

2.结合企业的两大使命,本书提出"四梁八柱"经营管理模式,"四梁"指的是什么?"八柱"指的是什么?"四梁八柱"经营管理模式带给你什么样的思考和启发?

_____

_____

第 2 章
"四梁"之一：战略

一个企业的成功往往是战略管理的成功，也是企业家具有战略管理思维的表现。

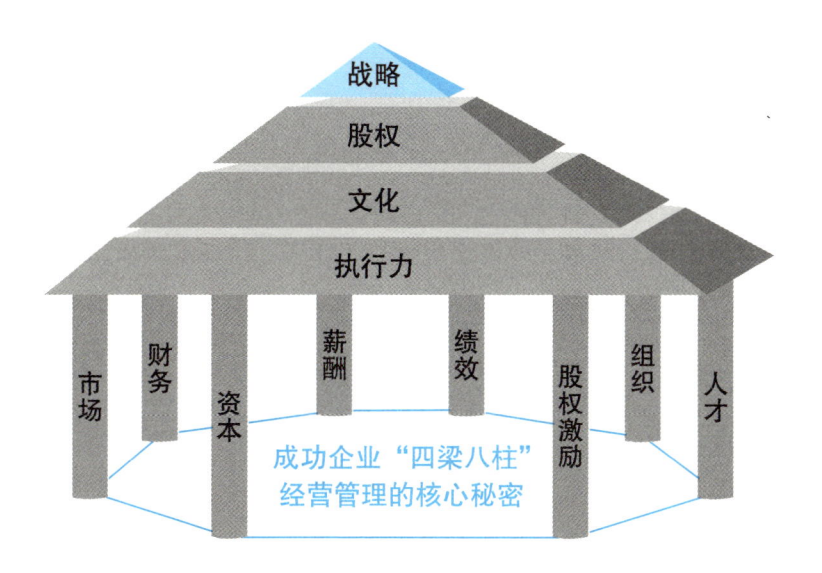

许多世界500强企业的成功经验表明：一个企业如果没有战略，就不会有目标和方向。而没有方向的企业是十分危险的，企业没有方向，无论多么雄厚的资金也无法带来可持续的利润，就好比被蒙住了眼睛，终归会因为失去方向而踏入危险当中。

战略目标的意义在于将企业宗旨具体化，是企业宗旨中确认的企业经营目的、社会使命的进一步阐明和界定，也是企业在既定的战略经营领域展开战略经营活动所要达到的水平的具体规定。

战略是什么？

在历史上的管理大师当中，每位管理大师都对战略有不同的定义和理解。其中最为著名的就是伊戈尔·安索夫以及乔治·斯坦纳对战略的理解。

伊戈尔·安索夫认为：战略管理是将公司日常业务决策与长期计划决策相结合而形成的一系列经营管理业务，即战略管理是运用战略对整个公司进行管理。

乔治·斯坦纳认为：战略管理是确定公司使命，根据公司外部环境和内部经营要素确定公司目标，保证目标的正确落实并使公司使命最终得以实现的一个动态过程。即战略管理是对公司战略的制订、实施、控制和修正进行的管理。

随着时代的发展，前者被称为"广义的战略管理"，后者被称为"狭义的战略管理"。通过狭义和广义战略管理定义，并结合近现代企业管理方法来看，战略管理就是要最大限度地优化外部环境、内部资源和公司发展目标三大要素群，利用合理的资源达到最佳的目标，确保公司具有可持续竞争优势。同时，战略并非空中楼阁，它需要从具体的日常工作开始，完善公司治理结构、持续改良组织行为，创造更高的绩效，确保公司战略目标的实现。

我国中小企业的生命周期远低于欧美国家，在国内，中小企业的平均寿命是2.5年，而欧美中小企业的平均寿命则是40年。为何会有这么大的差异？

数据统计，大部分欧美企业都有清晰的发展战略以及可落地的执行能力。而中国78%的企业没有清晰的战略定位和执行力，在市场行情好的情况下享受红利期，当红利期褪去，立刻被打回原形。

企业想要获得长久的发展动力，需要有明确的战略主线。正如人体一样，想要拥有挺拔的身姿，就得有一条坚挺的脊柱。一个企业没有发展战略，企业的发展是不可能稳健的，企业就会成为其他公司达成发展战略的一部分。所以，在新经济环境下，一个企业的成功往往是战略管理的成功，也是企业家具有战略管理思维的表现。

战略不是公司机密，需要让人人都知道

首先必须确认的一个共识是——战略不是公司的机密，一定要让企业各级员工都知道，把一个人的事业变成一群人的事业。

经典案例

海尔集团创立之初，没有什么成熟的战略可言，企业濒临倒闭，只有一个型号的冰箱产品。企业规模小，经济总量低，管理混乱，如果照这种情况运行下去，破产关闭是迟早会发生的事。海尔人痛定思痛，最终选择了战略扩张。海尔将公司战略自内向外突破，并且第一个战略定位为名牌战略。从1984年起，海尔集中精力抓质量，七年时间只做一个冰箱产品，最终树立了海尔冰箱良好的品牌形象，并很快成为中国冰箱第一品牌。紧接着，海尔启动了第二和第三战略。正是海尔集团的战略在公司人人尽知，才能带动大家共同努力，成功实现了企业规模扩张。

可见，公司战略让全员知道、认同是十分必要的。

1999年创办阿里巴巴时，马云就有个梦想：良将如潮。如今20

多年过去了，这一目标基本实现，并且也因此使得公司快速发展壮大起来，这到底是如何做到的？因为阿里巴巴不仅重视人才，更是将创始人自己的事业变成了公司内部一群人的事业，通过特有的管理方式最大化地激发人才潜能，使得大家都为阿里巴巴这个共同的事业而奋斗。

★ ★ ★

沃尔玛的企业发展战略是永远提供超出顾客预期的服务。沃尔玛正是始终如一地围绕着这个发展战略，才常年占据世界500强企业前列。其创始人山姆·沃尔顿提出：不仅是战略，经营数据都可以让员工知道。

咨询专家兰西奥尼提到过：愿景、战略让每一个员工知晓是必要的。

任正非也一直倡导公司内部的透明化和公开化，他表示：华为的战略是公开的，不仅华为员工可以看，华为之外的竞争对手和社会人士都可以在网上查阅。

企业战略是需要协调企业资源去落地执行的，若战略仅仅存在老板的头脑当中，而所有员工却对其不知情，那再好的战略也只是空中楼阁，无法真正落地实现。所以，企业战略需要对内部公开，让所有员工都参与到推动战略的执行当中。

战略规划三阶段

企业发展战略规划与军事战略规划是一样的道理，提前做好战略规划，就是要在未来打有准备的仗。企业站在行业、市场发展全局的高度，制订企业相应的发展战略，有助于掌握企业未来发展的总体状况。

在现代企业战略规划中，我们可以将其分为三个阶段，分别是：战略诊断、制订战略目标以及设计战略方案（如图 2-1 所示）。

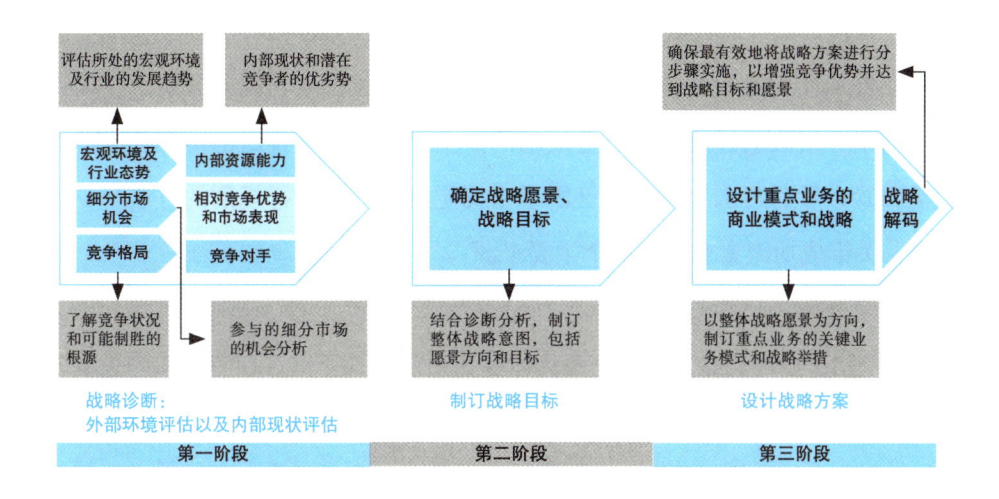

图 2-1 战略规划方法论

阶段一：战略诊断

战略诊断又分为两个部分，分别是外部环境评估以及内部现状评估，其目的是评估企业目前所处行业的发展趋势以及内部现有资源对比潜在竞争者的优劣势，以便于更好地制订战略目标。

1. 外部环境评估

外部环境评估通常评估三个部分，分别是宏观环境及行业态势、细分市场机会、行业竞争格局及竞争对手。

（1）宏观环境及行业态势。宏观环境行业态势包含政治、法律、经济以及社会等因素。在政治与法律环境分析当中必须注意政策的双重作用，政策可以促进产业的发展，但也有可能会制约产业的发展。另外，相关法律法规可能也会对企业造成一定影响。经济环境分析包括社会经济结构、经济体制、发展状况、宏观经济政策等要素。通常来讲，衡量经济环境的指标有 GDP、就业水平、物价水平、消费支出分配规模、国际收支状况，以及利率、政府支出、汇率等国家货币和财政政策。社会文化和自然环境分析则需包括人口因素、受教育水平、生活观念、风俗习惯、文化传统、环境问题、生态保护等。其中，人口因素包括人口的数量、年龄结构、地理分布、民族构成、收入分布等。

在宏观环境及行业态势分析中常用的方法是关键成功因素分析法。关键成功因素分析法通过对影响产业成功的因素进行分析，找出使得产业成功的关键因素，然后再围绕这些关键因素来确定目标，并进行规划的方法。一般来说，关键成功因素有以下四个主要来源：

● 个别产业的结构。不同产业因本身特质及结构不同，而有不同的关键成功因素。

● 产业中的地位。产业中每一公司因其竞争地位的不同，而关键成功因素也会有所不同。

● 环境因素。

● 暂时因素。

大部分关键成功因素是由组织内特殊的原因而确定的，这些是在某一特定时期对组织的成功产生重大影响的活动领域。

经典案例

可口可乐公司早在1927年就在中国天津、上海建立瓶装厂，1979年随着中国改革开放，重返中国市场，自1981年起先后在北京、大连、南京、西安、武汉、杭州、广州等地建立合资瓶装企业，并于1988年在上海建立可口可乐浓缩液厂，除了使中国大陆装瓶厂不再使用进口浓缩液外，还出口东南亚。

正是可口可乐公司在重返中国市场之前就进行了一系列的外部

宏观环境分析，从政治法律环境、经济环境、社会文化环境以及技术环境进行了详细分析，最终制订出符合中国发展战略的方案，全面返回中国市场并取得了巨大成功。

> **知识卡**
>
> 波特五力模型是迈克尔·波特于20世纪80年代初提出的。他认为行业中存在着决定竞争规模和程度的五种力量，这五种力量综合起来影响着产业的吸引力以及现有企业的竞争战略决策。五种力量分别为行业内竞争者现在的竞争能力、潜在竞争者进入的能力、替代品的替代能力、供应商的讨价还价能力与购买者的讨价还价能力。

（2）细分市场机会。细分市场是找到战略机会的方法之一。细分市场是指通过将一个多样化的市场划分为不同的、小规模的具体市场，具有相似特征的顾客群被归类于同一细分市场的方式进行市场分析，从而清晰地识别出不同的细分市场，并在此基础上对环境、竞争形势和自身资源进行分析，真正明确企业的优势和机会所在，选择对其发展最为有利的市场。

（3）行业竞争格局及竞争对手。行业竞争格局及竞争对手通常采用波特五力模型进行分析。波特五力模型将大量不同的因素汇集在一个简便的模型中，以此分析一个行业的基本竞争态势。五种力量模型确定了竞争的五种主要来源，即供应商的讨价还价能力、购买者的讨价还价能力、潜在竞争者进入的能力、替代品的替代能力以及行业内竞争者现在的竞争能力。

竞争战略从一定意义上讲是源于企业对决定产业吸引力的竞争规律的深刻理解。任何产业，无论是国内的还是国际的，无论是生产产品的还是提供服务的，竞争规律都将体现在这五种竞争的作用力上。

2. 内部现状评估

内部现状评估需评估企业内部的组员和能力，以及公司的相对竞争优势和市场表现。

（1）内部资源和能力。企业资源分析是从全局来把握企业资源在量、质、结构、分配和组合等方面的情况。包括对企业现有资源的状况和变化趋势进行分析以及对战略执行期间应用到的资源进行预测和获得性的筹划安排。企业能力是指整合企业资源，使价值不断增加的技能。资源在投入使用前比较容易衡量其价值，而能力在投入使用并发挥作用前往往不容易事先估量其价值。资源需要通过能力去实现增值，能力只有通过使用资源为顾客提供价值才能实现。

内部资源和能力分析通常采用内部因素评价矩阵法，内部因素矩阵评价法分以下五个步骤建立：

- 列出在内部分析过程中确认的关键因素；
- 赋予每个因素以权重；
- 按照企业现行战略对关键因素的有效反应程度为各关键因素进行评分；
- 用每个因素的权重乘以它的评分，即得到每个因素的加权分数；
- 将所有因素的加权分数相加，以得到企业的总加权分数。

经典案例

在多年前团购刚刚兴起，各大团购网站争得不可开交的时候，美团便对自己的内部资源和能力进行了分析。美团从线下团队、技术力量以及财务状况等方面进行分析。经过一系列分析之后，美团得出自己拥有强大的线下团队，以及互联网优秀人才。同时，公司拥有比同类友商更健康的现金流。于是美团迅速根据内部优势制订出相应战略，最终成为赢家。

（2）公司的相对竞争优势和市场表现。公司的相对竞争优势可根据内部资源和能力分析以及和同行竞争者的对比得出，根据与竞争者的对比可以大致明确战略目标的方向，明确企业应如何调整战略才可在市场上具有更大优势。

阶段二：制订战略目标

所谓战略目标是企业在一定的时期内，执行其使命时所预期达到的成果。战略目标是一种宏观目标。战略目标是企业对企业发展的一种总体设想，它的着眼点是整体而不是局部，长期的战略目标实现期限通常超出企业一个现行的会计年度。

经典案例

2018年，爱奇艺成功上市，宣布将采取以下战略来进一步发展业务：

a. 丰富和扩大引发轰动的内容；

b. 扩大内容提供以跟上不断变化的用户偏好；

c. 扩大用户数量，加强内容发布能力；

d. 支持货币化渠道；

e. 继续技术创新。

★ ★ ★

2019年，阿里巴巴于香港再次上市，面向未来发布三大方向和十一大战略：内需、云计算与大数据、全球化。

内需：

a. 进一步发展数字用户；

b. 不断扩大用户在阿里巴巴数字经济体内的消费品类，增加消费总额；

c. 不断扩大新供给，并进行供给侧改造；

d. 利用数字技术对线上与线下零售业态进行数字化创新或者

改造；

e.将支付宝从数字支付出口升级为数字生活入口。

云计算与大数据：

a.阿里巴巴商业操作系统帮助消费品企业实现端到端数字化经营；

b.物流全产业链的要素数字化及智能化运营；

c.所有企业上云替代原有IT基础设施；

d.企业全面走向云上协同办公；

e.在零售、金融、公共服务、交通、医疗等若干行业形成"云＋大数据＋智能应用"。

全球化：

阿里数字生态走向全球市场。

从上面两个案例可见，战略目标具有宏观性、长期性、全面性、挑战性等特点。具体到战略目标的制订，分为五步：研究、拟定、评估、反馈、确定。

从研究、拟定、评估、反馈到确定战略目标，这五个步骤是紧密联系的，后者的工作要依赖于前一步的成果。在进行后一步的工作时，如果发现前一步工作的不足，或遇到了新情况，就需要重新进行前一步或前几步的工作。

步骤一：研究。

在制订战略目标之前，必须进行调查研究工作，包括对已经完成的调查研究成果进行复核、整理，深入研究机会与威胁、长处与短处、自身与对手、企业与环境、需求与资源等多组对立关系，为确定战略目标奠定可靠的基础。同时，调查研究要全面进行，但又要突出重点。为确定战略而进行的调查研究侧重点是企业与外部环境的关系和对未来的预测。而相对于战略目标决策来说，最关键的还是对企业未来具有决定意义的外部环境信息。

步骤二：拟订。

拟定战略目标一般需要经历两个环节：拟定目标方向和拟定目标水平。在既定的战略经营领域内，依据对外部环境、需求、资源的综合考虑，确定目标方向；通过对现有能力与手段等条件的全面衡量，对沿着战略方向展开的活动所要达到的水平也要进行预测，这就形成了可供决策和选择的目标方案。在目标确定的过程中，在满足实际需要的前提下，要尽可能减少目标的个数。

步骤三：评估。

初步目标拟定出来之后，要组织多方面的专家和人员对方案进行评估，战略目标的评估要注意以下三个方面：

要评估战略目标方向的正确性。要着重研究拟定的战略目标是否符合企业精神，是否符合企业的整体利益与发展需要，是否符合外部环境及未来的发展趋势。

要评估战略目标的可行性。评估的方法主要是按照目标的要求，分析企业的实际能力，找出目标与现状的差距，分析用以消除差距的措施，并且要进行精确的测算，尽可能用数据说明。如果制订的途径、能力和措施对消除差距有足够的保证，就说明此目标是可行的。

对于目标的完善化程度进行评估，包括以下方面：目标是否明确、目标内容是否协调一致、目标内容是否最优。如果在评价论证时有多个目标方案，评价论证就要在比较中进行。通过内容对比、利弊权衡，找出各个目标方案的优劣所在。

步骤四：反馈。

反馈的目的是调整，使目标方案趋向完善的过程。在拟定的目标进行评估后，需要根据评估得出方案的不足进行调整，使之完善起来。如果无法根据拟定的战略目标调整达成想要的效果，则需要回过头去重新拟定目标，再进行评估。

步骤五：确定。

在拟定的战略目标通过评估以及反馈调整后，还需再次确认目标方向的正确程度、目标的可实现程度、目标期望效益的大小这三个方面是否存在不合理性。若没有问题，则可以确定战略目标。

阶段三：设计战略方案

在企业确定战略目标后，需要以战略目标为核心，设计出完善的战略方案，在规定时间内达成目标。设计战略方案通常有三个重点，分别为业务设计、商业模式以及重点任务确定。

1. 业务设计

业务设计要多从客户视角来看对内部的要求，"以客户选择出发，关注客户价值主张"，结合内部能力，对活动范围进行界定，提升公司长期的盈利能力。

（1）客户选择。客户选择的目的是找出对公司最有价值的客户，按照公司的客户选择原则对不同客户划分不同的优先级，并以此作为对我们进行资源配置的依据。同时，确定公司各项业务的目标客户。目标客户就是那些在做出购买决策时把我们公司的价值定位作为其最重要的考虑因素的客户群体。

（2）价值主张。价值主张是我们带给客户的独特价值，是让客户选择我们的理由。针对不同类型的客户，价值主张也不尽相同。价值主张是客户价值需求中，我们能满足，而竞争对手不能满足或者满足得不如我们好的部分。确定价值主张要关注竞争对手，而差异化是关键。当客户的需求发生变化，或者竞争对手的价值定位发生变化（因为可能我们自己还没有发现客户需求变化而对手发现了）的时候，我们都需要重新审视价值主张并进行相应的调整。价值主张还包括很多产品和服务以外的东西，也就是客户选择其战略合作伙伴的决定因素。

（3）价值获取。价值获取是公司获取价值的途径，也就是我们实现上述价值主张的手段，包括提供的产品、解决方案和服务。通常盈利的来源主要有两个：一个是独特价值带来的产品溢价，另一个是运营活动之间的适配带

（4）活动范围。活动范围是站在整个产业链的角度选择自身经营活动的范围，管理好"我们做什么、合作伙伴做什么"。选择"活动范围"的原则是活动的客户价值和成本，在满足客户价值最大化和企业盈利最大化之间找到业务活动的平衡。能最大限度带来客户价值的活动自己做，并强化之；客户价值不太明显的活动则可以考虑外包出去。

如图 2-2 所示是华为核心业务设计的框架图，业务设计能够帮助企业有效抓住战略机会点。

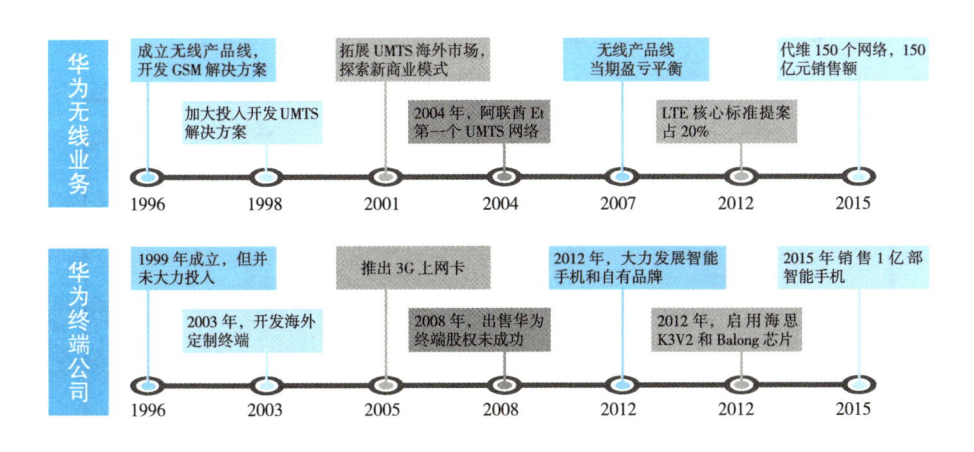

图 2-2 华为核心业务设计框架

通过分析可知华为的业务设计整体框架逻辑包括四个组成部分：

第一部分是客户选择和价值定位，就是选择谁做公司的客户，公司的价值定位是什么；

第二部分是价值主张和价值获取，也就是公司怎么赚钱；

第三部分是活动范围，公司开展哪些业务活动？哪些部分是公司不做的？哪些是要合作伙伴做的？

第四部分是战略控制点，也就是明确公司的业务最终中长期胜出的竞争优势是什么。

2. 商业模式

商业模式是对已实施的战略的描述，与战略在内容上高度一致。企业通常采用商业模式画布对商业模式进行描述、评估与调整。商业画布能够帮助管理者催生创意、降低风险、精准定位目标用户、合理解决问题、正确审视现有业务和发现新业务机会等。

商业模式画布，就是通过将企业日常商业运营过程中的主要活动划分出九大模块，并对这九大模块进行梳理，从而帮助管理者更好地描述出企业如何创造价值、传递价值和获取价值的基本原理，展示了企业创造收入的逻辑，帮助管理者更加清晰建立商业模式有关的各种逻辑关系（如图 2-3 所示）。

重要合作伙伴	关键业务	价值主张	客户关系	客户细分
	核心资源		渠道通路	
成本结构			收入来源	

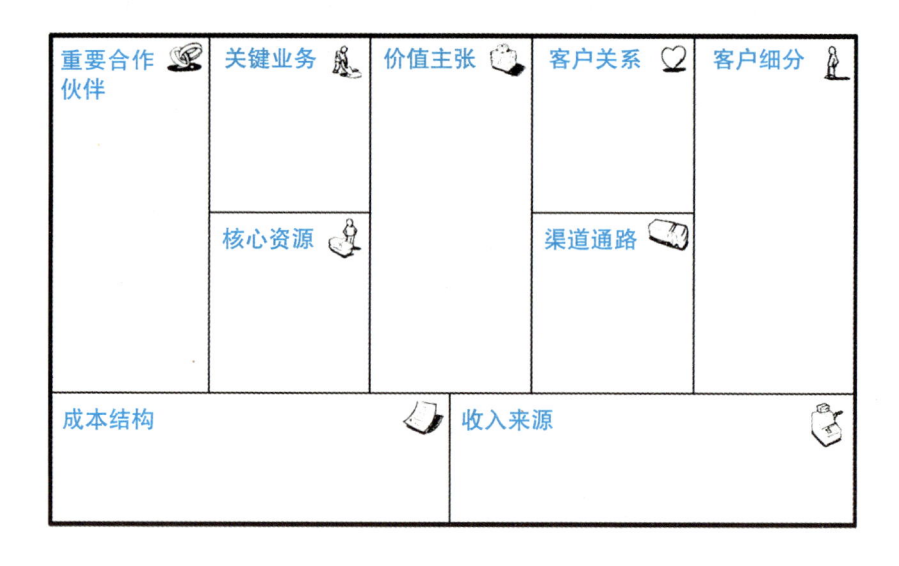

图 2-3　商业模式画布

（1）客户细分。描述企业的目标用户群体是谁，这些目标用户群体如何进行细分，每个细分目标群体有什么共同特征。企业需要对细分的用户群体进行深入分析，并在此基础上设计相应的商业模式。在此模块，企业应回答两个问题：我在为谁创造价值？谁是我们最重要的客户群体？

（2）价值主张。描述为细分用户群体创造价值的产品或服务。这些产品和服务能帮细分用户群体解决什么问题？满足他们的哪些需求？

（3）渠道通路。描述企业通过什么方式或渠道与细分用户群体进行沟通，并实现产品或服务的售卖。渠道通路应描述以下问题：接触用户的渠道有哪些？哪些渠道最为有效？哪些渠道投入产出比最高？渠道如何进行整合可以达到效率最大化？

（4）客户关系。描述企业与细分用户群体之间建立的关系类型。比如通过专属客户代表与用户沟通、通过自助服务与用户沟通、通过社区与用户沟通等。

（5）收入来源。描述企业从每个细分用户群体中如何获取收入。收入是企业的动脉，在这个模块应回答企业通过什么方式收取费用、客户如何支付费用、客户付费意愿如何、企业如何定价等问题。

（6）核心资源。描述企业需要哪些资源才能让目前的商业模式有效运转起来，核心资源可以是实体资产、金融资产、知识资产和人力资源等。

（7）关键业务。描述企业在有了核心资源后应该开展什么样的业务活动才能确保目前的商业模式有效运转起来，比如制造更高端的产品、搭建高效的网络服务平台等。

（8）重要合作伙伴。描述与企业相关的产业链上下游的合作伙伴有哪些，企业和他们的关系网络如何，合作如何影响企业等。

（9）成本结构。描述企业有效运转所需要的所有成本。应分清固定成本和可变成本、成本结构是如何构成的、哪些活动或资源花费最多、如何优化成本等。

这个世界上有很多公司是靠商业模式赚钱的。Uber几乎不拥有出租车，却是市场上最大的出租车公司；携程作为线上旅游代理机构，对现在的酒店行业有很大的影响力，对价格亦有话语权；阿里巴巴旗下淘宝上卖的大部分商品都不属于阿里巴巴，但是不妨碍阿里巴巴成为全国最大的电商平台。

这些公司连产品都没有，他们就靠纯粹的商业模式赚钱，这就是商业模式的力量。我国大型的外卖平台之一——饿了么，也正是使用商业模式画布设计出良好的商业模式，助力企业发展成为行业头部企业（如表2-1所示）。

表2-1 饿了么早期的商业模式画布

重要合作伙伴	关键业务	价值主张	客户关系	客户细分
·与各大平台合作，进行流量导入 ·互联网巨头的参与 ·资本加入 ·品牌餐厅的合作	·平台管理 ·服务实现 ·平台升级 ·物流配送服务	①吸引用户群体 ·B端：有庞大的外卖订单+物流配送服务 ·C端：多种多样的美食+送货上门 ②客户群体配对：千人千面（智能匹配） ③通过平台提供的交易渠道降低交易成本：商家抛弃外卖传单，用户有需求时只需下单即可	·新客户开发 ·老客户维护 ·促使客户由低频到高频	B端 ·主流：餐饮店 ·未来：新零售店 ·其他：需要店铺管理系统及物流配送的店铺 C端 ·白领消费者 ·高校学生 ·社区居民
	核心资源		渠道通路	
	·餐饮外卖平台 ·智能调度系统		·外卖APP ·管理系统 ·蜂鸟众包APP ·商家智能化的餐饮	
成本结构				收入来源
·平台的维护和开发 ·合理的商业补贴 ·市场推广费用 ·物流人员工资				·B端：满足商家对于餐厅信息化管理的需求，收取软件使用费；满足商家对于物流配送的需求，按比例收取配送费 ·C端：满足用户足不出户吃美食的需求，收取配送费

3. 重点任务确定

重点任务确定是指在制订企业战略目标后，根据现有目标提取出重点任务，保证企业在规定时间节点内完成相应的重点任务以确保达成阶段性目标，确保企业战略目标按时完成。

在明确企业业务、商业模式以及重点任务后，企业的战略规划模型就已经出来了，这时候就需要进行下一步——战略解码。

战略解码：将规划转化为行动

美国《财富周刊》曾刊登过的一篇文章中提到：70%失败的企业，原因不在于战略制订的错误，而是糟糕的战略执行，既拥有有效策划又得到有效执行的不到10%，72%的CEO认为执行战略比制订一个好的战略更难。

战略执行的低效、尴尬在一些企业中尤为突出。博意门《2006中国企业战略执行调研白皮书》显示："中国有83%的企业战略执行不力！"而战略与执行之间的断层则是战略管理中最为薄弱的环节。行业竞争的加剧以及市场的迅猛发展，已经不允许企业在战略执行这一关键问题上随遇而安。国内企业提高战略执行力，已经迫在眉睫。

实际上，不只是在中国企业，战略执行不到位的情况在全球也十分突出。对于很多企业来说，战略规划与战略执行中间有一道不可跨越的鸿沟，这也是很多企业最终失败，难以立足市场发展的原因之一。而战略不能有效地被执行有许多原因，经过前人总结，主要有以下五类原因：

- 战略的共识度不够；
- 战略举措不清晰或者缺失；
- 战略资源不匹配；
- 缺少有效支撑战略实现的制度体系；
- 缺少协调。

经典案例

在成立初期，阿里巴巴基于公司的使命和愿景，明确了自身定位，制定了企业发展战略规划，这是企业取得成功迈出的第一步。

接下来，阿里巴巴做了一件非常重要的事：在明确了战略愿景之后，他们将企业战略用通俗易懂的语言向企业所有成员讲解，使团队的每个成员都能明确使命，坚定目标。

阿里巴巴之所以能获得巨大成功，是因为他们并没有停留在讲解上面，接下来他们将企业的战略计划转变为行动，并将阶段任务下发给员工，将理论运用到实际中去。

为了使行动不出现偏差，他们还定时复盘，对组织做诊断，及时对发展中的变化做出调整。这就是阿里巴巴最终取得成功的全部秘密。

有句话是这样说的："三分战略定天下，七分执行决输赢。"这就是在强调执行的重要性，战略是构想，执行就是实际，不付出实际行动的构想永远都是空想。企业能在市场久盛不衰，首先要有针对自身发展的、良好的战略规划作为前提，要投入实际的行动，企业才能循环发展，没有规划的企业难以在市场立足，只有规划没有行动的企业也难以生存。

战略解码的意义

战略解码就是通过可视化的方式，将组织战略逐层分解为各级组织、各级主管的任务目标，清晰描述各执行层的任务内容，成功转化为具体行动，并形成绩效承诺，确保战略执行的有效落地，做到上下同欲、群策群力、集思广益、共谋发展。

战略解码可以消除战略与中层干部、最基层执行组织与员工之间的鸿沟，让战略与员工连接,让每个基层组织、员工知道自己所做的工作与战略的关系，知道战略目标实现后对个人的好处。

战略解码的标准

第一，要将战略转化成一件件可以执行的工作事项。

第二，要对每件工作事项明确好相应的责任部门、责任人。

第三，对每件事项的落实，配置相应的资源投入。

第四，对资源的投入，进行资源投入产出测算。

第五，每个工作事项是否有落实到位，要明确相应的评估指标。

第六，对于落实执行好的部门或个人，要给予相应的激励。

《华为工作法》里曾写道：先做正确的事，再把事情做对，才算更聪明的工作。

企业不缺完美规划的战略，缺的是真正落地的战略。企业创始人或CEO的战略意图和思考必须通过战略解码的过程，高质量地转化与分解为具体的措施和行动。因此，比执行战略更重要的是可执行的战略解码。华为正是按照下图进行战略解码，将战略转化为一件件可执行的工作事项并落实到各个岗位，实现人人为公司战略而努力（如图2-4所示）。

战略解码的步骤

战略解码的常用工具之一是平衡计分卡。它包括四个方面：财务角度、客户角度、内部经营流程角度、学习和成长角度，这四个角度分别代表企业三个主要的利益相关者：股东、客户、员工，每个角度的重要性，取决于指标是否与公司战略相一致（如图2-5所示）。

经典案例

美孚石油公司引入平衡计分卡是在1993年。在很多教科书或课程中，该案例也经常被引用，内容包括美孚石油实际运用的战略图以及平衡计分卡的实施。

这个案例发生在美孚石油公司一个叫作炼油营销的事业部中，其职能是在公司产业链中扮演销售者的角色——将炼好的油卖到公司旗下不同的加油站里。作为跨国型石油企业，美孚选择了另外五家与其规模相当的石油企业进行对标(例如壳牌、BP以及埃克森等)，以定位自己的行业地位和运营状况。结果发现，早在1990年美孚的财务就出问题了，行业排名第四，而且是亏本的。

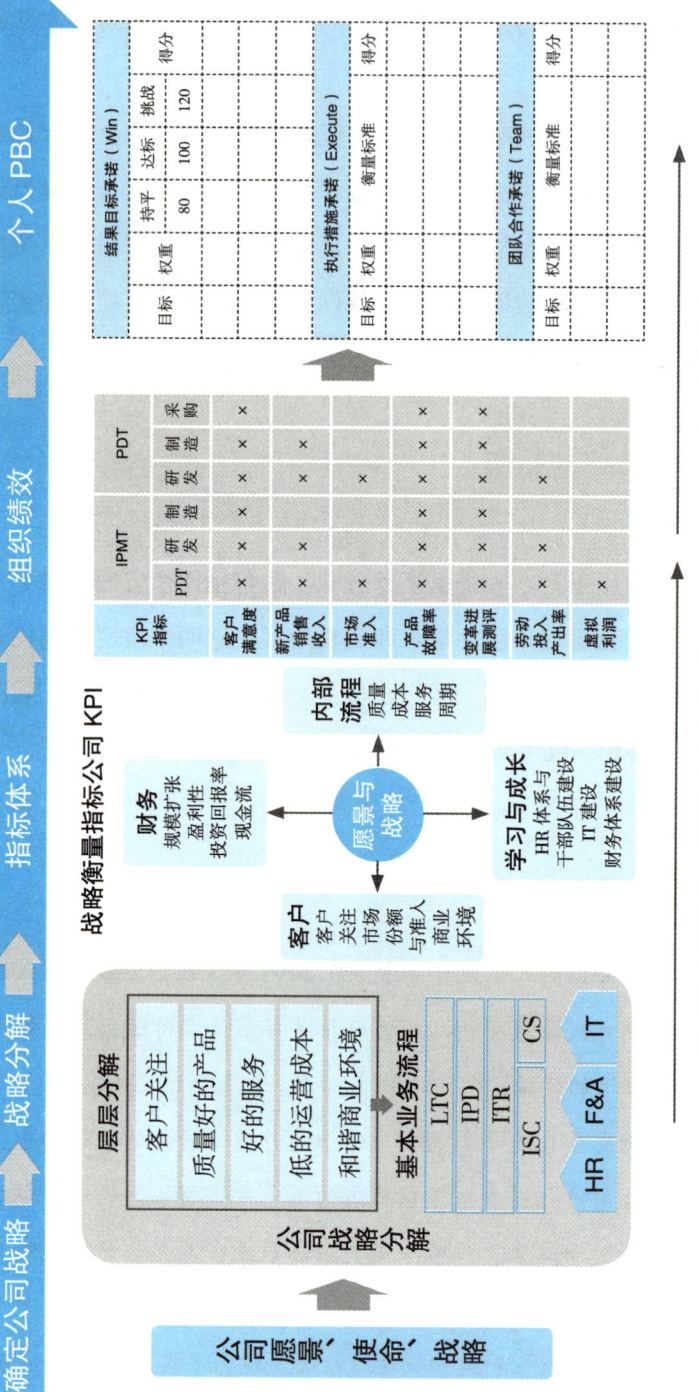

图 2-4 战略解码图

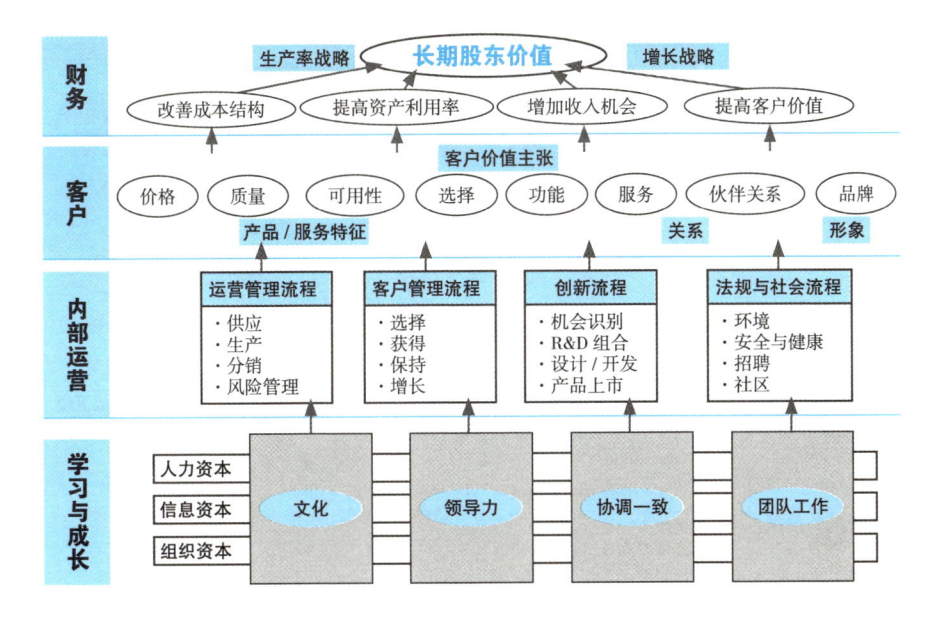

图2-5 平衡计分卡

为了改变这种状况，美孚积极做出些调整，实行节流政策，并很快通过削减员工队伍规模和变化组织结构获得了一定的成效——公司在1991年尽管仍有微亏，但是亏损的幅度大大减少，这一年的行业排名上升到第三位。

但是这种短期的行为只能暂时改变一下财务数字，因为企业战略及其相关方面没有做好，业绩提升是不会维持很久的。到了1992年，美孚便为自己的短视行为付出了代价——亏损急剧增加并超过1990年的水平，行业排名退到最后，与此同时，总部的现金流也出现问题，需要注入5亿美元来挽救这个企业，否则就会破产。

就在这个时候，美孚的CEO逐渐意识到开源战略（使自己的产品更多地卖出去）的重要性。于是，美孚开始通过实施平衡计分卡来实行新的战略（如图2-6所示）。

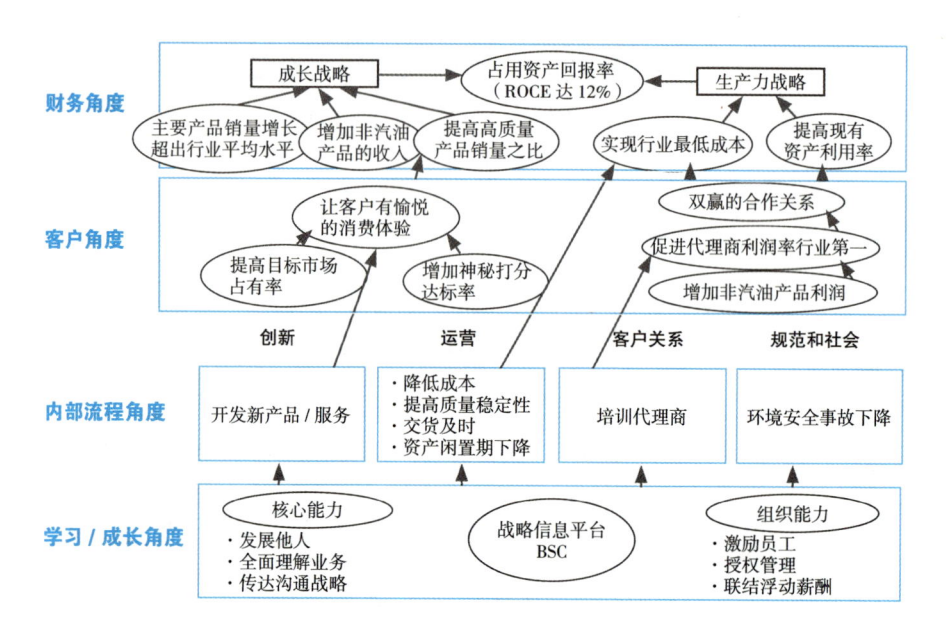

图 2-6　美孚的平衡计分卡

通对平衡计分卡和美孚石油案例的解读，我们可以总结出来，运用平衡计分卡模式进行战略分解，六步法如下所示：

步骤一：制订三至五年具体目标。

使用平衡计分卡分解战略的第一个步骤就是制订企业中长期的具体目标，只有先确定具体的目标才可以将目标一步步分解，以制订相关体系保证目标的实现。

步骤二：制订具体年度经营计划。

在企业中长期具体目标确定后，第二步便是将目标进行简单拆解，制订具体的年度经营计划，企业可以根据每年完成年度经营计划的情况，及时调整下一年度的计划，保证战略目标的实现。

步骤三：将年度经营计划分解到部门，设定组织绩效。

在制订年度经营计划后的下一步便是将年度经营计划进行再拆解，将计划分解到各个部门，为各部门设定组织绩效。

步骤四：把组织绩效分解到个人。

随后，根据各部门设定的组织绩效，将绩效分解至各个岗位，实现环环相扣，保证组织具体目标的实现。

步骤五：编制全面预算。

将相关绩效分解落实到岗位后，就需编制全面预算。编制全面预算是指根据企业制订的中长期经营目标以及中长期投资规划，对企业每个资源的投入，测算出投入产出，并且根据投入产出制订出全面预算。全面预算编制包括投资性支出预算、销售回款预算、制造经营预算、成本支出预算以及日常费用支出预算（如图2-7所示）。

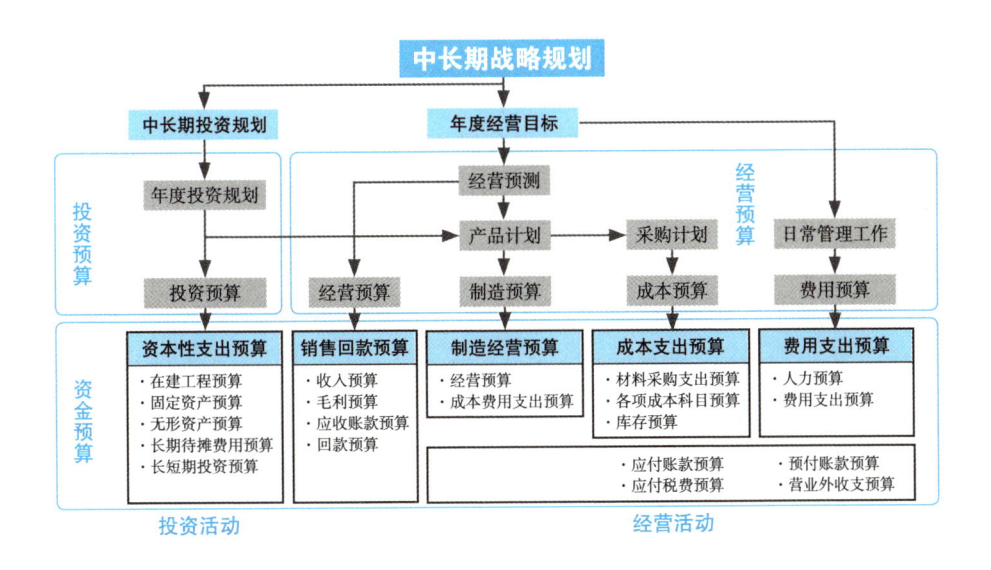

图2-7 全面预算编制

步骤六：过程监控、评估及反馈。

最后一步是对日常经营，实现战略目标的过程进行监控、评估及反馈。如何对战略执行的过程进行监控其中包括三点：

● 构建贯穿战略执行全过程的管控体系；

- 实时了解和动态监督每个部门及岗位的战略执行情况；
- 动态提醒"战略—计划—绩效—预算"之间的异常情况。

战略解码的要点

战略解码要学会分解，将大目标分解成小目标，将大周期分解成小周期，将目标和周期分解成具体的动作。

要点一：目标分解。

在企业经营的过程中，如果目标过大，长时间不能实现，我们往往会产生懈怠心理。因此，就需要运用目标分解法，将大目标分解为若干小目标，去逐一实现。

具体的做法是将一个大目标，分为具体的阶段性目标。如，把长期目标分解为一个个中期目标，把中期目标分解为一个个短期目标，把短期目标分解为月、周、日、小时、分钟的具体任务。当目标分解成具体的小目标之后，再集中精力一个一个地实现，这样目标实现就变得容易多了。

目标分解的作用是对企业内部人员的努力方向进行统一，只有将战略从公司层面拆解到部门，再拆解到个人，企业上下才能朝着一个方向使劲发力，形成属于自己公司的战略目标大图，以应对市场。战略目标大图就像军队的军心，如果军心不一致，则必输无疑。现在很多公司的部门考核不是从企业的目标拆解而来的，会导致部门考核成绩不错，但是企业整体目标结果没有提升，所以企业战略一定要从公司层面层层分解至个人层面。

要点二：时间周期分解。

由于公司战略往往牵涉一个比较长的时间周期，不可能一蹴而就，所以时间周期也需要分解。就战略在时间周期方面的分解来讲，其中有两个重点：

其一，对战略推进节奏的把握，往往需要结合自己的资源、能力，以及在战略布局上的基础来进行分解；

其二，对战略目标等各种分解，不分到时间周期上不行。与此同时，各个时间周期在战略推进的快慢、成效等方面往往存在因果关系，因此，如果不合理规划战略推进节奏，不合理分解时间周期，那么战略会出大问题。

图 2-8 是某公司战略管理的大框架，战略管理与普通的项目管理不一样，战略管理的所有时间都需提前。当年的经营情况不能在年末再进行总结，新一年的经营预算不能在年末或者年初才开始制订。如果所有计划都将时间点卡得十分紧，那么新一年的战略管理就没有调整的余地了。

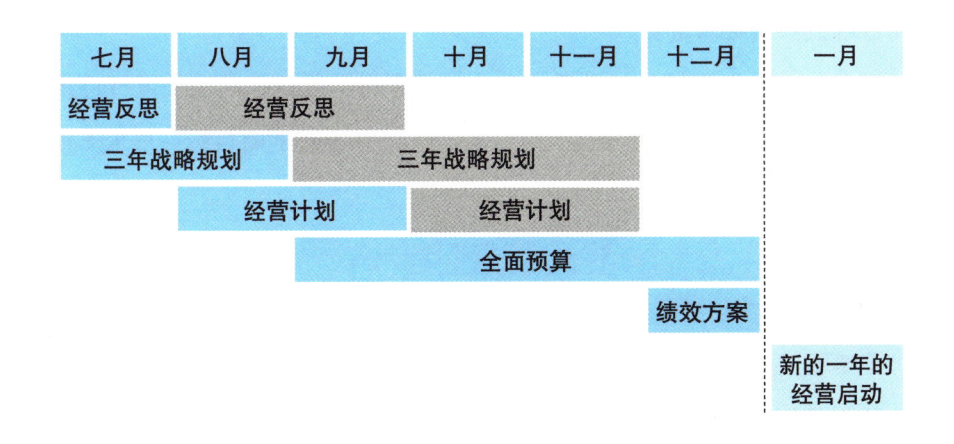

图 2-8　公司战略管理框架

这其中，里程碑时间分解意义十分重大，它有助于战略管理、计划和控制，而且里程碑也是阶段性工作的标志。一般来讲，里程碑时间分解有以下几个作用：

第一，比对计划与实际进度。里程碑时间分解可以帮助决策者了解当前的进度是否在可控范围内，可以通过查看里程碑了解当前进度，决定是否需要更改计划等。

第二，协助统筹部署工作。在一般的战略规划中，每个任务模块基本都包含子任务。里程碑节点的对应负责人，可以根据事件与时间节点，相应地安排人员和部署资源，确保对应节点能够按时完成。

第三，产生紧迫感与推动力。通过里程碑时间分解，在规定的期限内给

> **知识卡**
>
> 里程碑时间分解是指以关键时间节点或者关键时间的成功作为里程碑分解，把大里程碑分解成一个个小里程碑。

相应部门及个人一个任务，会给对应的责任人产生紧迫感与推动力，更大限度地保证任务在规定时间内完成。

要点三：动作分解。

只有战略、策略，没有动作，尤其是没有"抓手"类型、关键类型的动作分解，战略就依然不能落地，战略分解就依然难以落实。

因此，在进行目标分解之后，企业就需要对达成目标的相关可行性策略进行分解，将相关策略落实到制度上，使相关动作推动战略目标一步步实现。

战略管理四步法

战略不仅要规划，还要进行闭环管理。

什么是闭环？闭环就是从哪里来到哪里去。闭环是一种客观规律，无论业务和管理是否存在，闭环都是客观存在的，能指导企业业务布局和管理实现提升。闭环既是一种思维模式，又是一种指导思想。

战略闭环管理可简单定义为企业战略与执行有效协同的连接器，或实现战略与执行高效协同的桥梁。企业进行战略闭环管理有两方面意义。第一，构建严密而有效的实施系统，保证将组织制订的举措快速转化为行动，产生业绩。第二，战略闭环管理是开放的制度化平台，来自组织的不同业务板块、不同层面的人员都会在这个平台上，针对业务实际执行情况做差异对比分析及经验交流、分享，同时实现群策群力，提出改进措施。

战略管理通常有四个步骤，首先是确定战略管理机构及职责，其次是确定战略规划的编制流程，再次是明确战略的宣贯、解读、培训以及实施，最后是明确战略的评估与调整机制。

步骤一：确定战略管理机构及职责

根据战略职能的侧重点不同，承担的任务与职能不同，大多数企业将战略职能部门定义为：战略管理部、战略规划部、战略发展部、战略计划部、战略投资部、战略文化部等。

不同部门的工作重点、承担的战略职能与流程节点都有所不同，在战略管理开始，首先要明确不同战略管理机构的职责以及分工，以便在之后对战略更好地进行管理。

步骤二：确定战略规划的编制流程

未来虽然是不确定的，但战略管理工作本身是确定的。因此，一定要提前确定战略规划的编制流程。在明确不同战略部门的职能后，接下来就是需要确定战略规划的编制流程，明确应如何协同制订内容、如何进行审批以及备案等。

步骤三：明确战略的宣贯、解读、培训、实施

在确定战略管理机构与职责以及战略规划的编制流程后，下一步就是明确如何对战略进行宣贯、解读、培训和实施。以确保将战略分解至各个部门，保证战略顺利实施。

步骤四：明确战略的评估与调整机制

战略评估及调整就是需要监督战略实施的过程，及时发现偏差并纠正，确保战略的有效实施。所有的实施过程都需要有完善的流程和制度来监督、控制，否则很可能就会偏离预定的方向。

具体动作就是不断地将战略达成的实际成效和预期的战略目标进行比较，发现偏差就马上调整纠正。同时，因为企业发展是一个动态的过程，一个长远的战略目标也并非几十年不变，需要最高管理层随时监控外部和内部环境，并调整战略方向以及控制对应的战略实施，以保证组织战略目标的最终实现。

战略评估就是通过评估企业的经营业绩，审视战略的科学性和有效性。战略调整就是根据企业情况的发展变化，即参照实际的经营事实、变化的经营环境、新的思维和新的机会，及时对所制订的战略进行调整，以保证战略对企业经营管理进行指导的有效性。其包括调整公司的战略展望、公司的长期发展方向、公司的目标体系、公司的战略以及公司战略的执行等内容。

思考与练习

1. 美国《财富周刊》曾刊登过的一篇文章中提到：70%失败的企业，原因不是在于战略制订的错误……那么，失败的真正原因是什么呢？

_____
_____

2. 战略不仅要规划，还要进行闭环管理。什么是闭环？闭环就从哪里来，要到哪里去？

_____
_____

第 3 章
"四梁"之二：股权

在"四梁八柱"经营管理中，股权有两个维度，一是股权设计，二是股权激励。股权设计是大梁，股权激励是立柱。这一章我们主要讲述挑大梁的股权设计。

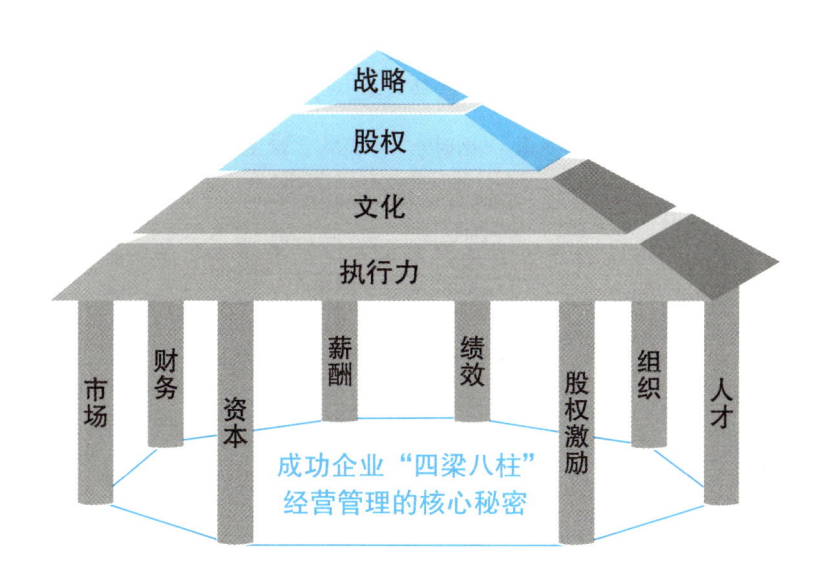

成功企业"四梁八柱"经营管理的核心秘密

（战略、股权、文化、执行力；市场、财务、资本、薪酬、绩效、股权激励、组织、人才）

最开始的股权设计没有处理好，很有可能为自己的创业埋下"地雷"，之后的创业之路很难有坦途。要想企业越做越好，越做越稳，股权设计必须被当成头等大事来对待。

股权设计的核心是控制权

企业控制权就是指股东或企业的运营人根据股权、人事安排、协议设计等方式，实现对企业的运营、资产及重大事项的决定等领域操纵和直接影响的权力。控制权是公司治理理论的核心问题，一旦控制权做不好，那么企业在发展中就可能面临易主或群龙无首的风险。苹果公司的案例便为我们做出了良好的警示。

经典案例

1976年4月1日，苹果公司创立，乔布斯持股45%，之后合伙创始人罗·韦恩的退出，乔布斯用800美元回购其股权。1976年8月，马库拉入伙成为苹果公司合伙创始人之一，并于1977年1月3日几人商议成立了新苹果公司。此时，乔布斯、沃兹、马库拉三名创始人各自占比30%的股权，而剩余的10%股权则授予了工程师罗德·霍尔特。之后，苹果公司在发展过程中又一步步迎来了施乐公司、罗斯柴尔德等资本公司以及一些个人投资者，共计16个投资人的投资，直到苹果成功IPO上市后，乔布斯的股权已经稀释至仅剩15%左右。

苹果公司经过融资、融智，创始人乔布斯手头股权逐渐被稀释，从一个角度看乔布斯利用股权战略融资融智，这才打造出了今天的苹果公司；但从另一个角度看，在融资融智的过程中，乔布斯却又忽视了股权战略中最重要的核心主体——控制权，这为后面乔布斯中场出局埋下了祸根。

因此在进行股权设计时，要紧紧围绕控制权这个核心，将所做的一切设计置于把握控制权这个基础之上，对企业家而言才是有意义的。忽视控制权这个核心，只会落得为他人作嫁衣的下场。

控制权的层次

控制权在股权设计上是一以贯之的，股权数量、相应制度安排是股权设计之于控制权的重要因素，从另一个角度来说，股权数量与相应制度安排是企业控制权的两个层次。从股权数量的层面上看，控制权的概念可以简化为股权数量的多少，股东对公司持有多少股权对应着股东对公司控制权的大小。公司的决策者大都明白股权数量的重要性，但是在实际创业中碍于各种因素，原来的核心大股东会面临着稀释股权以激励人才、吸纳融资、掌控资源等各种问题，种种实际因素会导致决策者所不愿看到的持股比例逐渐形成。而面对此种困境，一系列制度化安排应运而生。

企业处于发展之中，各发展阶段特点亦有所不同，针对不同发展阶段的公司，控制权设计所需考虑的层次是环环相扣的。企业在初创期，核心团队往往都是创始人自己打造，股东层面人数较少，此时，决策者可以简单便捷地通过分配股权比例在数量层面实现特定对象控制公司。而当公司迈入成长期时，其所需要面对的就是融资、融智，股权成为其手中的利器，但是与之对应的就是创始人股权比例的摊薄，仅靠绝对的数量已经无法保障控制权，因此制度化安排在此时就显得十分重要。公司在进入成熟期后，公司规模越做越大，创始人的管理能力已经不足以支撑公司的整体管理和安排，此时决策者可能会选择引入职业经理人、财务负责人等专业人才，而这就需要决策者将控制权落地渗入公司日常管理中。

经典案例

2012年，章燎源成立了安徽三只松鼠电子商务有限公司，彼时仅有一名股东，即章燎源本人。经过一段时间的发展，逐渐有投资人看中这家公司，经多轮融资，实际控制人为IDG Inc.的NICE GROWTH LIMITED、GAO ZHENG CAPITAL LIMITED和今日资本徐新控制的LT GROWTH INVESTMENT IX (HK) LIMITED分别投资三只松鼠，派人进入董事会，章燎源持股降至50.33%。

2015年6月30日，章燎源（持股99%）及妻子樊静（持股1%）成立燎原投资管理公司；同日，章燎源全资设立松果投资公司。2015年7月，前IDG资本合伙人、峰瑞资本创始人李丰先后成立的上海自友投资公司和上海自友松鼠投资中心（有限合伙），各自持有三只松鼠股份。

2015年12月29日，三只松鼠股改完成，股份有限公司成立，注册资本3亿元，在7个发起人中，章燎源持股45.41%，任董事长兼总经理。

2016年11月24日，三只松鼠公司内部同日设立五个有限合伙企业，即松果一号、松果二号、松果三号、松果四号、松果五号。12月1日，章燎源和松果一号、松果二号、松果三号、松果四号、松果五号再共同出资设立有限合伙企业安徽松果投资管理中心作为持股平台，在松果一号至松果五号和松果投资中心里，章燎源为普通合伙人，执行合伙事务，掌握了持股平台的控制权。根据后续更新的招股说明书，章燎源直接持股44.52%，又通过持股平台等合计控制三只松鼠48.34%，系三只松鼠控股股东及实际控制人。

三只松鼠始终结合企业发展状况积极调整公司股权架构，从简单的股权数量安排到后续的持股平台构建，章燎源深谙控制权层次之道，并将之付诸实践，牢牢掌控着三只松鼠（如图3-1所示）。

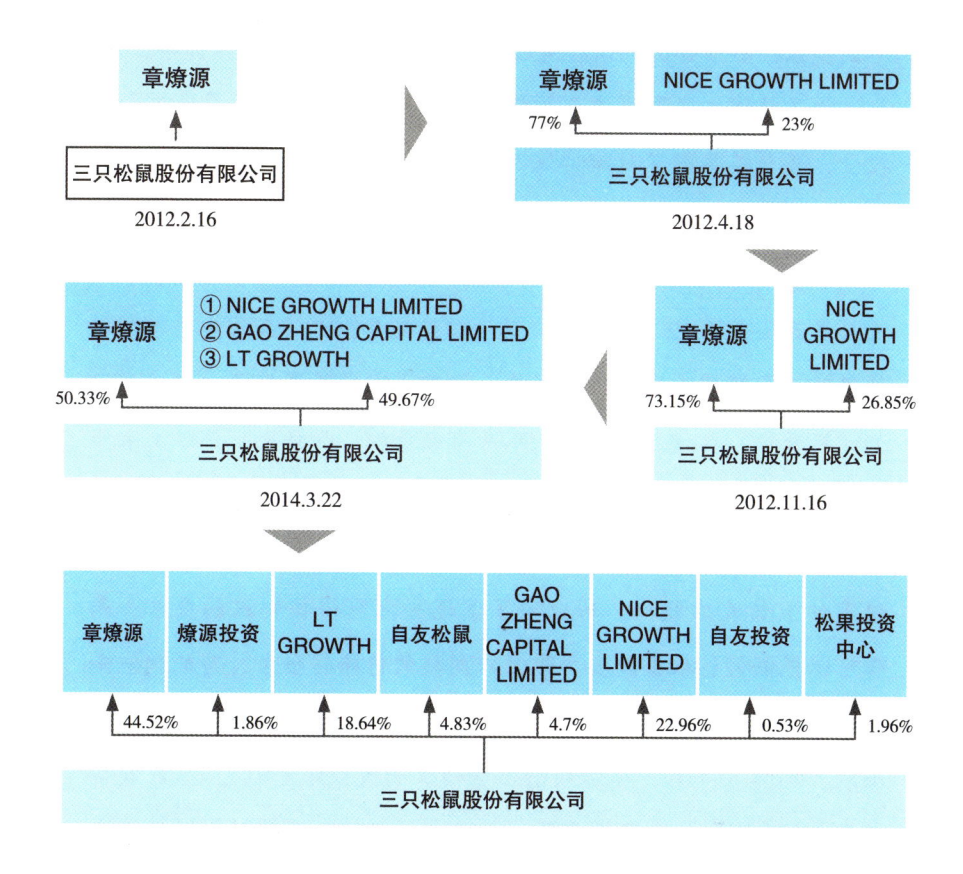

图 3-1 三只松鼠公司股权架构

股权控制权决定企业成败

丢了控制权，可能丢掉的是企业的未来。这方面有一个代表性案例就是知名餐饮企业"俏江南"。

经典案例

俏江南成立于 2000 年，第一家店铺坐落于北京国贸高档写字楼内，随着公司不断发展，俏江南红色京剧脸谱的 Logo 出现在上海、广州等知名城市。2008 年北京奥运会期间，俏江南成为唯一指定的中国餐馆，不可否认，俏江南已经成为北京高端餐饮的领头羊。

为了让俏江南取得更广阔的发展前景，创始人张兰引进了鼎晖投资，并与其签订了对赌协议。双方约定，如果非鼎晖方面原因，造成俏江南无法在2012年底上市，则鼎晖有权以回购方式退出俏江南。2012年底是当初双方约定上市的最后期限。也有说法称，俏江南如果无法在2012年底上市，另一种结果是张兰将面临失去控制权的风险。鼎晖作为专业投资机构，拥有丰富的投资经验，在对俏江南的投资中，双方还约定了鼎晖享有领售权。如果未来俏江南未能上市，且张兰没有能力回购股权，那么鼎晖就可以自行寻找买方，将所持股权转让给其中意的买方，由于买方大概率不会满足于鼎晖仅有的10%左右股权，所以为了实现买方取得控制权的要求，鼎晖可以根据领售权条款要求张兰以同样的价格将张兰持有的俏江南股权一并转让给买方。俏江南的上市失败触发了对赌协议及领售权条款，2014年4月，鼎辉领衔出售俏江南股权给CVC，CVC获得82.7%的股权，成为俏江南第一大股东。对赌失败导致张兰最终失去俏江南控制权。

之后一段时间，餐饮行业整体业绩走势下滑，张兰与CVC矛盾频发，俏江南也失去了往日的风光。

反观我国另一知名企业京东，在创始人刘强东的带领下稳步发展，创造了一个又一个商业奇迹。

京东是我国知名自营式电商企业，2019年8月22日，京东进入中国民营企业500强前十名；2019年中国民营企业服务业100强发布时，京东集团排名第四。经过多年的发展，京东的股权不再集中，但是创始人刘强东并未因此丧失对京东的控制权，这得益于其采用了AB股模式。

京东将普通股分为 A 类和 B 类，其中 A 类股每 1 股拥有 1 票投票权，B 类股每 1 股拥有 20 票投票权。创始人刘强东同时持有 A 类股和 B 类股。A 类股在任何时候均不可以转换为 B 类股，B 类股可随时自由转换为 A 类股。

根据最新数据显示，刘强东共持有 433181973 股，其中 A 类 25174550 股、B 类 408007423 股，在持股 13.8% 的情况下，投票权比例高达 76.1%。刘强东曾放言，如果失去了公司的控制权，那么自己宁愿把京东给卖掉。这足见刘强东对控制权把握的决心，而 AB 股设计便是他在持股比例不高情况下拥有绝对话语权的利器。

股权比例决定公司控制权

股权比例直接影响控制权，这主要是因为《中华人民共和国公司法》（以下简称《公司法》）第四十二条规定："股东会会议由股东按照出资比例行使表决权；但是，公司章程另有规定的除外。"第一百零三条规定："股东出席股东大会会议，所持每一股份有一表决权。"股权比例很大程度上决定了股东所持表决权的大小，表决权越大，对公司决策的话语权就越大。笔者在此列举若干相对重要的比例进行说明。

绝对控制权 67%

《公司法》第四十三条第二款规定："股东会会议作出修改公司章程、增加或者减少注册资本的决议，以及公司合并、分立、解散或者变更公司形式的决议，必须经代表三分之二以上表决权的股东通过。"《公司法》第一百零三条第二款规定："股东大会作出决议，必须经出席会议的股东所持表决权过半数通过。但是，股东大会作出修改公司章程、增加或者减少注册资本的决议，以及公司合并、分立、解散或者变更公司形式的决议，必须经出席会议的股东所持表决权的三分之二以上通过。"

67% 是对三分之二四舍五入的结果，若掌握 67% 以上股权，除章程另有约定外，一般情况下便可决定股东大会的所有决议事项，牢牢掌握公司控制权。

相对控制权 51%

根据《公司法》相关规定，公司股东会决定的除了重大事项之外的普通事项，股份有限公司股东大会作出的普通决议，必须经出席会议的股东所持表决权过半数通过。有限责任公司股东向股东以外的人转让股权，应当经其他股东过半数同意。故而掌握超过 50% 的股权，能决定公司大多数一般事项。

安全控制权 34%

前文已经提及，股东会、股东大会部分重大事项有"三分之二"这一关键比例，那么从相反的方面说，只要掌握 34% 股权，即可对重大事项在反方向施加影响，这就是安全控制权的含义。

要约收购线 30%

《上市公司收购管理办法》第二十四条规定："通过证券交易所的证券交易，收购人持有一个上市公司的股份达到该公司已发行股份的 30% 时，继续增持股份的，应当采取要约方式进行，发出全面要约或者部分要约。"

权益变动线 20%

《上市公司收购管理办法》第十七条规定："投资者及其一致行动人拥有权益的股份达到或者超过一个上市公司已发行股份的 20% 但未超过 30% 的，

应当编制详式权益变动报告书……"

临时会议权 10%

"十分之一"多次在我国《公司法》出现，汇总来说主要有：（1）针对有限责任公司，代表十分之一以上表决权的股东有权提议召开临时会议；（2）董事会或者执行董事不能履行或者不履行召集股东会会议职责的，由监事会或者不设监事会的公司的监事召集和主持；监事会或者监事不召集和主持的，代表十分之一以上表决权的股东可以自行召集和主持；（3）公司经营管理发生严重困难，继续存续会使股东利益受到重大损失，通过其他途径不能解决的，持有公司全部股东表决权百分之十以上的股东，可以请求人民法院解散公司。

股权变动警示线 5%

针对上市公司，持有公司 5% 以上股份的股东或实际控制人持股情况发生重大变化，上市公司应当向相关机构报告和披露。

临时提案权 3%

《公司法》第一百零二条第二款规定："单独或者合计持有公司百分之三以上股份的股东，可以在股东大会召开十日前提出临时提案并书面提交董事会；董事会应当在收到提案后二日内通知其他股东，并将该临时提案提交股东大会审议。临时提案的内容应当属于股东大会职权范围，并有明确议题和具体决议事项。"

代位诉讼权 1%

根据《公司法》第一百五十一条，在特定情况下，有限责任公司的股东、股份有限公司连续一百八十日以上或单独或者合计持有公司百分之一以上股份的股东，有权为了公司的利益以自己的名义直接向人民法院提起诉讼。

以上有公司控制权"九大生命线"之称的前三项，毋庸置疑掌握着企业的核心命脉，企业家一定要时刻注意对上述股权比例的把控。

经典案例

雷士照明显然没有意识到股权比例的重要性，其不加设计的三分法曾经让创始人吴长江吃了大亏。

1998年底，吴长江出资45万元，他的另外两位同学杜刚与胡永宏各出资27.5万，以100万元的注册资金在惠州创办了雷士照明。从股权结构看，吴长江占比45%，是第一大股东，而相对两位同学的合计持股，他又是小股东。通过协商，雷士照明进行了第一次的股份制改造，改造的结果是吴长江持股33.4%，另外两个股东，每人持股33.3%。随着企业做大，股东之间的分歧悄然变大。2005年，吴长江主导雷士进行渠道变革，其他两位股东激烈反对吴长江的改革方案，三位股东矛盾全面爆发。在董事会上，两位同学同时反对吴长江的做法，吴长江被雷士照明罢免其董事长兼CEO的职务，他的全部股权被迫让出，失去对雷士照明的控制权。

再看看青山控股集团有限公司，项光达就通过绝对持股比例牢牢掌握着控制权。

青山控股集团是中国最大的民营钢铁企业，其成立于2003年，注册资本28亿元，有14个直接股东，其中企业股东2个，合计持股35.2%，自然人股东12个，合计持股64.8%。第一大股东是上海鼎信投资（集团）有限公司，持股23.7%，第二大股东是项光达，持股22.3%，第三大股东是浙江青山企业管理有限公司，持股11.5%。这三大股东合计持股57.5%，持股超过50%，对公司绝大部分事项实现控制。青山控股的第一大股东上海鼎信投资（集团）有限公司的背后控制人是项光达，项光达持有上海鼎信投资71.5%的股份，拥有绝对控股权。而浙江青山企业管理有限公司的背后控制人也是项光达，项光达持有80%的股份，亦拥有对该公司的绝对控制权。项光达通过直接持股以及上海鼎信投资、浙江青山企业管理有限公司的间接持股，控制了青山股份57.5%的股份，是无可争议的实际控制人。

公司控制权的补强措施

企业发展过程中一定会面临股权融资以及股权激励，决策者的持股数量可能会基于融资或上市的要求抑或是激励人才而有所减少，决策者往往难以依靠悬殊极大的持股比例控制公司，那么在数量层面难以保持实际控制人地位时，决策者又该如何继续保证控制权呢？这个时候决策者就应当进入第二个层次——股权的制度设计。

在第二个层次中，主要涉及三种方法针对控制权进行一个制度化的安排——分别是从顶层架构入手搭建持股平台、股东间协议安排绑定控制权、同股不同权机制的设计以及"三会一层"的掌控。

持股平台

对于非上市公司来说，由于股东数量受限，并且非公开的属性，股权和控制权的关联将会更加明显，如果贸然通过自然人直接持股的方式，将可能造成股权稀释、控制权受影响，或者决策者自身承担风险过大，前期投入过多，公司决策效率降低等不利后果。

很多公司决策者担心让一些投资人或者员工直接持股不利于股权结构的稳定、不利于优质高效决策，为了更稳定的控制公司，在股权设计时采用了间接持股的方式，这也是有一定道理的。

实践中，大部分的公司会采取间接持股的方式，由持股平台持有公司的股份，而员工或者投资人通过持有持股平台的股份而间接持有公司股份。如此一来，投资人与员工就不具有主体公司直接的股东身份，而无法直接对主体公司行使股东权利，从而达到保障决策者控制权的目的。由于不同持股平台的经营管理模式存在差异，因此结合不同公司的需求会采用不同的持股平台来保障控制权。在实践过程中，主要衍生出了以下三种持股平台的选择：

1. 有限合伙企业

有限合伙是指一名以上普通合伙人（GP）与一名以上有限合伙人（LP）所组成的合伙。普通合伙人对合伙企业债务承担无限连带责任，有限合伙人以其认缴的出资额为限对合伙企业债务承担责任。在做股权设计，以有限合伙企业作为持股平台中，通常由公司实控人担任普通合伙人，其他参股人员担任有限合伙人。

有限合伙企业具有控股成本低和操作便捷这两个优势。一方面，在有限合伙企业中，普通合伙人对外代表合伙企业，而有限合伙人不执行合伙事务，不得对外代表有限合伙企业。因此，成为普通合伙人就成为合伙的控制人，公司需要股东（包括持股平台）做决策时，大多数决议只需要普通合伙人作出即可，操作更加简便。同时，由于有限合伙人和普通合伙人以其承担无限连带责任与否加以辨别，因此成为普通合伙人对投资金额没有要求，而且由于普通合伙人可以以劳务出资，甚至可以不用投入资金。普通合伙人可以通过较少的出资获得合伙企业的控制权，因而成为企业在选择持股平台的常见选择。

另一方面，合伙企业最大的特点是"人合性"，不同于公司的设立，合伙企业中的事项可以通过合伙协议来实现，只要是不违反法律强制性规定，合伙人之间可以规定任何内容。相对于有限责任公司，合伙的运作更加自由。

此外，需要认识到有限合伙企业的劣势。合伙企业没有法人资格，因此难以对外以合伙的财产独立承担民事责任，普通合伙人需要对合伙的债务承担无限连带责任。故对于普通合伙人来说，有一定的风险。因此，实践中也有公司通过再设立一个有限公司，作为持股平台的普通合伙人，通过加入公司有限责任这道"防火墙"，避免个人陷入无限责任中去。

经典案例

绿地控股集团股份有限公司（以下简称"绿地"）利用有限合伙企业进行公司控制权设计为业内人士所津津乐道。

绿地控股集团股份有限公司的控股股东为上海格林兰投资企业（有限合伙），该合伙企业通过多层有限合伙作为投资人的方式，达到了公司控制权不受影响的目的。

如图3-2所示，上海格林兰投资管理有限公司（以下简称"格林兰投资"）由管理层43人设立，继而格林兰投资作为普通合伙人，其他投资人及持股员工作为有限合伙人，以这样的模式共成立了32个有限合伙企业（图3-2中仅注明了第壹和第叁拾贰有限合伙企业）；然后，以这32个合伙企业作为有限合伙人，格林兰投资作为普通合伙人，又成立了上海格林兰投资企业（有限合伙），该合伙继而控股绿地集团。通过双重有限合伙的模式，将其他投资人及持股员工纳入绿地集团的二次间接股东范围中。由于双重模式涉及多个有限合伙，每个有限合伙都可以有最多49个有限合伙人，因此使用这一模式可以将投资人及激励员工的规模不断扩大化，更好实现企业吸引融资、吸纳人才的初衷。

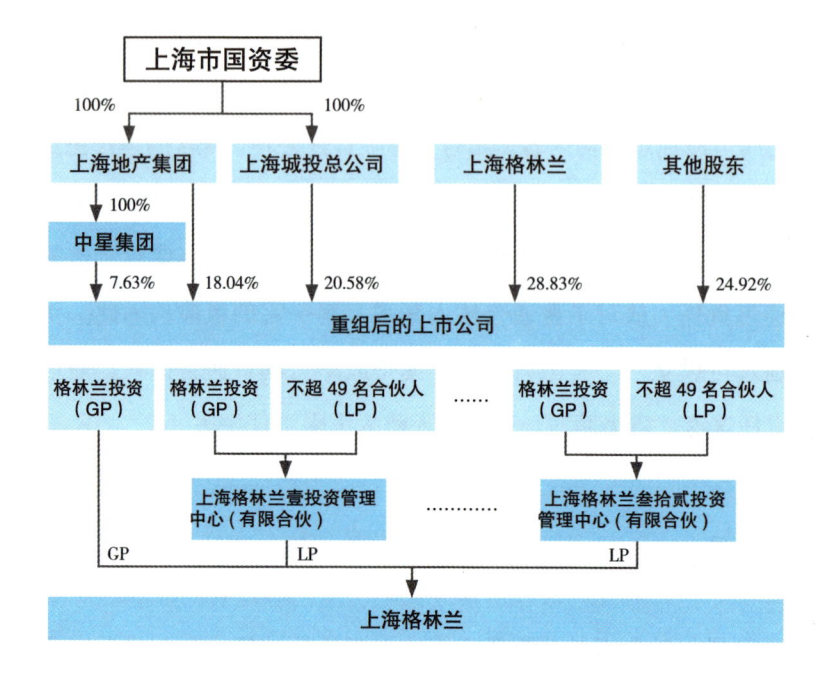

图 3-2 绿地集团股权架构

同时，普通合伙人这一有利身份的加持，保障上海格林兰的股权貌似分散实则集中。

2. 有限责任公司

有限责任公司指根据《中华人民共和国公司登记管理条例》规定登记注册，由 50 个以下的股东出资设立，每个股东以其所认缴的出资额对公司承担有限责任，公司以其全部资产对其债务承担责任的经济组织。

在该种模式下，其他参股股东作为自然人股东，持有持股平台的股权，而持股平台作为公司的法人股东，持有公司的股份。其他参股人员通过此种间接持股的方式拥有了公司的股权，以此达到将其他参股人员利益和公司利益"相绑定"的初衷，实现他们共同分享公司经营收益的目的。

有限公司主要具有规范化和风险隔离两个优势。一方面，有限责任公司的行为受到《公司法》的约束，设立需要符合法定要求，内部需要设置股东会、董事会（执行董事）和监事会（监事），对于股东、董监高的权利义务有清晰的规定等，并且有限责任公司的成立与变更需要到工商行政部门进行登记，如果未按照工商部门的规定履行相应的行政程序，将可能受到行政处罚。因此，有限责任公司的运作受到法律和行政部门的管理，治理相对规范。另一方面，有限责任公司具有独立的法人资格，公司法人人格是指公司作为法人所具有的类似于自然人的独立法律主体资格，英美法学者形象地将公司的独立人格描绘为罩在公司头上的"面纱"，这层"面纱"将公司人格与其成员个人人格分离，使股东免受公司债权人的直接追索。

另外，值得一提的是设立有限责任公司作为平台的税务优势。为求直观，在此以具体案例进行说明。杭州某生物科技有限公司原先由一对夫妻股东对公司直接持股，经过股权设计重构调整后，两名股东共同成立了一家 A 有限责任公司用于持有大部分股权，同时将新设的 A 有限责任公司作为家族财富的载体。该有限责任公司从生物科技有限公司获得分红，并对外进行再投资。依据我国税法，享有分红税收减免。分红进入 A 公司后，以 A 公司名义对外购置夫妻股东家庭所需的固定资产、大额支出，列为 A 公司经营成本可以用于抵税。由于 A 公司股东是夫妻俩，无须将 A 公司的可分配利润进行分红，从而合理避去自然人股东获取分红的个人所得税。

但是有限责任公司也存在两个弊端。第一，对于持股平台，公司无疑需要通过控制该平台从而保障最终控制权的稳定，因此公司或公司实控人、大股东必须是持股平台的控股股东，其他参股的员工或者投资人只能是小股东。公司无论是通过自身或者大股东持有持股平台的股份，一旦需要对持股平台有完全的控制权，都将意味着需要认缴相应比例的注册资本金。这对公司来说，也是一笔不容忽视的开支，毕竟这和吸引投资或实施股权激励的规模相关，要想股权激励的力度越大，吸引的投资越多，公司需要投入的成本也越高。第二，有限责任公司作为持股平台，其兼具人合与资合的属性，在需要持股平台参与主体公司股东会作出意思表示前，需先按照持股平台内部规定形成股东会决议等法律文件，否则，虽然投资人或员工不能直接干涉主体公司的经营，但却可以通过对持股平台主张股东权利，从而影响到主体公司的经营计划。

📄 经典案例

大名鼎鼎的火锅巨头——海底捞在对公司进行控制权设计时就采用了有限责任公司作为持股平台。1994 年，在四川简阳，四个年轻人开了一家只有四张桌子的小火锅店，这就是海底捞的第一家店。海底捞是两对情侣创业，张勇、舒萍和施永宏、李海燕，每个人的持股比均为 25%。后来两对情侣变成了两对夫妻，每对夫妻各占 50% 的股份。2004 年，张勇提出让自己的妻子舒萍和施永宏的妻子李海燕离开公司，只做股东。2007 年，在海底捞成立 13 年后，施永宏也离开了海底捞，张勇以 13 年前原始出资额的价格从施永宏夫妻手中购买了 18% 的股权，于是张勇夫妇占有海底捞 68%（超过三分之二）的股权成为绝对控股的股东。

2018 年，海底捞上市，主体公司为开曼群岛注册成立的海底捞国际控股有限公司，张勇夫妇直接 + 间接持股 62.7%，控制海底捞 74.58% 的股份，拥有了控制权（如图 3-3 所示）。

3. 信托

除了前述较为常见的两种持股平台外，实践中部分企业会选择信托模式以持股。信托，是指委托人基于对受托人的信任，将其财产权委托给受托人，由受托人按照委托人的意愿以自己的名义，为受益人的利益或者特定目的，进行管理或者处分的行为。将信托纳入控制权设计，主要表现为公司出资，或者公司和其他参股股东共同出资，将资金委托信托机构购买本公司股票，由信托机构持有公司股票，其他参股股东作为受益人。

信托财产的一大特点是信托财产的独立性，即信托财产与委托人的财产具有严格的区别，作为委托人的公司股东或实际控制人破产或死亡，或出现其他情况，都不会影响到信托财产的持续运营，其他参股股东作为受益人，仍然可以从公司股票中受益。信托的主要劣势就在于高昂的信托费用。

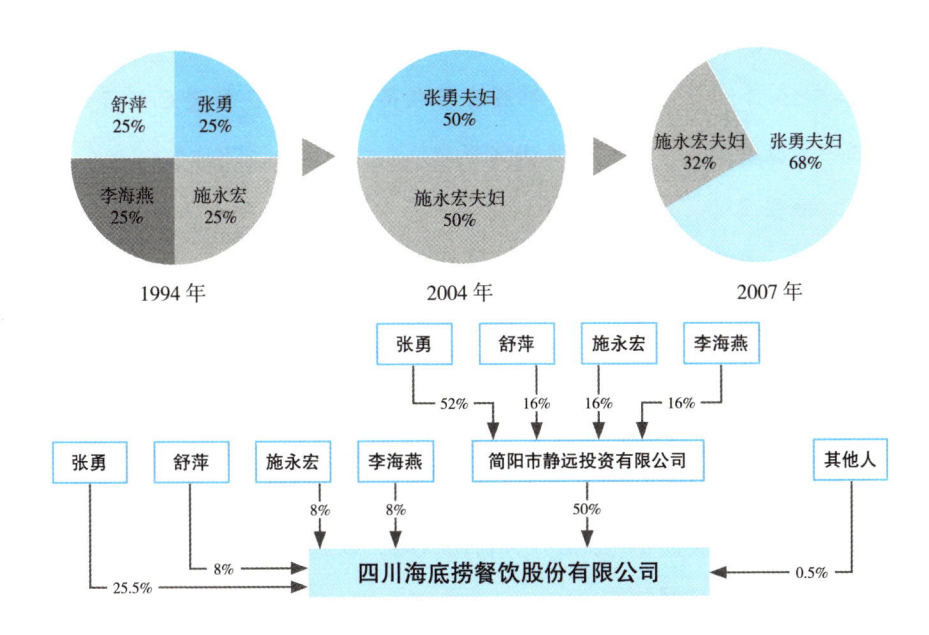

图 3-3 海底捞股权架构

📝 **经典案例**

龙湖地产创始人经历婚变，但未对公司平稳运营造成很大影响，主要就是创始人引入信托的缘故。龙湖地产上市三年后，创始人婚变消息传出，龙湖地产股价当日跌幅达到 4.2%，但是后来基本保持平稳。追溯到 2007 年，吴亚军夫妇在开曼注册了空壳公司龙湖地产，持有者为吴亚军夫妇分别控制的 BVI 公司 Charm Talent 和 Precious full。2008 年，吴亚军夫妇分别设立"吴氏家族信托"和"蔡氏家族信托"，两者均为全权信托。吴亚军夫妇分别作为信托的委托人和保护人，将各自持有的龙湖地产（开曼）的股权以馈赠的方式，分别注入汇丰国际的全资子公司 Sliver Sea 和 Sliver Land 中，这两家公司再分别持有各自 BVI 公司的股权。经过此番系列操作，吴亚军夫妇分别用各自的家族信托持有各自上市公司的股权份额。2012 年 8 月 6 日，吴亚军将此前共同持有的 75.6% 权益的龙湖股份，相当于约 39 亿股，分割为吴亚军持有 45.4% 权益，蔡奎持有 30.2%。婚变后，11 月 19 日，为避免龙湖大批股份落在第三方手上，蔡奎已签署协议书，让吴亚军暂时掌管其 28% 股权。

随着离婚之后、股权分割完毕，两人通过信托妥善处置好了各项财产，对龙湖地产本身的运营未造成实际影响。

协议绑定

股东之间的意思自治具有相当的灵活性，在协议层面，股东可以达成一致行动人协议、表决权委托、股权代持协议等，以进行股东之间的利益绑定，进而辅助实现企业控制权的集中。

1. 一致行动人

一致行动人是指，在公司的股东会表决过程中有一致行动情形的投资者，他们之间互为一致行动人。一般情形下，一致行动人之间有股权控制关系，或者共受同一主体控制等关联关系。但是能够成为一致行动人的前提条件必须是他们可以通过协议、其他安排等方式，共同持有主体公司具有表决权股份，以此才能形成合力达到实际控制主体公司的目的。

典型的一致行动人协议如下所示：

（1）在处理有关公司经营发展，且需要经公司股东大会审议批准的重大事项时应采取一致行动。

（2）采取一致行动的方式包括就有关公司经营发展的重大事项向股东大会行使提案权和在相关股东大会上行使表决权时保持充分一致。

（3）如任一方拟就有关公司经营发展的重大事项向股东大会提出议案时，

须事先与另一方充分进行沟通协商，在取得一致意见后，以双方名义共同向股东大会提出提案。

（4）在公司召开股东大会审议有关公司经营发展的重大事项前须充分沟通协商，就双方行使何种表决权达成一致意见，并按照该一致意见在股东大会上对该等事项行使表决权。如果协议双方进行充分沟通协商后，对有关公司经营发展的重大事项行使何种表决权达不成一致意见，双方在股东大会上对该等重大事项共同投弃权票。

经典案例

公牛集团就采用了一致行动人协议作为加强控制权的手段。公牛集团的股权结构如图3-4所示。

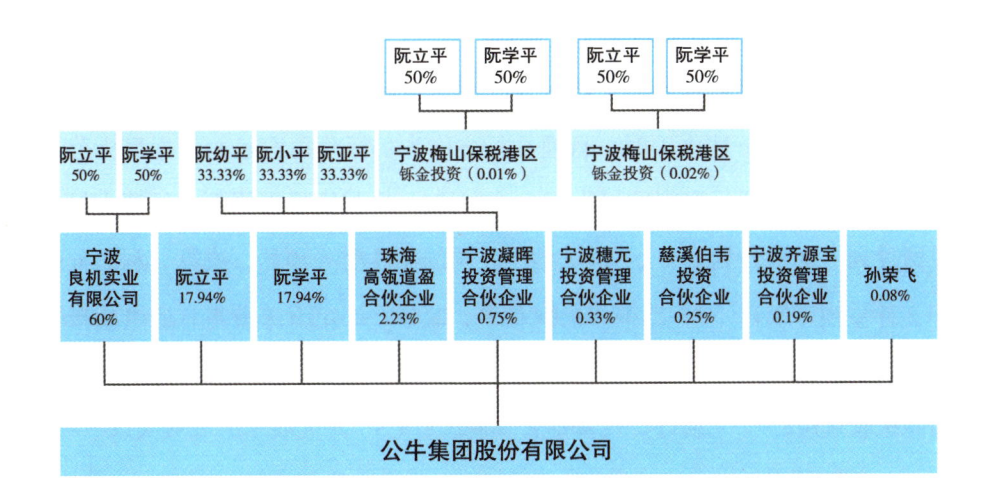

图3-4 公牛集团股权结构

根据招股说明书显示，阮立平和阮学平两兄弟于2017年12月27日签订了一致行动人协议。就公司董事会、股东会以及公司重大事项决策时均采取一致行动，如出现意见不一致时，则以时任董事长意见为准；若二人均不任董事长，则以阮立平的意见为准。阮立平和阮学平两兄弟通过间接持有和直接持有的方式控制公牛集团96.63%的股份，不仅超过了半数，而且也超过了2/3，属于绝对控股，同时，根据一致行动人协议内容可以看出，阮立平是真正的实际控制人。

2. 表决权委托

表决权是股权的一个分支权利，是股东参与公司经营的重要表现方式。公司股东行使表决权的方式有两种，一种是直接行使表决权参与公司决策，另一种是间接行使，表决权委托就是股东间接行使表决权的方式之一。股东表决权委托包含两层意思：一是委托合同关系，二是代理权的授予，同时表决权委托兼具授权委托书的性质。表决权委托在当下就是一种控制权实现的工具。实现了不转让股权但转让控制权的目的。

常见的表决权委托约定如下所示：

委托人不可撤销的承诺，授权受托方，按照受托方的意思，在目标公司召开股东会审议下述事项时，行使委托方作为目标公司股东而依据目标公司届时有效的公司章程享有的表决权：（1）制订中长期发展规划、经营方针、投资计划、融资计划；（2）审议批准公司的年度财务预算、决算、利润分配和弥补亏损方案；（3）选举和更换董事、监事，决定有关董事、监事的报酬事项；（4）固定资产采购及处置；（5）管理机构设置；（6）聘任或解聘公司高级管理层；（7）制订公司基本管理制度；（8）其他股东会一般决议事项。

3. 股权代持

股权代持是指双方之间达成协议，表面上股权由某一方持有，但实际上股权所有权由另一方所有。将股权代持作为控制权设计的一种，主要是指创始人将股权授予给他人，但是该股权仍然登记在创始人名下，由创始人自行以股东身份行使股东权利，而隐名股东只享有该股权产生的财产性收益。

同时，股权代持在公司上市前必须依据相关监管机构的监管规则，达到股权明晰的要求。监管机构对股权代持问题的审核要点主要为：（1）在公司历史沿革中，股权代持的合理性、合法性；（2）股权代持的真实原因；（3）股权代持协议是否存在潜在纠纷，是否会影响股权的最终归属。

同股不同权

《公司法》关于股份有限公司股份的一般规定为普通种类股份，即一股一权，但《公司法》第一百三十一条规定："国务院可以对公司发行本法规定以外的其他种类的股份，另行作出规定。"

同股不同权主要指"AB股"，常见的A类普通股每股有N票表决权，B类普通股每股有1票表决权。而A类与B类股的表决权比例差异，由公司自行设定。

A类股票一般由公司创始人或核心管理层持有，B类股票则对外部投资者发行，在该制度模式下，创始人即便持有公司少量股权，也能通过大量表决权掌控公司经营决策，进而实现对公司的控制。

比如优刻得的AB股制度安排为：共同实际控制人季昕华、莫显峰及华琨持有的A类股份每股拥有的表决权数量为其他股东（包括上市后的公开发行对象）所持有的B类股份每股拥有的表决权的5倍。

协议绑定的背后是意思自治理念，因而在实践中具有较强的操作性，上述提到的三种协议安排彼此之间不是对立的，企业家往往会同时运用多种制度的形式以尽可能地巩固自身对企业的控制权。在这点上，小米的控制权模式则将统筹运用各种安排的思路体现得淋漓尽致。

经典案例

雷军首先采用海外信托以降低家族带来的风险，他将自己的股权所有权转移至信托之下，由信托对股权进行管理与掌控，而雷军因其与信托之间的协议享有收益。家族信托在股权划分、锁定企业控制权层面颇具意义，信托方式的稳定性使企业控制权得以稳固，并形成治理结构的典型形式。信托持有股权有效保障了股权不因夫妻离婚或代际传承而发生变化，若雷军离婚或死亡，其亲属无法对信托下的股权主张权利。家族信托这一方式使得小米公司股权结构变动性降低，有效降低了因雷军家族成员变动对股权造成的不利影响。

其次，雷军设置AB股，小米成为首家同股不同权上市架构的公司。小米股票分为A类股份和B类股份，A类股份持有人每股投票权为10票，B类股份持有人每股投票权为1票。其中小米集团A类股份全部由创始人雷军和联合创始人林斌持有，雷军有20.51%的A类股份和10.9%的B类股份，两项相加共有31.41%的股份，55.7%的投票权。另外，有部分股东委托雷军代为投票，雷军共控制小米57.9%的投票权。林斌有11.46%的A类股份和1.87%的B类股份，两项相加共有13.33%的股份，林斌共控制小米30%的投票权。小米的普通事项由半数以上表决权的股东同意通过，重大事项经3/4表决权的股东同意通过。雷军拥有57.9%的投票权，一个人可决定普通事项，一个人也可否决重大事项。雷军和林斌共拥有87.9%的投票权，两人可决定重大事项。由于A类股份不因股权转让而转移，只有这两人有权享有，这保证了公司重大决策权不流于他人之手。上市后雷军和林斌的股权比例有所稀释，但因发行新股比例较低且都是B股，对两人的投票权影响很微弱。

最后，小米利用持股平台进一步巩固控制权。雷军创立小米科技时，作为大股东持股77.8%。在创建一个月后，小米完成了首轮融资，估值2500万美元，融资1000万美元；短短半年后融资3100万美元，估值2.5亿美元；第二年融资约5亿美元，估值10亿美元。经历六轮融资直到在中国香港IPO，雷军依然持有31.41%的股份，是公司的实际控制人。正是小米科学的股权架构使得雷军在持续、巨额的融资中仍然掌握控制权。

"三会一层"

公司的"三会一层"包括股东（大）会、董事会、监事会，还有管理层的实际控制权内容，比如法定代表人、营业执照、公章、关键核心资源等。

股东会是公司的最高权力机构，它由全体股东组成，对公司重大事项进行决策，有权选任和解除董事，并对公司的经营管理有广泛的决定权。股东基于其身份有权对股东会的决议行使表决权，表决比例直接决定股东会的决议能否通过，而股东表决权的大小又与股权比例息息相关，因此能掌握多少股权就能对股东会和公司施加多少影响。

董事会作为负责具体经营管理的组织，控制董事会就是控制经营权。公司管理层一般由董事会或执行董事聘任，对董事会或执行董事负责，在董事会或执行董事的授权下，执行公司的战略决策，实现企业经营目标。而控制董事会最有效的方式是取得董事的提名权、任命权。这是因为我国《公司法》规定，董事会会议应有过半数的董事出席方可举行。董事会作出决议，必须经全体董事的过半数通过。董事会的表决，实行一人一票。另外，为了提升董事会的稳定性，企业可以根据需要考虑使用"金色降落伞"条款。

> **知识卡**
>
> "金色降落伞"条款是指目标公司与其董事及高层管理层、中层管理人员或普通员工在相关条款中约定，在公司控制权发生变更时，该人员不管是主动辞职还是被动解职都将获得巨额补偿金。这提高了收购方的收购成本，能够在一定程度上对其形成阻碍。

经典案例

阿里巴巴合伙人制度下的董事会坚如磐石。阿里巴巴公司章程规定以马云为首的合伙人团队拥有对董事会的特别提名权。招股书中特别提到:"依据公司章程,阿里巴巴集团上市后,阿里巴巴合伙人有权提名阿里巴巴过半数董事,提名董事需经股东会投票过半数支持方可生效。"而在阿里巴巴IPO之前,其董事会成员为9人,其中有4人是合伙人提名,但是在IPO成功后,阿里巴巴合伙人可以再提名2人,届时董事会共有11名董事,而合伙人提名人选占据6席,已过董事会总人数的半数。马云在内的合伙人便是通过这样的程序实际控制了公司半数以上的董事,进而实现通过董事会管理公司。

公司的控制权设计蕴含着诸多巧思,股权和控制权之间具有紧密的联系,如何综合运用各种手段、做好各种制度安排,在进行股权设计环节至关重要。"股权"是一个极富吸引力的词汇,它与财富、权利相挂钩。大多数创始人、合伙人、投资人乃至员工都渴望掌握着更多的股权。正是股权所具有的特性使得股权在商业中得以实现多种用途,利用股权对人才进行激励与约束、通过股权融资解决企业发展所需的资金问题、借助股权打造企业发展的杠杆、依托股权整合商业资源,掌握股权优势者决定企业未来方向……回归到企业本身,充分发挥股权作用,做好企业股权顶层设计,打造企业独特股权架构模式,有利于优化公司治理体系、强化创始人的控制权。股权包含着太多商业信息,蕴含着诸多商业价值,这一简单汉字符号的背后潜藏着海量企业智慧。

发掘股权价值,跳出固有思想的局限,做好股权与控制权设计,是每一位企业家应当深入学习的必修课。

思考与练习

1. 股权比例直接影响控制权。前文"股权比例决定公司控制"中说安全控制权是掌握34%股权,它的依据是什么?

2.在经典案例中,我们介绍了小米公司创始人之一雷军统筹运用多种控制权模式掌控小米公司,他到底是怎么做的?给你什么样的思考和启发?

第4章
"四梁"之三：文化

作为"四梁八柱"经营管理模式的两根大梁，内生的文化与外延的战略相互呼应，相辅相成。

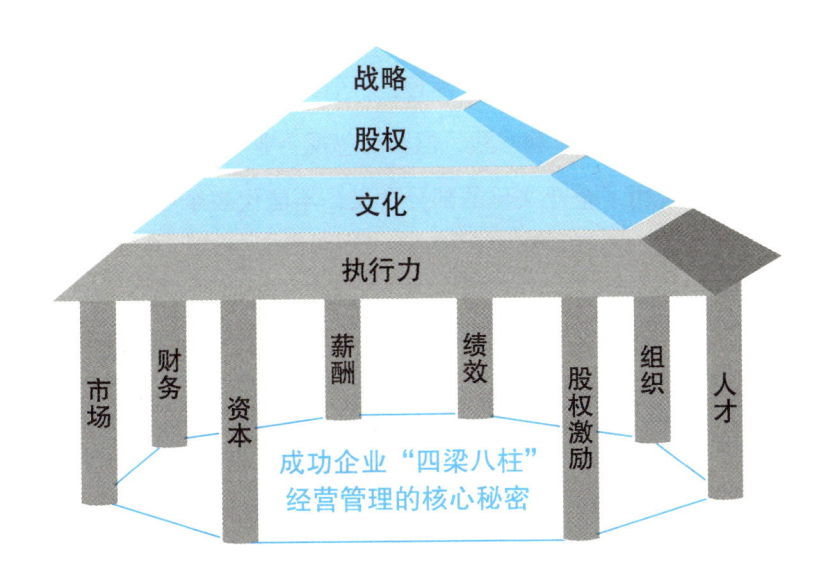

战略
股权
文化
执行力

市场　财务　资本　薪酬　绩效　股权激励　组织　人才

成功企业"四梁八柱"经营管理的核心秘密

国内外许多学者和企业家都对企业文化的本质有不同的认识和表述，下面举例说明。

华特曼、毕德士：企业文化是企业家和企业全体员工的精神家园。员工做出不同凡响的贡献，从而也就产生有高度价值的目标感，这种目标感来自对生产、产品的热爱，提高质量、服务的愿望和鼓励革新，以及对每个人的贡献给予承认和荣誉，这就是企业文化。

帕斯卡尔、阿索斯：企业文化是指导企业制订员工和顾客政策的宗旨。

威廉·大内：企业文化就是传统气氛构成的公司文化，它意味着公司的价值观，诸如进取、守势或是灵活——这些价值观构成公司员工活力、意见和行为的规范。管理人员身体力行，把这些规范灌输给员工并代代相传。

这些专家学者和企业管理者都认为企业文化是企业发展的重要因素，建设现代企业离不开企业文化。但是，对于企业文化的本质却是众说纷纭，目前大致有两种说法。第一种说法从纯文化的角度出发，认为企业文化属于意识形态、道德范畴的一部分，简单地把企业文化看成社会文化的一部分。这种认识虽然有利于研究企业文化和社会文化的相互关系，却忽视了企业具体的管理方式，不易提高企业的管理水平。第二种说法从纯管理的角度出发，把企业文化狭义理解为新的企业管理理论、管理思想和管理方法，这种认识虽然有利于企业管理的研究和实践，但容易忽视企业文化以人为本的实质。

以上论述均说明了企业文化的部分含义，不能代表企业文化的全部。企业文化无论是作为一种独特的文化现象，还是作为一种新型的管理理论，都有其丰富的内涵。

企业文化的本质是以人为中心，以文化引导为基本手段，以激发员工的自觉行为为目的的独特文化现象和管理思想，用来规范企业员工的行为，使企业员工为实现企业目标而自觉形成团结合作的整体。

企业文化是由两种属性的学科知识融合形成的，管理是决定企业文化性质的核心要素，但文化的特性也是不容忽视的。

企业文化是企业持续发展的核心

企业的成功与否和是否能激发员工的创造力有着很大的关系，优秀的企业文化能够激发出每个员工的创新精神和不断进取的开拓精神，从而形成一种激励的氛围。优秀的企业文化还能使员工感到自己行为的价值，觉得自己实现了自我价值，这种满足感也会产生极大的激励作用，使其以更饱满的热情投入到工作中去。

此外，当企业文化在社会上产生影响时，员工作为企业的一分子也会油然而生一股自豪感和荣誉感，便会更努力地维护企业的荣誉和形象。比如鞍钢集团的"鞍钢精神"在社会上产生了广泛而积极的影响，每一个鞍钢人都会为了维护鞍钢形象而做出努力，为其未来企业的形象、目标而不断奋斗。又比如承担着我国航天强国重担的航天科技集团的"航天人精神"，鼓励着一代又一代航天人努力探索、为国争光。

良好的企业文化可以营造良好的工作环境和人文环境，形成企业发展必不可少的精神纽带和情感结构，有助于提高员工的文化素质和道德素质。良好的企业文化是企业不断创新的保障基础和动力源泉，极大地促进企业持续变革和创新。只有积极加强企业文化建设，营造良好的文化氛围，汇集企业人力资源和企业管理团队，搭建高效的研发和制造平台，做好产品结构的战略决策，才能保障企业的不断变革和创新，促进企业的可持续发展。

企业文化体系的搭建、实施与管理

评判一个企业是否成功的标准可能有多个方面，经过对世界500强以及中国500强企业的研究分析可以发现，这些企业都具有独树一帜且被员工接受认可的企业文化。

企业文化体系搭建的"三驾马车"

任何一个企业成功都离不开使命、愿景和价值观这"三驾马车",企业把这些思想观念固化塑造为企业文化,指导员工的行为准则,更好地为企业的长期发展服务。使命、愿景和价值观既有各自独立的目标,又是相互关联、环环相扣的。使命是企业存在的主要原因,愿景是企业希望在未来实现的内容,价值观会影响使命和愿景的实现方式,这三者又共同组成了企业的目标方向和管理界限。

1. 使命

确定使命就是确定企业为何存在,这是根本方向的问题。确定使命是战略管理的起点,也是实现公司愿景的手段。企业使命主要回答了三个关键问题:企业是做什么的?企业是为谁做的?企业所做的事有什么好处?为的是在想做、可做和能做这三个环节中找到企业真正需要做的一件事。

企业的使命实际上是其存在的原因或理由,这个原因或理由可以是"提供某种产品或服务""满足顾客的某种需要"或者是"承担某种基本责任",如果企业找不到立身的理由,或者企业存在的理由不明确、不能有效地说服人,那么企业的经营必将会出现问题,因为根本性的问题没有得到解决。

企业的使命是企业生产经营的哲学定位和经营理念。它不是企业的具体战略目标,也不是抽象存在的,但它为企业确立了基本的指导思想、方向、原则,影响着经营者的决策和思维。它包括企业的哲学方向、价值观和企业形象的定位。企业使命还确定了企业形象的定位,比如"一个追求更高技术的企业""一个愿意承担责任的企业""一个蓬勃发展的企业",在明确的形象定位的指导下,企业的经营活动的目标才会始终如一。

企业使命的重要性不言而喻,主要体现在以下四个方面:

第一,企业使命为企业的发展指明方向。企业使命一经确定,就从总体上确定了企业经营方向和发展路线,企业知道自己应该干什么,同时也为企业点明了目标和方向。从企业内部来看,企业员工能更好地理解企业的各种活动，以及对企业目标达成了共识；从企业外部来看，公众能更清晰地了解企业形象，为企业的发展提供支持和帮助。

第二，企业使命是企业战略制订的前提，这体现在两个方面：一方面，企业使命是战略目标制订的前提，只有企业使命有了清晰的定位，下一步才能制订各项战略目标；另一方面，企业使命是制订战略目标的依据，基本目标、战略活动的制订要参考企业使命。

第三，企业使命是企业战略的行动基础。一方面，企业使命是分配和使用企业资源的基础，只有在明确的企业使命的基础上，企业才能合理地分配各项资源以保证企业的正常经营运行。另一方面，企业使命能够打造企业文化，树立企业形象，激励企业战略的实施。

第四，企业使命能协调企业内外部矛盾和冲突。企业使命回答了企业根本利益的相关问题，有助于企业在处理内外部利益时有章可循，从而在发生利益冲突时能在共同的前提下沟通和协调，建立共同目标，减少矛盾和冲突。

经典案例

福特公司使命：成为全球领先的提供汽车产品和服务的消费品公司。

迪斯尼公司使命：让世界快乐起来。

微软公司使命：致力于提供使工作、学习、生活更加方便、丰富的个人电脑软件。

苹果公司使命：承诺通过创新的硬件、软件和网络课程，为全世界的学生、教育者、有创造力的专业人员和消费者带来最好的个人计算体验。

惠普公司使命：为人类的幸福和发展做出技术贡献。

谷歌使命：集成全球范围的信息，使人人皆可访问并从中受益。

中国移动通信使命：创无限通信世界，做信息社会栋梁。

华为公司使命：聚焦客户关注的挑战和压力，提供有竞争力的通信解决方案和服务，持续为客户创造最大价值。

万科使命：建筑无限生活。

2. 愿景

吉姆·柯林斯和杰里·波勒斯合著的《基业长青：企业永续经营的准则》一书中描述了18家经久不衰的大公司，并且找寻他们之间的共同点，他们发现这些大公司的共同特征就是他们都采纳了"极其大胆的目标"，比如，亨利·福特对其汽车公司的愿景是"使汽车民主化"，即每个人都能关注并使用汽车。时至今日，福特最初的愿景已经达成，企业需要寻求新的愿景。

企业愿景是企业家对企业前景和发展方向的一个高度概括，实际上描述了企业未来的发展方向，回答了"我们是什么""我们为什么""我们将怎么样"这三个问题，也就是回答了企业将成为一个什么类型的公司，企业将占据什么样的市场，企业具有怎样的发展能力等问题。通过明确企业的存在价值，员工能和企业一起分享企业的美好未来和对未来的憧憬。一个明确的愿景主要包括两个部分：核心信仰和未来远景目标。

核心信仰描述了企业的基本价值观念和存在的理由，是企业核心价值的体现，是企业未来的发展方向，也是企业存在价值的升华，通过核心价值观和企业使命表达出来。未来远景目标是企业在未来一定时间阶段的目标，是企业期望达成的状态，是企业未来的具体表述，主要是通过企业在市场或行业中的排行、在经济领域的影响力、对社会的贡献等方面反映出来。

通用电气集团原CEO杰克·韦尔奇曾有这样的表述："优秀的公司领导者善于创造一个愿景，清晰地加以表述，使下属能够明确理解，并不屈不挠地激励人们实现它。"

建立共同愿景不能诉诸强制执行，不能完全依靠命令和规定，只能通过周而复始的沟通和分享。持续而有力的沟通是促进共同愿景的重要方式，而强迫和被动的方式则会产生相反的效果。建立共同愿景既不是对某一个具体问题的回答，也不是走马观花的形式化的东西，而是必须由企业各级管理人员和所有员工在生产、经营和工作的各个方面、各个过程中实施。

对于现代企业而言，共同愿景对成功有很大裨益，那么创建共同愿景的一般途径有哪些呢？共同愿景是由个人愿景汇聚而成的，彼得·圣吉指出："有意建立共同愿景的组织，必须持续不断地鼓励成员发展自己的个人愿景。如果人们没有自己的愿景，那他们所能做的就仅仅是附和别人的愿景，结果只是服从，绝不是发自内心的意愿。"因此，在鼓励个人愿景时应把企业的共同愿景容纳其中，共同愿景的实现过程同时也是个人愿景的实现过程。共同愿景应该划分为不同阶段，阶段性任务的完成能够增强员工实现总体愿景的信心。共同愿景还应充分体现个人的价值，增强员工的成就感。

企业愿景确定后，企业还需要对愿景进行管理，也就是将组织目的和个人价值观结合起来，建设团队，促使组织的力量得到最大化的发挥。企业愿景并非专属于企业管理者，企业内部每位成员都应该参与到共同愿景的制订和沟通中来，这样可以使愿景更有价值，更被大家认可，企业才更有竞争力。

彼得·圣吉详细地分析了奉献、投入、遵从之间的区别："投入是一种选择成为某个事物一部分的过程。奉献是形容一种境界，不仅只是投入，而且心中觉得必须为愿景的实现负完全责任。"没有共同愿景的企业的员工对管理者只有被动式的遵从，不会对企业完全真诚地奉献。所以，企业要想实现真正的企业愿景，就必须让企业愿景为每一个员工共享，如果企业没有一个共同的愿景，那么这个愿景就不会被传达给员工，员工也不会投入，更不会有真诚的奉献。

3. 价值观

狄尔和肯尼迪合著的《企业文化》一书中指出："价值观念是企业文化的核心，大部分企业的成功在于全体雇员能够分辨、接受和执行组织的价值观。"企业价值观被认为是指导所有企业文化活动的基本观念，比其他要素占据了更重要的地位。它们决定了公司的存在理由、宗旨、行为准则、评价标准和发展方向，是企业文化的基石和精神文化的核心。

企业价值观的具体含义，是指企业在长期的经营管理实践中，形成的为全体员工认同的价值取向，是企业处理各种关系时遵循的最基本的价值理念和行为准则以及企业经营所追求的目标，是企业对自身存在和发展的意义、对经营目标等问题的基本观点，也是评判企业和员工行为的标准。

企业价值观的内容各不相同，但归纳世界知名企业的价值观可以发现其中的共同之处。比如美国罗斯公司的企业价值观为"为人们创造最美好的环境"。日本松下公司的企业价值观为"使物质变成无限多，使贫穷彻底消灭"。这些企业的价值观不仅体现了企业为社会创造物质财富的决心，也体现了企业为社会创造精神财富的使命。

价值观落地的过程是一个艰苦的过程，要大力宣传和推广企业确定的价值观，并将其转化为员工的自觉行动。这个过程分为五个阶段：宣传、沟通反馈、培育、行为转换和长期建设。在落地阶段，企业需要通过长期、持续的努力和相应的激励机制、保障机制、约束机制，来促进既定价值观的落实。从时间上看，价值观的落地阶段比价值观的起飞阶段要长得多。

经典案例

京东从1998年创立之初，只有几名员工，到2017年已经有12万名员工，如何给员工灌输企业价值观呢？京东从两个方面推进了价值观的落地。一方面是全员文化轮训，京东花了五个月时间完成了全国五千多场文化轮训，使超过三万名京东员工全面地接受了价值观培训，也使得价值观深入到员工心里。另一方面是京东推行了价值观行为积分计划，带动员工用实际行动践行价值观。管理者每年都深入基层一线考察"客户至上"的价值观是否得到践行，当员工做出符合京东价值观的优秀行为时，管理者将积分卡片发放给员工，员工可以凭借积分卡片换取荣誉勋章，以此来鼓励员工以价值观的标准规范自己的一言一行。

企业文化的落地实施八步法

企业文化落地具体是指企业文化部门把企业的使命、愿景、价值观等抽象的、方向性的文化理念融入企业日常行为和思想管理中，引导和推动企业的健康可持续发展，推动和实现企业的战略发展目标。企业文化落地是一个系统化的过程，需要员工主动参与、积极传播，但不强制员工接受，这样企业文化才能深入人心，才能落地有声。

经典案例

1987年，任正非创立了华为公司，企业初创期各项规章制度零散、不成体系。1996年，华为聘请了中国人民大学曾留学于美国和日本的年轻学者，依据西方管理学的一般框架，草拟了包括战略、组织架构、人力资源管理等几部分的"华为基本法"，并经过实践执行，最终融合了西方管理学和华为十年经验于一体。任正非对于"华为基本法"的看法是："以前我们就讲过，华为公司什么都不会留下，就剩下管理。为什么所有产品都会过时、被淘汰，管理者也会更新换代，而企业文化和管理体系会代代相传？我们要重视企业在这方面的建设，这样我们的公司就会在奋斗中越来越强，越来越厉害。"

"华为基本法"涵盖了华为管理的各个方面，它总结和归纳了企业的经营观念、政策和战略，并规范了员工的行为，对企业文化行为进行有效考核，考核结果与任职资格、薪酬发放、股权分配、职务任免等员工利益直接有效挂钩，打造出一个有战斗力的团队。

"华为基本法"还是华为企业文化的沉淀，意味着华为人倡导的价值观念以文字的形式展现出来，树立了一个精神上的旗帜。华为非常注重培养员工对企业价值观的认同，任正非曾说："一个企业能长治久安的关键，是它的核心价值观被接班人确认，接班人又具有自我批判的能力。'华为基本法'已阐明了我们的核心价值观，我们的数千员工认同它，并努力去实践它，实践中把自己造就成各级干部的接班人，这就是希望，这就是曙光。"

因此，华为开设了关于企业文化的课程，包括艰苦奋斗、创新精神等，试图通过这些课程让企业的价值观被员工接受并运用，从而形成一个价值共同体。

我总结出企业文化落地八步法，具体内容如下。

1. 调研诊断

（1）解读梳理：分析企业发展历史，梳理管理思想沿革，总结成功失败的要素和管理存在的问题，提炼文化认知差异。

（2）内外部调研：内部调研是指通过高管访谈、中层座谈会、员工调研问卷等形式多角度了解企业目前经营状况和管理漏洞。外部调研是指对企业面对的利益相关方的状态进行分析，并与内部调研结果相结合，并提出管理改善意见。

（3）诊断定位：对企业个性、文化导向、文化差异、未来需求等进行精确定位。

（4）效度分析：通过高层访谈效度分析、员工问卷调度分析形成文化分析模型。

（5）企业文化诊断报告：系统总结企业文化基因、企业文化SWOT、企业文化建设目标、企业文化模式选择和企业文化建设定位等内容。

2. 理念提炼

休·戴维斯教授通过对宝洁、辉瑞等125个组织的领导进行访谈，发现每个组织的领导者都广泛认同这三个问题："我们在此是为了什么""我们将走向哪里""指引我们行动的信念是什么"。企业文化的核心也凝聚在这三个问题中，即使命，回答了生存的意义，是企业进行所有活动的根本原因，也是企业终极责任的集中反映；愿景，回答了生存的理想，是企业对未来的承诺，也是员工愿意为之努力的；价值观，回答了生存的准则，是指导组织行为的一系列基本准则和信条，起着行为取向、评价原则、评价标准的作用。

3. 体系构建

企业体系构建的主要目的是确定一个企业的核心业务、标准和管控等各方面，重点是确定企业的发展目标、设计企业发展策略，以及规划实施的具体路径。企业体系架构提供了一种便于管理的结构，以完成对企业的改进。企业体系有五个层面：理念体系是核心层，制度体系是中层，行为体系是表层，视觉体系是浅层，传播体系是外延层。

4. 管理机制

企业文化是为管理服务的，任何文化都不能脱离管理的目的。通过企业文化管理体系的构建，将企业文化的魂融入企业经营管理活动中，产生巨大的文化管理效能，提高企业的经济效益。企业文化管理体系服务主要包括：企业文化组织体系建设、企业文化培训体系建设、企业文化考核体系建设、企业文化与制度流程体系对接、企业文化与人力资源管理体系对接和企业文化与品牌管理对接。

5. 传播体系

增强员工对企业文化的理解和自我体验，在过程、内容、形式上，从物质、精神、行为三个层面，都更趋向"简单化""人文化""用户化""多样化"，以科学的办法，员

> **知识卡**
>
> 仪式感在生活中十分重要，在企业中也不可或缺，是企业文化很重要的组成部分，事件因为仪式感而更加郑重、历久弥新，也是对企业员工精神的洗礼，有创意的仪式感可以促进员工更加认真工作。要求员工穿正装、戴工牌，能让员工更快进入工作状态。每年年初或年底的总结大会，能让员工更好地总结经验、展望未来。重大项目的启动仪式，能够更好地让全体成员统一思想、促进共识。逢年过节的企业福利，能让企业员工心甘情愿地为企业奉献。

工最乐于接受的传播方式，让员工深刻认知、主动认同、积极参与、自觉转变，真正解决从"墙上"到"心里"的最后一厘米。企业文化传播的手段可以有如下几种：企业文化手册、企业内刊、企业文化故事集、企业文化互动机制、文化领导力训练、宣传片、微电影和自媒体等。

6. 落地培训

企业文化落地、企业的发展都离不开长期有效的培训。以素质模型为依托，以提升管理人员的管理知识和技能为目的，通过系统培训，将科学、现代的管理方法融入企业的经营管理过程，达到统一管理思想、强化组织综合实力、提高员工具体执行力、推进企业文化真正落地的目的。通过开展各种形式的训练营，包括高级企业文化馆训练营、企业文化内训师训练营、价值观落地实战训练营、文化领导力训练营和卓越团队打造训练营等，将企业文化层层深植到每个组织成员的心中。

7. 文化考核

企业管理者应该重视管理制度对员工行为的考核，有调查显示，44%最佳企业雇主在决定员工奖金时，员工的行为是否符合企业文化和价值观是一个重要的依据，这一数字远高于最差雇主25%的比例。在华为实行的是末位淘汰制中，推动华为前进的是5%的落后分子，而不是5%的先进，因为5%的后进力量提高了，前面台阶自然就提高了。任正非说过"灰度文化"，所谓灰度就是可以改变的，管理者可以用激励和约束的力量来管理员工。

8. 持续提升

（1）企业文化审计：渲染文化变革的必要性，调查组织的文化优势和不足，确定新文化类型与特色，确定增减哪些文化要素。

（2）企业文化定义：明确共同愿景和核心价值观，通过行为和案例来定义文化，发展新的领导力及其计划，领导团队对文化变革的承诺。

（3）企业文化传承：自上而下传承公司文化，把文化与业务管理链接，人人有明确的要求和结果，鼓励和支持一线部门。

（4）企业文化改进：领导团队身体力行，明确关键岗位的职责，改变绩效考评和激励机制，改进人员管理的流程。

（5）企业文化考评：持续沟通新文化，评估文化建设成果，对进步进行奖励，定期举行庆祝活动。

企业文化管理的三阶段

企业文化建设是一个长期的"铸魂工程"，需要一段较长时间的实践才能塑造出来。

1. 企业初创期的文化管理

初创期是建设企业文化的最好时期，因为企业年轻且规模较小，企业文化尚未完全形成，创业者更容易与员工沟通来建立新的价值理念。另外，现有的企业文化尚未被广泛接受，如果越是强势的文化，企业员工的认同度就越高，企业文化就难以改变，相反，弱势的企业文化为管理者改变企业文化提供了便利，可以起到事半功倍的效果。

在初创期，企业创始人会对企业文化起决定性影响，企业文化还停留在创始人头脑中的观念、直觉和无意识的行为表现上，作为不成文的条例和规范用以指导和约束员工。随着一部分新员工的加入，企业员工的构成变得复杂，呈现多种文化成分，这也要求企业文化逐渐从隐性到显性，企业的文化体系开始形成，并在发展中沉淀出独有的企业文化。

在初创时期，可以由创业者作为企业文化的建立者和推动者，但是要让所有员工知道企业文化是存在的，并且让员工知道是什么样的文化。之后则要注意企业文化的系统性建设，对创业初期的企业文化做一个提炼，以此作为企业未来发展的保证。

2. 企业发展期的文化管理

在经过了最初的创业期，进入快速发展期后，企业实现了从无到有的转变，企业的资产规模、产品类型、人员规模、管理模式、组织架构等都发生了很大的变化，企业也开始把注意力从关注外部环境转移到内部需求上来，开始弥补初创期不完善的组织结构。如果没有一整套完整的内部管理制度，企业将遇到权责不清、推诿扯皮、办事效率低等一系列问题，最终导致上下不能一心，企业利润率下降，这种现象是企业进入发展阶段的通病，也是企业建立制度文化的内在要求。

企业制度文化的建设包括企业领导制度文化、组织制度文化和管理制度文化，因为随着企业规模不断扩大，人员数量不断增多，层级设置也相应增多，随之而来的是一系列管理上的问题，如果没有一套有效的制度保障，各项工作很难推进落实，会引发内部众多矛盾，甚至还会造成优秀人才的流失。同时要注意的还有，在企业组织结构不断完善的过程中，不能忽视企业的创新能力，创新是企业长期发展的关键，而组织结构和员工的执行能力是保证企业生存的必要条件。

3. 企业成熟期的文化管理

企业成熟期各方面的制度建设以及组织架构都已经很完善，员工工作井井有条，员工只要付出一定的努力，就能满足基本的物质需求和实现短期的自我价值，但是从企业长远的发展来看，企业还需要加强精神文化建设，让员工不仅在工作时感到快乐，还能在非工作时间享受生活，获得精神上的满足。

从外部的角度来看，企业把经营管理的中心从员工转向客户，企业以销售增长和利润增长作为目标，在获利的同时保持成长，此时企业员工的凝聚力不断增强，组织架构也得到进一步的完善，企业不仅有获利能力还有控制能力。

值得注意的是，企业文化建设还存在一个误区——很多人认为企业文化是一种抽象的事物，难以评估量化。事实上，建立一套企业文化评估改进系统，定期对企业文化评估和诊断是有必要的，可以为企业文化的可持续性提供指导。具体做法是从定量和定性两个方面设置评估指标，即可量化的成果和员工感知两个维度。可量化的成果就是可以看到的东西，主要包括企业的物质文化建设、行为文化建设、制度文化建设和精神文化建设四个方面。员工感知主要是对员工进行访谈交流，通过召开座谈会、问卷调查等形式，并且制定员工访谈评估表，来了解员工对企业文化宣传的感知，最后形成企业文化现状的评估报告，为企业文化管理提供指导性建议。

新形势下企业文化的五大挑战

当今世界，经济全球化趋势越来越明朗，各国经济合作依赖的程度越来越高，国际合作范围不断扩大，国际分工进一步深化，全球性的市场迅速形成，这就让各方相互协调、共同解决的问题越来越多，也要求企业调整企业文化以适应全球化背景。

挑战一：全球化

在全球化的背景下，企业文化出现了一些新的特征。一是创新文化，一项研究表明：成功的世界级领先企业，更多的是由超越现实的抱负和在低投入产出中表现出的创造性来维系的，很少是由工业文化和制度的承袭维系成一体的。二是学习文化，在科技飞速发展的时代里，企业只有培养员工的学习能力，才能不断实现企业的变革，开发新的资源和市场。三是融合文化，经济全球化中既有竞争也有合作，企业必须不断融合多元的文化，成为跨文化的组织。

在企业跨文化管理的过程中，不可避免地会有差异和冲突，管理大师彼得·德鲁克指出不同地域和文化背景的跨地域经营的企业，作为"一种多文化的机构"，一般会产生文化差异，而文化差异的客观存在，又会在企业中造成文化冲突。在全球化的潮流下，任何企业都会面对企业内部或外部的文化冲突，那要如何处理文化冲突呢？

为了成功经营跨国企业、开展全球范围内的业务，应该对不同文化的思维方式、管理模式和决策方式有一定的了解，有效的方法就是举办跨文化培训，包括研讨会、授课、网络教学等，将不同文化背景的员工集中在一起进行专门的训练以消除偏见。另外，还可以推行企业文化创新，鼓励员工用积极开放的态度面对企业内外的文化差异。

尊重是平等相处的基础，文化本身没有高下之分，只是看企业怎样取舍，应该在平等交流的基础上建立企业内统一的价值观念。管理学家彼得斯和沃特曼指出："我们观察的所有优秀公司都很清楚他们主张什么，并认真地建立和形成了公司的价值标准。事实上，如果一个公司缺乏明确的价值准则或价值观念不明确，我们很怀疑它是否有可能获得经营上的成功。"

挑战二：企业并购后的文化整合

在企业并购中，由于企业经营规模、组织架构、行业等各方面的不同，企业文化，包括经营理念、价值观念、管理方法、工作态度等方面势必也会存在明显差异，这也就是企业并购后文化整合工作的阻碍和难点，正如C.罗伯特·鲍威尔所说："从长远的角度，我可以指出，是不相容的企业文化而不是别的什么东西使得好的企业战略遭到了破坏。如果说我从过去三年多的时间里能学到点什么的话，那么就是改变战略要比改变文化容易得多。"

文化整合直接影响企业并购的成败。企业并购不仅停留在形式层面，并购成功的标志是企业能在市场上占据一席之地，重新焕发出生机。要并购成功，硬件上的整合是完全不够的，文化整合才是企业并购的核心和关键。根据统计，在全球范围内，资产重组的成功率只有43%左右，重组失败的原因有80%直接或间接因为新企业文化整合的失败。例如，海尔集团在全国范围内并购了16家企业，并购企业一般选择硬件好但软件不好的，再将海尔的企业文化和管理模式注入并购企业中去，使海尔的企业文化在并购企业中扎根，这种做法使得并购企业扭转了亏损的危机，大大提高了整体素质和竞争力。

文化整合是并购企业持续发展的重要因素。企业维持可持续发展的动力来源企业物质上和精神上各种有价值的、独一无二的资源优势，以及在长期发展过程中形成的经营观念和行为规范。即使其他企业的管理者想借鉴模仿这种独特的企业文化也很难做到，因为历史背景、制度环境都不相同，成功的经验难以复制。因此，优秀的企业文化能为企业的可持续发展提供必要条件，是企业可持续发展的直接驱动力。

企业并购后要想成功实现文化整合，大致有以下三种策略：一是建立有利于文化整合的用人机制。管理者要对企业员工的特点有一定的了解，并迅速建立起优胜劣汰的用人机制，这有利于调动员工的积极性，精简机构，提升效率，为文化整合做好前期准备。此外，有效沟通还有利于消除双方企业文化的差异，建立可信任的员工企业关系。二是正确对待不同企业文化的差异，并采取不同的文化整合模式。三是尽快建立共同的愿景和价值观推动并购企业的良性成长，管理者需要依据企业的外部环境和内部状况重新设计全体员工认同并共享的企业文化。

挑战三：企业快速发展扩张如何保留企业文化不被稀释

阿里巴巴 B2B 前总裁卫哲说："价值观再好，这么多新员工的加入，也会面临企业文化被稀释的问题，我们希望通过培训，使企业文化被稀释得少一点，然后再慢慢恢复过来。"为了解决企业文化稀释这个问题，阿里巴巴为新员工设置了三个月的师傅带徒弟阶段和 HR 关怀期，在入职六到十二个月的时候还可以选择再次接受培训。阿里巴巴人力资源及行政部资深副总裁邓康明是这样看待员工培训的："在阿里巴巴我们可能花三个月时间来培养这些人（新员工），其中有一个月是封闭起来培训的，这个投入很大。"除了对员工进行培训，阿里巴巴还设置了大量人力资源岗位，通过对人的投资、培养使其创造新的价值，从而增强组织的能力。

阿里巴巴在招聘时就筛选出认同企业价值观的求职者，一般求职者要经过主管业务部门、人力资源部门、主管副总裁等几道面试后才能入职，这几道面试考察的重点就是求职者在价值观念上是否与阿里巴巴相符，正如马云所说："我觉得人才进入我们公司以后，必须要认同我们的文化，认同我们的理想。如果他不认同我们公司的目标，那就不应该让他们进来。"

要保证企业文化不被稀释，需要做到三点：一是企业需要确定明确的价值观，便于员工理解；二是企业需要在制度建设和规则确定中体现核心价值观；三是企业需要确立好的榜样，传递和体现企业文化。

除了从员工着手，制度建设也有利于企业文化不被稀释。"华为基本法"就是防止企业文化被稀释的创造性举措。它在企业核心价值观的基础上，把企业的经营目标、经营政策、组织管理、人力资源等都以书面的形式确定下来。华为公司通过各种形式的宣传和培训使得员工对基本法有了清晰的认识和了解，并且坚决贯彻执行。

挑战四：离职员工的文化管理

现代企业管理中，员工关系管理是重要一环，离职后的员工管理更是重中之重。员工离职时，人力资源部应做好与离职员工的沟通工作。了解并分析员工离职原因，真诚地引导员工说出自己的真实想法，如果离职原因是企业可以解决的，可以与员工协商寻求解决办法。如果员工离职是企业自身的问题，那这样做可以促使管理者反思企业的制度。还应对欲离职员工进行挽留，如果无法挽留，也应注意在沟通时传达企业正面的信息，树立正面的形象，这样员工即使离职了，也不会传播企业不好的口碑。企业还应吸取经验教训，分析离职原因，做好人才留存工作。

有效的离职沟通不仅能让被辞退的员工坦然接受现实，甚至希望还有机会回到企业工作。有效的离职沟通还能增强留任员工的忠诚度，对企业产生强烈的归属感，珍惜来之不易的工作机会。

成功企业的人才管理经验显示，离职员工具有独特的价值。离职员工能扩大企业的影响力，马云曾在阿里巴巴"校友会"上发言："阿里巴巴乐于看到有更多的人将阿里的价值观带出去，影响更多的行业，壮大阿里的生态系统。"离职员工还能接触其他企业的技术和经验，与离职员工保持良好的联系可以帮助企业获得行业内有价值的信息。离职员工还能为企业创造新的商机。管理咨询公司麦肯锡的管理者说过："离职员工对双方公司知根知底，减少了大量的介绍和建立信任的程序，更容易达成合作意向，将很有可能成为公司潜在客户。"

下面是一些知名企业管理离职员工的理念：

- 惠普公司：握手话别，陪送"嫁妆"。
- 麦肯锡公司：建立"麦肯锡校友录"，将员工离职视为"毕业离校"。
- 贝恩咨询公司：真心牵挂，人走心连，设立旧雇员关系管理主管。
- 摩托罗拉：不计前嫌，好马回头，有一套科学完备的"回聘"制度。

挑战五："95后""00后"新生代职场人的文化管理

一份对职场新生代的网络调查显示，在互联网迅速发展背景下成长起来的"95后""00后"，在职场上有着与众不同的特点。一方面，他们接收到的信息五花八门，因此他们思维活跃，更加开放包容，有着强大的接纳新事物的能力和极强的适应力。另一方面，这批"95后""00后"大多是独生子女，他们享受着更加优渥的教育条件和社会资源，拥有众多探索不同领域的机会，人格更加健全和舒展。概括起来，"95后""00后"新生代职场人具有以下特点：

多变的职业观念。传统的职业观念是员工对企业忠诚，企业保证员工的就业。而新时代职场人对自己的职业有更多的看法，希望尝试不同的职业领域，同时，认为为员工提供更多的职业发展机会是企业的责任，他们看重企业是否能培育员工具有可迁移的职业素质。

不喜欢循规蹈矩的工作。新时代职场人不喜欢重复性的工作，更倾向于有趣的和富有挑战性的工作。很大程度上是任务导向的，但前提是他们认同企业分配的任务，并且认为这些任务是重要且有价值的。

追求自我价值的实现。新时代职场人强调自我驱动，重视成长速度和价值实现，更多受个人兴趣的影响，当他们不感兴趣时，就会变得非常"佛系"，外界的激励也不能驱动他们。在实现阶段性目标时，需要及时的反馈和激励，以满足个人的价值感。

对权威有自己的看法。新时代职场人不看重领导者的职务级别，而更看重领导者是否具有良好的个人素质和领导能力，更看重领导者是否能帮助自己获得职业发展的机会。他们厌恶烦琐的决策流程，更喜欢能迅速清晰做出决策的领导者。

忠于自己的生活方式。新时代职场人重视工作和生活的界限，更重视私人时间，享受工作后的生活，对工作和生活的重叠感到不满，不希望因为繁忙的工作，牺牲自己在爱好、休闲、社交等方面的需求。

随着"95后""00后"大量进入职场，企业文化管理也应因人而异地进行升级和迭代。因人而异的这个"人"，不是具体的某个人，而是一群人。

思考与练习

1. 企业文化体系搭建的"三驾马车"指的是什么？它们的内涵分别是什么？

_____

_____

2. 本书指出，新形势下企业文化面临五大挑战，其中挑战三指的是企业快速发展扩张如何保留企业文化不被稀释。要保证企业文化不被稀释，需要做到哪三点？

_____

_____

第 5 章
"四梁"之四：执行力

执行力不仅是战术层面上的问题，也是战略层面上的问题，它是一个系统工程，更是一门学问，它必须融入公司的各个方面，渗透到战略、文化等各个方面。

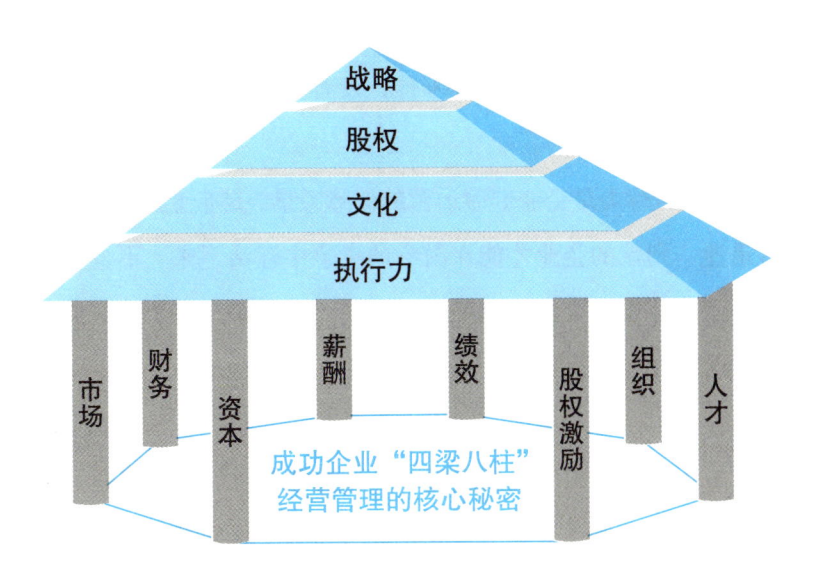

执行的根本目的是企业发展，而不是为了某个领导或上级。执行是连接目标和结果的重要环节，目标是经过企业管理者和员工共同认真讨论而达成共识的，不是管理者独断制订的；结果也需要企业管理者和员工共同负责，好的成果不能由个人独享，坏的结果也不能由个人承担。

没有目标，执行就没有方向，结果自然也不好。任何组织都需要有目标，而且目标必须要明确、具体、可操作。如果目标设置得过高、过于不切实际，企业员工经过努力发现仍无法完成，那么他们的积极性便会受到打击，反而会阻碍企业发展。

只设置目标，而不行动，结果也不会如意，执行的本质就是想要结果就必须有行动。无论是个人还是企业，只有行动才能得到想要的结果。执行力低一直是企业管理存在的问题，企业再好的策略和计划都需要执行力贯彻实施，如果企业各部门之间执行结果各不相同，员工丧失了工作积极性，那么企业也随之丧失了竞争力。

有了目标和行动，最后评估靠的是结果，没有结果，一切行动都没有价值。我们所说的结果不是以任务完成与否作为评判标准，企业团队虽然完成了任务，但效果并不理想，甚至还出现了各种问题，这显然不能算作结果。企业员工虽然完成了工作任务，但绩效不佳，没有为公司创造价值，这也仅仅是苦劳而不是功劳。

综上可见，执行力是企业健康运营的保障力量，是企业发展壮大的本钱，只有执行迅速、到位的企业才能在激烈的竞争中存活下来。不少企业家曾表达过执行力于企业之重要性，比如马云曾说："如果有两个人，前者有一流的想法和三流的执行力，后者有三流的想法和一流的执行力，那让我选多少次，我都会选择后者。"

执行力是企业生存和发展的关键，一个企业仅仅有发展战略、规章制度不能在激烈的竞争中生存下来，只有将战略和制度落到实处，才能使企业创造出实际的价值。执行力是企业竞争力的体现，企业要想在激烈的市场竞争中立足，就必须建设和执行企业文化。执行力还可以反映企业的管理状态，执行力差会导致工作任务难以按时完成，长此以往积重难返，将会加大企业的运营风险，面临经营不善的局面。

五大思考：是什么导致执行不力

《京沪两地企业危机管理现状研究报告》显示，当前中国企业面临的三大危机分别是：人力资源危机、行业危机、产品和服务危机，归根结底是执行力的三个核心问题：战略、人员和运营。这些问题没有得到解决的话，曾经辉煌的企业也终将走向没落。例如旭日升曾被誉为中国茶饮料的大王，甚至能媲美可口可乐，但是可口可乐的辉煌一直延续到今天，而旭日升却因经营不善而退出了历史舞台，究其原因，受到康师傅、娃哈哈和统一等茶饮料品牌的冲击是一方面，旭日升自身的经营策略也存在很大问题。面对竞争对手的崛起，旭日升对管理层进行了改革，引进了企业管理、品牌策划和产品研发等各方面的佼佼者，然而这些改变没有遏制住颓势，反而加快了衰败。因为巨大的调整使管理层意见相左，管理层的混乱造成了员工执行力的危机，打破了销售渠道的稳定性和持续性，最终导致了其在市场上的败退。

基于这份报告对我们的启发，我们不妨进行进一步思考。

思考一：你有执行力文化吗？

对于成功企业而言，执行力文化往往是成功的关键，这不仅仅是企业的标签，更是凝聚和引领团队的重要手段。麦当劳的服务效率很高，体现在点餐和食品供应上，这是否是因为麦当劳拥有高素质的员工而执行力强大呢？其实并不是，麦当劳的员工多半文化程度是偏低的，有的可能只有高中学历，麦当劳的成功靠的从来不是天才员工，而是企业的执行力文化。原北京麦当劳公司营运经理、训练经理章义伍在2006年第49期南中国HR精英论坛谈到麦当劳的执行力时说："软力量是让人们更愿意执行的方式，必须要求下属会做、想做。会做靠流程培育；想做靠文化，靠领导风格，靠激励。所有麦当劳的员工入职之后，这个企业强大的文化会同化你。"可以这样说，麦当劳的执行力文化塑造了员工的执行力，任何一家企业的执行力要依靠制度、流程和完善的企业文化，才可能长久地成功。

执行力文化即基于执行力的企业文化，是把执行力作为所有行为的最高准则和终极目标，把企业战略目标转化为结果的文化。组织执行文化的关键在于通过企业文化无形中的感染力和渗透力，塑造和影响企业全体员工的行为，引领员工向一致的目标奋斗。可以这样说，没有强有力的执行文化，也就不会有严格执行的工作作风。

打造执行力文化的关键在于管理者，执行文化的培养是一个动态渐进的过程，是在和员工沟通交流的过程中，在解决问题的过程中不断调整、改善的，这不仅有利于管理者深入地指导每个员工，还便于及时发现执行中存在的问题。对于员工而言，执行文化强调的是实践，强调员工的能力发挥。

思考二：你有明确的目标和计划吗？

目标是企业执行力的灯塔和传感器。没有明确的目标和计划，员工就会迷航，失去前进的动力，何谈执行力？

如前所述，企业目标可以是阶段性的也可以是长期性的，可以有不同的衡量方面，比如开发产品、获取利润、抢占市场、提升竞争力等。企业目标的设定要遵循明确、可衡量、可实现、有一定时限等原则，目标首先要具有可实现性，要根据企业实际的经营状况制订，如果企业刚成立就设立目标要做行业第一，这就脱离了可实现性。

执行力强大的企业，其目标设计具有一定的挑战性，要比企业的现状高一等级，管理者和员工才有奋斗的动力。

思考三：你的沟通是否协调和畅通？

就像人体发生血栓一样，沟通不畅，会给企业带来巨大的痛苦。企业如果长时间忽视沟通管理，不仅会造成执行力低下，而且还会形成不良的企业文化。从管理者的角度出发，管理者更注重布置任务而不是发现问题和解决问题；从员工的角度出发，员工有问题也不积极向管理者反映，无法找到解决办法而导致效率低下；管理者和员工之间如果存在误会也不在沟通中消除，那么积压的矛盾和不满就会越来越多。

执行力强大的企业有一个显著特征，那就是企业上下都注重沟通。一方面，优秀的管理者应该积极与员工沟通，许多管理者在工作过程中喜欢高高在上地发号施令，缺乏与员工沟通的意识，沟通的效果自然不好，管理者还要善于和上一级沟通。另一方面，员工应该主动与管理者沟通，因为管理者没有参与具体工作事务，对可能出现的情况并不了解，所以当工作出现问题时，员工更应该与管理者沟通，来弥补管理者因为工作反而没有具体执行工作的缺陷。这里的沟通不仅仅指"例会"和"工作汇报"，更多的是指管理者和员工围绕一个主体开展头脑风暴，灵感和启发在交流中迸发。

思考四：你的管理者有没有持续跟进？

在管理界有一句经典的话："员工只会做你检查的，不会做你期望的。"管理者应该对员工工作执行情况负责，定期检查员工工作是必要的，可以确保员工工作按照一定的标准和规范的流程执行，防止结果偏离预期。但是，很多管理者走马观花式的检查更像是形式主义，没有任何的管理效果，还会让员工出现敷衍应付的情况。

由于社会环境、企业环境越来越复杂，管理者管理员工的内容和方式也越发呈现多样性的特点，管理者更应该精心研究管理的艺术，不断提升管理员工工作的能力，才能在提升绩效和获得人心两方面取得最佳效果，从而打造一个团结稳定、积极进取的团队。

思考五：你的监督、激励机制科学不科学？

如果对执行力低下的员工没有处罚，对执行力高效的员工也不加以奖励，那么监督了也就没有用。任何企业的运行经营，都需要一个激励机制，通过对这个机制的作用来创造期望的价值，这个机制不仅是物质层面的，更重要的是精神层面的。

经典案例

华为作为中国本土手机品牌，其对员工的激励机制，使其在国内甚至国外同行的竞争中脱颖而出，实力得到不断壮大。华为的激励机制主要包括两个方面：物质激励和精神激励。物质激励主要体现在员工的高工资，一方面吸引大量优秀人才，另一方面也激励了员工的积极性。华为在实行高薪的同时还推行全员持股制度，这使得企业和员工的关系得到了根本的改变，从原来的雇佣关系变为合作关系，使员工对企业有强烈的归属感，将自己的命运和企业命运紧密联系在一起。精神激励包括专门设立荣誉部这一部门负责员工的考核和评奖，不管员工在哪一方面取得成就都能得到物质和精神的奖励。华为为了留住高学历、高素质的员工，还为优秀员工赋予相应的职称，以显示企业对员工的重视和信任，促使员工更愿意为企业贡献自己的力量和才智。

五大对策：超级执行力是这样炼成的

20世纪90年代以来，那些执行力好的企业往往也发展得又快又好。海信集团跨入 21 世纪以来，产业规模不断增长，产业结构不断升级，都要归功于企业极强的执行力。在执行力方面，海信对管理者提出了两种能力的要求：一是灌输思想的能力，二是贯彻实施的能力。管理者不仅要有明确的规划，而且必须关注执行的办法。执行力是衡量管理者能力的重要指标，也是保证工作绩效的重要条件。

对策一：执行力是一个系统

执行力是一个系统，是由很多要素及其相互间的关系组成的，任何一个要素出现问题，都会导致执行力低下的情况。要在组织内部形成执行文化，文化属于价值层面，是指导员工工作的精神力量。还要有明确的目标和详细的计划，这是执行力的助跑器。沟通也是工作中的重要一环，有效的沟通是从想法到执行的关键。企业还要依靠科学合理、具有可执行性的流程来推动运行。监督检查和问责制度同样也是强化执行力的重要保障。

所以，打造执行力，第一步最应该做的事情是，建设一个打造执行力的系统。

1. 在组织内部形成执行力文化

执行力文化的建设既需要制度保证也需要精神培育，才能深深扎根于企业，内化于员工行动之中。

一是用制度保证执行力文化的建设与推广，也就是要建立健全企业文化的制度保证。企业文化的制度保证是指建立和完善企业的管理制度、组织制度等各项制度，使企业提倡的价值理念、行为方式等观念层面的东西落实到制度层面，用以指导、规范员工的各项行为，使员工的行为合理化和科学化，形成和巩固企业特有的文化。

二是从精神层面培育执行力文化，企业精神以共同的价值观为纽带，通过广泛宣传、塑造典型、活动推广等方式塑造。员工首先认识企业精神，然后逐步接受，再进一步具体化、形象化，逐渐转化为个人的意志，最后内化为员工自发的行为。

三是把执行力文化提高到战略高度运作，执行力文化的形成和完善是一项长期而艰巨的任务，需要由企业家作为倡导者和实践者，把控全局，并将战略执行力文化贯穿到中层和基层等各个部门、各个员工，让每一个人都意识到执行力文化建设的重要性。

2. 让目标和计划成为执行力的助跑器

如果企业想要长久稳定的发展，在最开始制订目标的时候，就要明确目标的方向和定位，这样员工才知晓企业未来的发展路线，才有努力的方向和前进的动力，并且能给企业带来更高的效益。那怎样才算明确的目标呢？管理者要求员工完成这件事就不是一个明确的目标，如果给定了时间期限，比如在一天内完成这件事，那它就是明确的目标。

经典案例

任正非在对企业发展目标和现有定位有了清晰的认识后制订了以下目标：在未来的五年内，华为人均销售收入要在第一年的基础上提高3.5倍，未来三年内要进行内部员工的调整，减少对人才的招聘数量。这个目标明确了华为在现有阶段的任务，方便员工了解自己的职责。

华为制订了让目标更明确的"5W1H法"：What、Where、When、Who、Why和How。What是做什么，是管理者指示员工做什么，明确了工作任务后，才能按照计划执行。Where是执行目标的场所，华为有不同的机构，各个机构职责也不同。When是完成目标的时间和期限。Who是执行者，华为在挑选执行人时，要考虑这人的能力是不是匹配这项任务。Why是制订目标的原因，要根据企业的发展需求制订符合实际的目标。How要考虑的是怎样执行才能避免人力和物力的浪费，实现资源利用的最大化。

一般来说，企业计划的制订需要经历三个阶段：一是起草阶段，管理者与所辖部门的负责人一起准备计划草案；二是协商阶段，将计划草案分发给各部门，让员工充分讨论，鼓励员工提出更多建议和修正意见；三是优化阶段，对各种建议和意见进行反复讨论、分析和比较，最后选出最佳计划。

制订一个明确而详细的计划，这个计划由大多数团队成员共享，并在他们之间反复讨论后推出，这样每个成员都清楚计划，并对项目过程中可能出现的问题有充分的准备。换句话说，该计划是合理的、切实可行的和不脱离实际的。

3. 有效沟通

只有通过有效的沟通，才能在上级和下级以及同事之间形成一种理解与和谐的氛围，从而使每个人都有动力为组织的整体目标服务。没有有效的沟通，即使是最雄心勃勃的蓝图也无法实现，即使是最科学、最完美的系统也只是一纸空文，产生不了任何效益。成员之间沟通的重要性对于一个团队来说是显而易见的，团队的发展和系统的实施必须依靠沟通。如果没有顺畅的沟通，团队成员之间就不能产生协同作用，就很难执行制度和实现团队目标。一个沟通良好的团队可以更好地实现目标，所有成员都能真正体验到沟通和表达的快乐。加强内部沟通不仅使管理层的工作更轻松，而且可以更有效地落实各项制度，这不仅使普通员工的工作绩效大幅度提升，而且还提高了公司的凝聚力和竞争力。

倾听是改善团队沟通的重要手段。管理学家威尔德认为，在企业内部，倾听是企业管理者与员工沟通的基础。有效的沟通通常以倾听开始。布莱顿—摩根理论的创始人调查了美国100余家大企业，发现85%的管理者都认为自己既关注人的因素，即员工，也关注事的因素，即绩效，但是80%的下属却不这样认为。管理者和员工之间的认知出现了很大的偏差。其中的原因在于管理者忽视倾听员工内心所想。倾听不是简单地听，有效地倾听包含两个层次，不仅要听到对方所说的内容，还要能知晓其中隐含的感受和情绪。同时，管理者的有效倾听还向员工传递了一个信号，即他们关心每一个员工。

除了倾听，管理者同时也要注意说的方式，一要消除语言的含混性，很多不畅的沟通源于沟通双方没有明确表达和理解对方的信息，所以在沟通时要注意你说的每一句话是否有引起歧义的可能。二要理解对方的立场、价值观和最终目的，企业管理者和员工的目标应该是一致的，基于双方都想建设更好的企业这一共同立场，双方的沟通会更顺畅。三是消除敌对感，因为管理者和员工具有共同的利益，敌对感只会是沟通和工作中的绊脚石。

在日本，成功的管理经验的最重要特征之一是对沟通的重视。员工参与决策过程，领导和员工在开放式办公室一起工作，各级员工参加下班后的社交活动，以及不再强调管理者和员工之间的地位和身份，都是促进沟通的具体表现。日本的管理经验证明，只有当员工通过开放和多样化的沟通渠道获得更多信息，并由大家一起做出决定时，组织活动才更有效率和效果。日本企业管理者认为，虽然沟通可能会占用时间，但这种投资会激励人们，使他们能够为组织团体尽心尽力。松下幸之助就说过："企业管理过去是沟通，现在是沟通，未来还是沟通。"

美国的一些大公司建立了各种沟通渠道和网络，使管理者与员工、员工与员工以及公司与客户之间能够进行广泛的沟通，有些企业还纳入了应对客户需求和预测客户需求的沟通方法。美国国际商业机器公司就是与用户保持定期沟通，以便了解全球市场信息，从而提供信息技术服务和业务解决方案。

4. 管理者不缺席

管理者既不能高高在上，也不能只是开会时露个脸的"走走过场"。管理的本质是使团队高质量地完成企业分配的任务，既包括目标分解，也包括过程管理、事后总结、复盘迭代，还包括观察员工、发现问题、解决问题，以及下属的技能培养等。

5. 及时监督、评价和奖惩

监督不是对员工的不信任，只是督促员工完成工作的一种形式，通过监督可以加强与员工的沟通，给予员工必要的支持，指导员工获得更好的工作业绩。监督对于管理者来说像是一门艺术，现代管理强调用制度去约束人，有些工作中的问题可以通过制度细化管理，并形成监督的制度链，约束员工的行为，企业运转的效率才能更高。

经典案例

　　松下电器的规模不断扩大，员工数量不断增多，松下幸之助意识到管理如此庞大的企业单靠几个管理者是远远不够的，会造成企业整体或局部的失控，最有效的办法是靠制度监督，于是他推行"事业部制度"，把企业分成几个小部门，在研发、生产、销售、财务等方面都相对独立，由部长负责部门的事务，员工直接对部长负责，各个部门结合起来又成了一个大企业。这样即使管理者换了几拨，企业仍能照旧运行。

　　公司的发展与员工的贡献是分不开的。对于员工来说，只有当他们的努力得到管理者的认可时，他们才会得到回报，工作的积极性才会提高。好的管理者应该根据员工的这一心理，设置一些奖励，并在员工大会上表扬他们的突出贡献。

　　在一个团队中，无论是奖励还是惩罚，管理者都需要确保公平性。公平是管理者和员工之间相互信任的基础和前提，只有在公平的基础上，员工才会信服你的决定，才会认真遵守你的命令，才不会担心成绩得不到回报。为确保公平，要平等对待所有员工，不允许有人借助私人关系搞特殊化，因为它有可能对公司产生最严重的负面影响，影响团队的稳定性，并最终破坏公司的利润。

　　举个例子，特步公司就非常重视对员工的激励，并制订了详细的奖励措施，比如设置了"优秀部门奖""优秀员工奖""忠诚奉献奖"等奖项，员工们都十分重视这些奖项，并且以得到这些奖项为荣耀。特步公司的做法值得其他企业借鉴，在企业中设立一些奖项，以激发员工的工作热情。同时还要注意客观公正，对每个员工的实质性贡献做出鼓励。

有奖就要有罚，只做好人最终吃亏的还是自己。所以，问责是执行力的保障。问责的意义在于及时了解员工工作进展，特别是在员工工作出现问题后，通过问责可以了解到问题出在哪里，是什么原因造成的，并及时制订解决问题的策略。

因此，问责制应该是实际有效的，不应该因为害怕得罪人而推卸责任，否则，问责制就失去了意义。问责的核心是"问"，本质上是一种监督，管理者必须先问执行者，如果员工因为没有遵守公司制度，导致工作任务没有按照上司的命令完成，那么管理者就应该追究其责任。管理者也应该扪心自问，是不是自己用人不当或分配任务不当导致员工无法完成工作任务，并且改进自己的管理方式。

甲骨文公司就充分证明了这一点。其创始人拉里·埃里森在讨论内部管理时经常提到授权和问责机制。他认为赋权能有效地调动员工的自主性，并确保员工对自己的岗位负责。问责制使员工受到约束，公司也可以跟踪员工的工作进展。如果员工的工作表现或系统实施有问题，那管理者将追究相关人员的责任。这种问责不是一种形式，而是一种实质性问责。如果问题被证实是员工自己的问题，那公司将对员工进行惩罚，而不是纵容。

对策二：制订科学合理的工作流程

超级执行力系统的灵魂是工作流程。

科学精简的工作流程是企业顺利运营的保证，清晰的工作流程可以让各个岗位的员工明确自己的工作职责，规范员工正确高效地工作，帮助企业实现科学的运转和最佳的经营效果。很多企业制订了烦琐的流程，也花大力气做流程优化的工作，还形成了厚厚的流程文件手册，却发现流程得不到执行，那么，有哪些原因导致流程不具备可执行性呢？

一是员工不知道有流程或不知道该如何执行流程，很多企业只给员工一份流程执行手册之后就再也不加以说明，员工不明所以就搁置了，要想从根本上解决这个问题，需要从管理者到员工都充分参与流程的制订过程，以达成共识，同时还要加强流程推广过程的培训宣传。

二是流程不合理，也就是没有考虑到实际情况，导致执行上的困难。流程的标准化和合理性是有效实施的前提，但在很多企业中，由于在流程制订过程中讨论不充分，导致流程本身不合理，或者没有根据业务变化及时调整流程，导致流程与业务实际情况相背离，无法有效地指导业务执行。解决方案包括落实流程责任人，以及定期召开总结回顾会议。

流程的目的是明确，一看就懂，一学就会，员工上手快，能够短时间内掌握整体情况。即使工作员工被替换，新员工也可以很容易地上手操作。如果发现有流程上的疏忽，也可以适时进行调整和纠正。制订流程至少要做到以下两点：第一，内容应该明确，以便执行者了解要做什么，如何做，以及何时完成。第二，精简和简化，一些多余的流程和环节可以省略和放弃。

一个科学合理的工作流程应该是简单高效的，这样执行者才能一目了然，按照流程完成工作，把管理者从复杂的工作中解放出来，实现监督职能。一个科学合理的工作流程应该避免以下误区：流程之间的环节不宜过多，设计太多的子流程会使整个流程难以操作。流程之间环节跳跃不宜过大，如果各个环节之间缺乏必要的步骤，则会导致流程运行不畅，也会导致执行上的困难。流程环节的顺序也应该是合理的，各个环节之间的等待时间不宜太长。

工作流程就像大树，有枝叶，也有树干。而树干和枝叶之间都有相互依存的关系。这就要求管理者在制订工作流程时，对企业的发展战略进行准确定位，对企业的组织结构进行调整，使各环节环环相扣。具体来说，从上到下，从宏观到微观，先整后分，先大后小，遵循一定的空间和时间顺序，或发展规律，以及组织企业各部门之间的等级关系。

对策三：培养员工的成果思维

工作没有成果，做得再多也没有用，有苦劳没功劳，受伤害的不只是员工，同时还有企业。所以，一定要培养员工的成果思维，不折不扣地拿到成果才称之为执行。用执行力创造成果，用成果创造价值，这才是职场正确的思维模式。

工作中可能会出现这样的情景：员工因为管理者没有说明最后期限而一直拖着不做，而管理者却认为不需要讲明，员工就应该早做准备。最后的结果难免会出现矛盾，员工觉得委屈，领导觉得员工的执行力太差。如果员工一直拖延领导交代的工作，那么不仅对企业整体经营造成不良影响，也会阻碍自己的职业发展。

如何培养员工的成果思维呢？

第一，要让员工明确意识到执行力差的后果，建立奖惩机制。如果员工执行力很差的话，就难以升职加薪。要真正激发员工想提高执行力的强烈渴望，如果执行力很强的话，荣誉、职位等都会随之而来。

比如任正非在创业初期时说过："买房子阳台一定要大，钱搁在家里要发霉的，得经常铺到阳台上晒。""阳台上晒钱"的说法能够激励员工对企业和自己的前景产生美好的幻想，激发其积极进取的精神。管理者还可以向员工宣传生动的成功故事，来营造企业文化。比如全球500强企业沃尔玛的创始人山姆·沃尔顿每周六上午都会给全球各地的门店召开视频会议，讲述一些普通员工成长的生动故事。一方面，阐述了沃尔玛的企业价值观；另一方面，直接有效地激发了员工的希望。

第二，与目标分解要清晰的道理相同，培养员工的成果思维，也要对成果的标准很清晰，不同的成果对应着不同的评价，不是什么工作一完成就叫成果。成果一定是在基础工作之上，创造新的价值。

第三，明确告诉员工成果像积分一样是可以累积的。任何一个小成果都是通向下一个成果的阶梯。积少成多，成果越来越多，员工获得的奖励也会越来越多。相反，如果工作中一直取不到有价值的成果，则既牵扯精力，也浪费时间。

第四，认可员工，让员工明白自己的重要性。在团队管理中，管理者的认可是对员工工作表现的最大鼓励，但是管理者常常忽略了认可的力量，因为他们总是在潜意识中觉得，做好工作是员工的职责，是理所应当的，甚至会认为表扬员工会让员工骄傲自满、消极怠工。长此以往，如果员工的努力和贡献被忽视和不被认可，那他们的工作能力将大大降低。相反，如果管理者经常考虑并承认员工的努力和成就，充分理解并尊重他们的努力成果，确保员工得到身心的满足，可以极大地促进他们在工作中的表现，激发他们的潜能，激励他们完成工作。

优秀的管理者会表现出重视员工的工作，他常要求员工提供意见、新点子，让员工参与到决策中，这样能够让员工明白，他们是团队的重要成员。管理者经常询问、倾听并采纳员工的意见，会让员工感到被重视，比如管理者向员工征询某个报告的建议，并且把员工的建议加到报告中去，这将极大地鼓舞员工，激发出超级潜能。

对策四：相互信任、彼此尊重

执行力的核心秘密是相互信任、彼此尊重。

著名学者萨维奇在《第五代管理》一书中写道："怀疑与不信任会大大增加公司运营的成本，这是因为，怀疑和不信任会让管理内部出现一些不必要的内讧，使得管理成本严重增加。"可见，企业管理者应该充分信任自己的员工。

信任作为精神激励的重要组成部分，对激发员工的积极性和主动性具有重要意义，是员工健康成长和企业持续发展的重要因素。在企业管理中，上级和下级之间的相互理解和信任会产生一种强大的心理力量，使员工能够更积极地完成任务。松下幸之助认为，信任可以极大地激发员工工作的积极性和主观能动性。

在现代企业中，只有当管理者了解并满足员工的信任需求时，才能显著提高员工的积极性。只有真正获取员工的信任，才能真正激发出有效的动力，才能引导工作方向，以更积极的心态有效地完成组织目标的任务。管理层在企业中起着承上启下的作用，管理的最高境界是唤起所有员工的工作热情，独立完成任务。因此，管理者必须学会利用信任来激励员工，让他们有更积极的工作态度。

对策五：帮助员工适时调节工作压力

帮助员工适时调节工作压力，可以起到不断地为企业注入活力，激发团队执行力的效果。

1. 创造良好的工作环境

不同的工作环境下，员工的工作效率也有很大差异。在封闭、紧张的工作环境下，员工更容易犯错，离职率也会上升。舒适的工作环境有利于员工身心放松，从而更愉快地投入到工作中去，还能振奋精神，让人充满干劲，把工作当成一种乐趣，而不是强制的任务或被迫的劳动。

不同的工作需要不同的工作环境。例如，创造性的工作需要一个非常宽松和自由的环境。在这里，人们可以自由充分地使用他们的想象力，灵感可以在任何时候出现。例如，奥美广告公司的设计师们在工作时间可以自由走动，累了就躺在办公桌前。然而，当他们清醒和兴奋时，他们可能会工作到深夜，桌子上有咖啡和其他饮料，员工可以穿着拖鞋走来走去。

那要如何创造良好的工作环境呢？营造整洁干净的办公环境，将垃圾、灰尘、破损设备等不用或暂时不用的东西清理掉，只保留有助于当前工作的物品，这样员工工作起来才会神清气爽。这是看得到的方面，在员工心理层面，管理者需要多多倾听员工的意见，根据员工的意见来管理公司。

2. 给予员工更多发言权

压力往往是由于缺乏对事物的控制而引起的，在这种情况下，企业需要给员工开放发言权，给他们更多的机会来表达自己的意见和想法，这不仅是为了收集更真实的想法，也是为了让他们的情绪得到宣泄。

有些做得好的公司采用新的管理方式，他们发现旧式的由上至下的金字塔式管理模式收效甚微，所以他们把金字塔倒了过来，在企业事务中给予员工更多的发言权。比如在某家汽车制造厂，任何一个发现问题的员工都有权停止整个生产线，直到问题解决。让员工有更多权力控制他们的工作环境，更多地参与管理他们的工作，会使企业和员工都受益。

3. 改善员工生活品质

团队建设作为一项福利，在现代企业的运营发展中起着至关重要的作用，高效的团队会推动公司的整体业绩，为公司创造无限的价值。通过团建，可以促进团队成员之间的沟通和感情，增强员工彼此的了解，建立信任、开放的关系，还可以增强团队合作、凝聚力、执行力和竞争力，提升团队合作精神和拼搏精神。另外，还可以丰富员工的业余生活，帮助他们从紧张的日常工作中解脱出来，放松心情，缓解工作压力，从而促进员工的身心健康。通过团建，员工会对他们的公司和工作有更多的自豪感和热情，并能以更积极和精力充沛的状态参与工作。从长远来看，这可以减少工作人员的流动，降低招聘和培训成本。

4. 提高薪酬福利

高薪资、高福利一直是当代打工人的追求，企业设计合理的薪酬和福利体系对吸引和维系员工起着至关重要的作用。薪酬福利的最大价值在于其激励作用，企业与员工关系的本质是一种利益交换：企业利用其员工的智慧，而员工则以其劳动换取满意的报酬。如果企业能够适度提高薪酬和福利水平，使之与同行业的其他公司相比具有竞争力，那么这种激励性就会发挥作用。从员工的角度看，企业能保证"多劳多得"就能更好地激励员工。

许多高校毕业生和有几年工作经验的技术人员都喜欢追求互联网"大厂"，

因为这些企业的薪酬福利都十分可观，互联网企业中的技术研发人员的平均薪资遥遥领先其他行业。以字节跳动为例，字节跳动建立了完善严密的岗位薪酬体系，不同职级间薪资福利差别较大，可以对员工起到很好的激励作用，大大降低员工的离职率，并在公司内形成良性竞争。

执行力的本质是领导力

领导力简单来说就是领导的能力，主要作用是引导组织或个人达成目标，本质上是一种让员工主动服从的能力，这里的服从是自愿而不是强迫。领导力可以分为两个层面：一个是领导者个人的执行力，是领导者个人具备的决策能力、组织能力、规划能力等；另一个是组织领导力，是对组织以及组织成员的影响力，包括制订高效的工作计划、构建合理的组织架构、培育组织的企业文化等方面。

执行力本质上是一种有结果的行动，是结果导向的，执行力也有两个层面：个人执行力和组织执行力。组织执行力不是个人执行力的简单相加，个人执行力再强，没有组织的配合协调也无用武之地。

领导力和执行力是一体两面的关系，往上是领导力，往下是执行力，领导力决定执行力，执行力是领导力的保证，二者相辅相成。对于领导力和执行力的关系，学界有很多探讨，主要有三种主流观点：第一种认为领导力比执行力重要，只有领导有力时，执行才有力；第二种认为执行力比领导力重要，比如世界组织行为学大师保罗·赫赛说过这样一句话："成功企业的经验和研究结论表明，'执行力'问题就是'领导力'问题。"第三种是比较中庸的看法，即领导力和执行力既有联系又存在区别。

戴尔电脑公司的成功很好地佐证了保罗·赫赛所说的执行力的本质就是领导力。戴尔公司的创始人迈克尔·戴尔具有极强的执行力，前戴尔亚太负责人方国健评价他说："迈克尔·戴尔的特质之一是极有远见，他通常在认定一个大方向后就亲自披挂上阵，带领全公司彻底执行。"比如戴尔非常重视原材料供应商和产品制造商的选择，每年都亲自考察供应商的生产现场，对生产细节都了如指掌。

从领导力的角度提升执行力，第一，要为员工绘制共同愿景，明确目标，并制订清晰的价值观。

第二，提升内部创新力。对企业而言，创新是企业生存和发展的灵魂，是长盛不衰的源泉。战略大师迈克尔·波特说："企业通过创新活动获得竞争优势。它们在最广泛的意义上从事创新，既包括新技术，也包括新的做事方式。"这句话的意思是创新可以分为技术创新和管理创新两大类。任何产品都有生命周期，过时的产品会被市场淘汰，企业不能依靠暂时的产品优势而高枕无忧，而要持之以恒地创新，只有这样才能提高生产效率，降低生产成本。管理创新可以使企业的日常运作更加秩序井然，摆脱一些旧体制的弊端。思想创新能够保证企业沿着正确的路线发展，发挥员工的创造性，为企业带来更大的经济效益。

提升内部创新力，既要解放固化思维，找到解决困难的途径，也要系统思考，运用逆向思维。惯性思维往往束缚着一个人的思路，是人们创新活动的阻碍。有时候用批判的眼光看问题，或者反向探索问题，可能可以看到不同的角度。逆向思维就是通过经验转移而突破思维定式的束缚，之所以能在经营中发挥特色，是由其自身的特点决定的。它把最终目标当成研究的起点，遵循"未来—现在"和"终点—起点"的方向，通过反向的方法上溯思考，这样可以对事物有一个科学、全面和周到的理解，并引发新的灵感和想法的，从而获得比过去更大的成果。

企业家在经营决策中，恰当地运用逆向思维，并采用相应的战略战术，往往能取得超常规的成果。日本丰田企业管理者巧妙地运用了逆向思维：员工在考虑改进流水线工作时，往往是从前一道工序向后一道工序逐步往下推。

第三，鼓励员工通过学习提升能力。当今世界是知识型世界，企业的成功很大程度上靠的是员工的知识和技能。随着知识的发展和分化，员工现有的知识储备已经不能完全适应时代的发展，员工自身必须通过学习跟上时代。

为了企业的发展，管理者必须不断鼓励员工学习、上进，才能让公司获得更大的利益，只有一流的员工才能创造出一流的企业。

企业对员工负有培训和培养的任务，这相当于一种投资，能够给企业带来丰厚的回报，国外许多知名企业都非常注重对员工的培训，摩托罗拉公司前培训主任就说过："我们的培训收益大约是投资的 10 倍。"美国塔吉特公司的人事部门有另一个名字"终身学习人才开发部"，正是体现了公司对员工学习的重视。塔吉特公司每年都给员工学习津贴以鼓励员工学习，对学习效果好的员工，企业还给员工发放奖学金。这项政策实施以来，员工更加努力工作了，企业的销售额也每年呈现递增的趋势。

思考与练习

1. 本章我们对执行力提出了五大思考和五大对策，它们分别是什么？

_____
_____

2. 为什么说执行力的本质是领导力？领导力和执行力一体两面的关系是什么？

_____
_____

第 6 章
"八柱"之一：市场

比尔·盖茨、任正非、牛根生、蒂姆·库克等企业家的成功告诉我们——大部分成功企业的创始人，也都是市场营销大师。

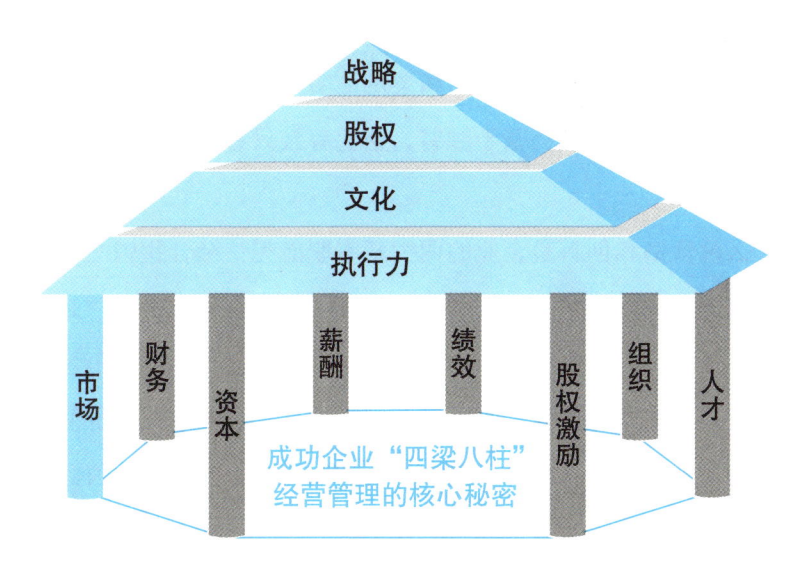

成功企业"四梁八柱"经营管理的核心秘密

战略 / 股权 / 文化 / 执行力

市场 / 财务 / 资本 / 薪酬 / 绩效 / 股权激励 / 组织 / 人才

市场是企业中进行市场营销活动的部门，通过营销，促进交易的达成，实现企业的营收。创造营收和实现盈利，是企业立于不败之地最刚强的立柱，这根立柱不得力，其他立柱再多也没有用。

要创造营收和实现盈利，市场和营销是密不可分的，企业的市场营销管理就是对市场营销活动的实施控制，是企业为了促进与目标客户交换而进行的对市场营销活动的计划、组织和控制的过程，一般包括市场机会的识别、选择细分市场、制订营销战略、设计营销战术以及实施并控制营销计划等环节，企业的市场营销活动是否成功很大程度上取决于市场营销工作的具体实施情况。

《营销管理》一书将营销管理定义为"选择目标市场和通过创造、传递和沟通出众的价值来获得、保持和增长消费者的艺术和科学。"

结合定义来说，营销管理一般指企业为实现经营目标，对建立、发展、完善与目标顾客的交换关系的营销方案进行的分析、设计、实施与控制。

市场营销管理是企业规划和实施营销理念、制订市场营销组合，为满足目标顾客需求和企业利益而创造交换机会的动态、系统的管理过程。是企业经营管理的重要组成部分，是企业市场营销部门的主要职能。

彼得·德鲁克在通过大量数据和案例证明了企业的宗旨是创造顾客价值之后，又提出了一个观点：基于顾客，企业有且只有两项最基本的职能，即营销和创新。

为什么说营销和创新是企业的两大基本职能呢？结合我国的实际情况来看，发展是解决一切问题的基础和关键，发展必须是科学发展，必须坚定不移地贯彻创新、协调、绿色、开放、共享的新发展理念。在企业的经营活动中，发展的重点是创造顾客价值，而市场营销活动是企业创造顾客价值并且建立牢固的顾客关系，进而从顾客那里获得价值作为回报的过程，因此市场营销十分重要。

创新是管理的一部分。为什么苹果公司可以成为世界上市值最高的公司，正是因为它拥有独特的创新性。为什么不同领域的冠军企业都是创新型的？

因为要超越前人，战胜对手，战胜自己，所以要有突破，有创新。

所有成功的企业家，都应该是市场营销大师

为什么说所有成功的企业家，都应该是市场营销大师呢？

1. 微软之比尔·盖茨：产品不重要，重要的是销售

比尔·盖茨长期占据世界财富榜榜首的位置，但微软公司影响世界的产品几乎没有一个是原创的。从早期的 DOS 系统到 Windows 系统，以及 IE 浏览器都是买来的。

曾经，比尔·盖茨 7 天飞 9 个国家去演讲，在 45 分钟的演讲中，有 30 多分钟都在说他的产品，由此将产品卖到了全世界。他能够成为世界首富，不是因为产品的发明性、创新性，而是因为他懂营销、会营销。

2. 华为之任正非：如果我们不想"死"，就要向最优秀的人学习

华为创始人任正非，自称不懂财务，不懂管理，也不懂技术。但是，他深知营销之道。

当美国将华为列入实体清单之后，任正非更是频频出现在各路媒体面前，几乎每月、每周都会通过媒体采访或华为内部社区发声。2020 年任正非接受南华早报的采访时表示，"如果我们不想'死'，就要向最优秀的人学习"，让人充满着无限的敬畏之情。可见，任正非十分明白应如何营销自己的企业。

3. 蒙牛之牛根生：伊利第一，蒙牛第二

1999 年，刚成立的蒙牛在内蒙古第一块广告牌非常"乖巧"地写着"蒙牛甘做内蒙古第二品牌，蒙牛向老大哥伊利学习"。当时的蒙牛在内蒙古前 100 名都排不上，可是在内蒙古大家都知道乳品行业的老大是伊利。蒙牛通过"蹭流量"的方式，借用伊利的知名度迅速崛起。

而牛根生时代的蒙牛，可以称得上中国最擅长营销的企业。

4. 苹果之蒂姆·库克：市场营销的本质就是为客户创造价值

苹果 CEO 蒂姆·库克曾说过：对我们来说，我们要和一大群人竞争，在

操作系统方面与谷歌、微软竞争，在硬件领域与三星、华为以及其他许多知名中国公司展开竞争，在个人电脑领域与戴尔、惠普、联想竞争。因此，我们所处的每一个市场都有相当数量的竞争对手。但是，我不会把注意力集中在个性和公司上，我们关注客户，总是问自己："我们还能为客户做些什么？"

在蒂姆·库克看来，营销的本质并不是将产品销售出去，而是如何连接用户，其次是能够给用户提供何种有价值的产品和服务。有价值的产品和服务能够增强用户的黏性，让用户产生长期依赖性，这适用于任何产品。

不仅他们，马云、雷军等国内外知名企业家都是营销大师，他们都是靠营销成就今天的。可见，市场营销在一个企业中的作用十分关键，而大部分成功企业的创始人，也都是市场营销大师。

三大市场营销战略

为什么说企业的战略核心是市场营销战略呢？因为在企业持续发展的过程中，市场营销是十分关键性的一步，它奠定了企业发展的基础。

市场营销战略的种类主要分为三种，分别为：成本领先战略、差异化战略以及集中化战略。企业必须从这三种战略中选择一种，作为其主导战略。要么把成本控制到比竞争者更低的程度；要么在企业产品和服务中形成与众不同的特色，让顾客感觉到你提供了比其他竞争者更多的价值；要么企业致力服务于某一特定的市场细分、某一特定的产品种类或某一特定的地理范围。

成本领先战略

成本领先战略也称为低成本战略，是指企业通过有效途径降低成本，使企业的全部成本低于竞争对手的成本，甚至是在同行业中最低的成本，从而获取竞争优势的一种战略。根据企业获取成本优势的方法不同，我们把成本领先战略概括为如下几种主要类型：

一是简化产品型成本领先战略，就是使产品简单化，即将产品或服务中添加的花样全部取消；

二是改进设计型成本领先战略；

三是材料节约型成本领先战略；

四是人工费用降低型成本领先战略；

五是生产创新及自动化型成本领先战略。

在众多使用成本领先战略的企业当中比较典型的案例是吉利，它主要运用成本领先战略在市场上占领市场份额并取得利润。吉利实施成本领先战略主要通过三大途径。首先，吉利不断扩张形成规模化优势，一系列收购交易的成功使得公司的整体营运效率得以提高。继续扩张及提升现有厂房的生产能力，这不仅可以改善产品质量，更能够形成规模经济，从而有效降低成本并增强企业抵御市场风险的能力。

其次，吉利也重视控制零部件成本并注重研发，为了减轻原材料价格上涨对自有产品系列当中低档产品的影响，吉利先后投资1亿元用于新一代电动助力转向系统的研发。这有效地控制住了研发成本，在扩大投入的同时集中资源、减少浪费。

最后，加强供销渠道管理，吉利与主要供应商组成产量策略联盟，以减少原材料及部件的价格波动对整车成本的影响，同时还致力于重组联营公司零部件采购系统及供应商系统，以进一步降低成本、提升品质。

也正是成本领先战略带来的高利润空间抵消了吉利相对较低的资产管理效率对其净资产收益率的不利影响，给其带来了丰厚的投资回报。

差异化战略

所谓差异化战略，是指为使企业产品与竞争对手产品有明显的区别，形成与众不同的特点而采取的一种战略。这种战略的核心是取得某种对顾客有价值的独特性。企业要突出自己产品与竞争对手之间的差异性，主要有四种基本的途径：

一是产品差异化战略。产品差异化的主要因素有：特征、工作性能、一致性、耐用性、可靠性、易修理性、式样和设计。

二是服务差异化战略。服务的差异化主要包括送货、安装、顾客培训、咨询服务等因素。

三是人事差异化战略。训练有素的员工应能体现出下面的六个特征：胜任、礼貌、可信、可靠、反应敏捷、善于交流。

四是形象差异化战略。

苹果公司在差异化战略上做得非常好，主要体现在两个方面，一方面是产品差异化，另一方面是服务差异化。

在产品差异化方面，苹果有着高素质的研究人员，注重创新设计，苹果的产品外观很好地把握住消费者的求异心理和从众心理。并且，每一个新苹果产品的问世，总能带来很多不同于其他品牌产品的新功能。

在服务差异化方面，与其他品牌销售手机的方式不同，苹果首先开创了Apple Store 直营体验店的模式，通过吸引顾客前往门店体验其产品，吸引更多的潜在顾客成交。

集中化战略

集中化战略也称为聚焦战略，是指企业或事业部的经营活动集中于某一特定的购买者集团、产品线的某一部分或某一地域市场上的一种战略。这种战略的核心是瞄准某个特定的用户群体、某种细分的产品线或某个细分市场。具体来说，集中化战略可以分为产品线集中化战略、顾客集中化战略、地区集中化战略、低占有率集中化战略。

经典案例

集中化战略是帮助格力集团走向空调龙头的竞争战略。在电器产业越来越多元化的时候，只有格力集团一直坚持以空调作为自己的主业，不发展空调之外的其他业务，而把主业做专做精。

格力公司从其成立之日起，就将空调作为主要经营业务，而且只限于做家用空调和一般商用空调。专一化是格力最突出的经营特色，也是格力实现技术创新、抢占市场制高点的关键。

并且，格力对目标市场进行划分，集中发展经济条件好、受教育程度高、追求高质量生活的一个特定市场——工薪阶层，即产品——居家低碳环保、客户——中高收入者、地域——三线城市以上。

市场营销战略制订七步法

通常来讲，市场营销战略的制订分为七个步骤，分别是公司现有业务评估、目标业务分析、市场环境分析、明确市场营销战略及定位、确定市场营销行动方案、组织市场营销实施以及管控与评价实施过程。

步骤一：公司现有业务评估

市场营销战略制订的第一步是公司现有业务评估，目前最常用的评估工具是波士顿矩阵。波士顿矩阵又称市场增长率 - 相对市场份额矩阵、波士顿咨询集团法、四象限分析法、产品系列结构管理法等。它始创于1970年，一般用于决定产品结构的分析工具。它是通过营销增长率和市场占有率来分析企业的产品结构。

波士顿矩阵可以帮助多种经营的公司确定：哪些产品宜于投资，宜于操纵哪些产品以获取利润，宜于从业务组合中剔除哪些产品，从而使业务组合达到最佳经营成效（如图 6-1 所示）。

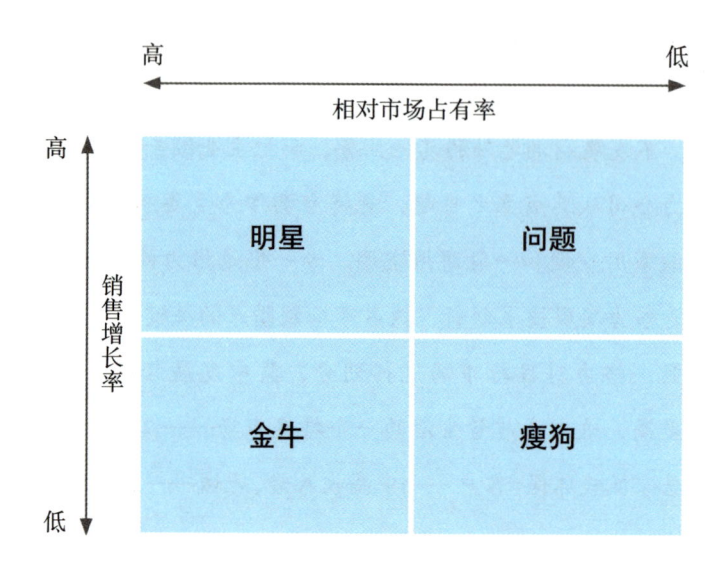

图 6-1 波士顿矩阵

根据波士顿矩阵可以将公司产品分为四个象限，分别为明星产品、问题产品、瘦狗产品、金牛产品四类。

一是明星产品：高增长且高市占，发展前景好，竞争力强，需加大投资以支持其发展。

二是问题产品：高增长但低市占，发展前景好但市场开拓不足，需谨慎投资。

三是金牛产品：低增长但高市占，成熟市场的领导者，应降低投资，维持市占并延缓衰退。

四是瘦狗产品：低增长且低市占，利润率低甚至亏损，应采取撤退战略。

企业可将产品的销售数据及市场份额进行数据分析，按各自的"销售增长率"和"市场占有率"归入不同象限。针对不同象限的产品类型，企业可采取不同决策，以保证其不断地淘汰无发展前景的产品，实现产品及资源分配结构的良性循环。

步骤二：目标业务分析

市场营销战略制订的第二步是对公司的目标业务进行分析，通常会采用波特五力模型进行分析。波特五力模型将大量不同的因素汇集在一个简便的模型中，以此分析一个行业的基本竞争态势。五力模型确定了竞争的五种主要来源，即供应商的讨价还价能力、购买者的讨价还价能力、潜在竞争者进入的能力、替代品的替代能力以及最后一点，来自在同一行业内竞争者现在的竞争能力（如图6-2所示）。

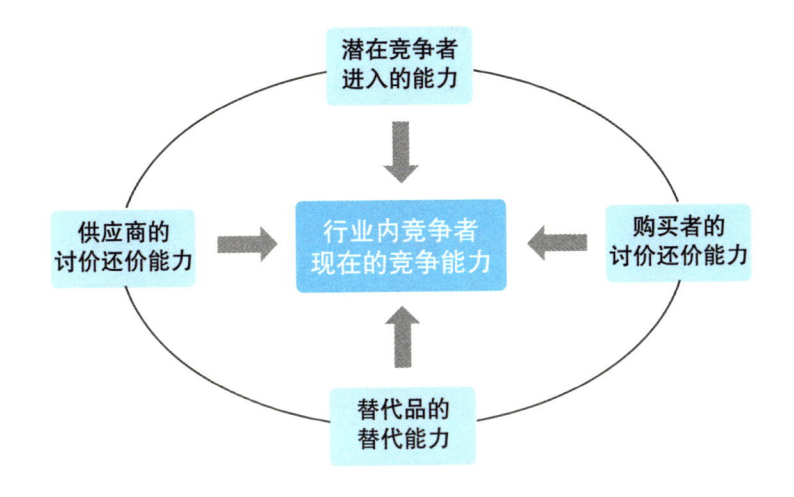

图6-2 波特五力模型

供应商的讨价还价能力：当供方所提供的投入要素其价值构成了买主产品总成本的较大比例、对买主产品生产过程或质量非常重要时，供方对于买主的潜在讨价还价能力就大大增强。下面一些因素决定它的影响力：供应商所在行业的集中化程度、供应商产品的标准化程度、供应商所提供的产品在企业整体产品成本中的比例、供应商提供的产品对企业生产流程的重要性、供应商提供产品的成本与企业自己生产的成本之间的比较、供应商提供的产品对企业产品质量的影响、企业原材料采购的转换成本、供应商前向一体化的战略意图。

购买者的讨价还价能力：购买者主要通过其压价与要求提供较高的产品或服务质量的能力，来影响行业中现有企业的盈利能力。有些购买者可能具有较强的还价力量，比如购买者的总数较少，而每个购买者的购买量较大，占了卖方销售量的很大比例。卖方行业由大量相对来说规模较小的企业所组成。购买者所购买的基本上是一种标准化产品，同时向多个卖主购买产品在经济上也完全可行。购买者有能力实现后向一体化，而卖主不可能前向一体化。

替代品的替代能力：决定替代品压力大小的因素主要有替代品的盈利能力、替代品生产企业的经营策略、购买者的转换成本。

行业内竞争者的现在的竞争能力：出现下述情况将意味着行业中现有企业之间竞争的加剧，这就是行业进入门槛较低，势均力敌竞争对手较多，竞争参与者范围广泛；市场趋于成熟，产品需求增长缓慢；竞争者企图采用降价等手段促销；竞争者提供几乎相同的产品或服务，用户转换成本很低；一个战略行动如果取得成功，其收入相当可观；行业外部实力强大的公司在接收了行业中实力薄弱企业后，发起进攻性行动，结果使得刚被接收的企业成为市场的主要竞争者；行业退出障碍较高，即退出竞争要比继续参与竞争代价更高。在这里，退出障碍主要受经济、战略、感情以及社会政治关系等方面考虑的影响，具体包括资产的专用性、退出的固定费用、战略上的相互牵制、感情上难以接受、政府和社会的各种限制等。

步骤三：市场环境分析

市场营销战略制订的第三步是对市场环境分析进行分析，通常会采用SWOT分析法进行分析。SWOT分析是对企业内外部条件各方面内容进行综合和概括，进而分析组织的优劣势、面临的机会和威胁的一种方法。通过SWOT分析，可以帮助企业把资源和行动聚焦在自己的强项和有最多机会的地方，并让企业的战略变得明朗（如图6-3所示）。

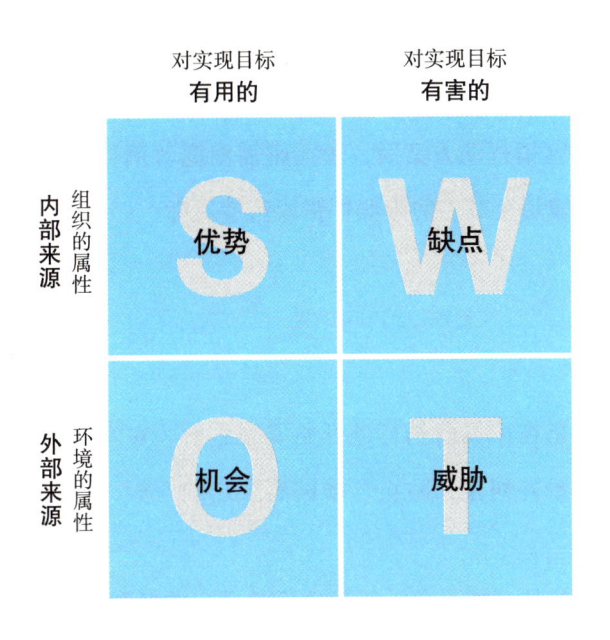

图 6-3 SWOT 分析

步骤四：明确市场营销战略及定位

市场营销战略制订的第四步是明确市场营销战略及定位。通过对公司现有的业务评估，对想要开拓的目标业务进行分析以及对市场环境进行分析之后，公司需明确其未来的营销战略，确定未来营销的主要发展方向。

步骤五：确定市场营销行动方案

明确公司市场营销战略及定位后，公司则需根据营销战略制订相应的行动方案，行动方案包括：产品策略、产品定位与细分、价格策略、渠道策略、渠道选择、渠道拓展顺序、渠道规划、渠道占比、渠道销售量预测分析、上市时间计划、上市渠道促销计划、上市终端消费者促销计划、上市终端推广计划、媒介促销安排、后期促销跟进计划。

步骤六：组织市场营销实施

在确定市场营销行动方案后，公司则需根据营销行动方案组织市场部进行营销实施，达成每个节点的市场扩张或营销目标。

步骤七：管控与评价实施过程

最后一步则是在市场营销行动开始实施之后，对实施过程进行管控和评价，及时发现偏差并纠正，防止行动偏离预定的方向，确保行动方案的有效实施。

具体的动作就是不断将营销行动达成的实际成效和预期的目标进行比较，发现偏差就马上调整纠正。

寻找新市场，实现业务持续有效增长

任正非曾经说过："公司必须保持合理的增长速度。首先，没有合理的增长速度，就没有足够的利润来支撑企业的发展。其次，没有合理的增长速度，就没有足够能力给员工提供发展机会，从而吸收更多企业所需的优秀人才。最后，没有合理的增长速度，就会落后于竞争对手，最终导致公司的死亡。"

公司应围绕其核心业务打造其核心竞争力，通过核心竞争力的提升来支撑公司持续增长。以格力电器为例，格力正是掌握了制造空调的核心技术，形成技术壁垒，通过核心竞争力的提升支撑公司持续增长。在实现核心业务稳定增长之后，才开始拓展其他业务。

当现有产品只卖给现有市场的消费者已经无法满足公司的增长需要了，许多大型公司采用的方法是为现有产品打开新市场。尤其当公司发现，自己的产品特性也可以适用于其他市场，这就需要企业在不同的市场上找到具有相同产品需求的消费者。一般来说，产品定位和营销方法会有所调整，但产品本身是基本不需要进行改变的。

新市场是企业新的增长点。当企业在当前市场已经饱和的情况下，开拓新市场就是企业最直接的增长点，开拓新市场可以帮助企业在不改变产品结构的情况下快速实现业绩增长。

六大路径实现新业务有效增长

1. 在趋势中寻找新业务

当今世界正经历百年未有之大变局，全球政治、经济格局加速重构与演变，科技创新、数字化、"双碳"经济都是新趋势，它对所有企业都是机会，即使你的能力没那么强，赶上机会窗口也能实现腾飞。

2. 错位竞争：与其更好，不如不同

所谓"错位"，指的是创新企业在技术和市场两大要素上的组合方式，与在位企业的组合方式之间存在明显的不同，即你的"组合"与在位企业的"组合"之间的错位。找到一个能够扬长避短的领域放大你的优势，同时让你的劣势变得不那么重要。

3. 在能力和资源的边界探索创新机会

每个企业都有它特定的优势或者特殊的资源，这些都是企业的财富，如果你能够把这些资源用到极致，把你掌握的能力尽可能多地复制到新的领域，那么大量的新业务机会其实就在你身边。公牛集团如何将一个小小的插线板生意做到百亿规模？公牛的产品线包括转换器、墙壁开关、LED 照明和灯具、数码配件、智能家居等十余个品类，几乎每个品类都进了行业前三。在选择进入新行业的策略上，公牛董事长阮立平有经典的三不做理论：不能发挥自身能力优势的产品不做、行业已经有绝对垄断者的不做、行业缺少重大创新可能的不做。三个取舍标准里面最重要的是第一个，完全基于资源与能力导向。

4. 为现有客户创造新价值

有人统计过，获得一个新客户的成本是保留老客户的 5~25 倍，向老客户

销售产品，成功的概率是新客户的3~20倍，所以最大化发挥现有客户的价值也是实现新业务增长的优先选项。小米除了做手机外，还做充电宝、空气净化器、空调、电动牙刷、毛巾、箱包……这个公司怎么什么都做呀？原因很简单，小米拥有庞大的客户群——米粉。如果小米只卖手机，那可能一年只和客户做一次生意，这样无疑是对客户资源的极大浪费。小米增加与客户的互动，选择的就是拓展产品品类，年轻人需要什么它就做什么，小米第一个1000亿元靠手机业务，第二个1000亿元靠小米生态链上所有的产品，这就是为现有客户创造新价值的力量。

5. 瞄准产业链的增长机会

每个企业所在的产业链纵深都是很长的，企业可以研发、生产、销售都做也可以只做其中的一段。我们都知道华为的业务已经延伸到手机产业链上游，包括芯片和操作系统。因为在手机这个产业链里，整机是很难赚钱的，硬件的利润也越来越薄，未来在手机产业链中赚钱的机会可能只有软件，所以华为的战略就是往产业链上游布局，去开发自己的操作系统，深挖产业链的纵深找到新的业务增长。

6. 看对长期趋势积极布局

企业家应该拉长时间，放眼未来，从事物发展的底层逻辑入手，去发现一些趋势性、周期性规律，在不确定性中找到确定性。只有看准长期趋势积极布局，才能获取超额收益。亚马逊是1994年成立的。从1997年开始，亚马逊的创始人贝索斯每年给股东写一封信。他在信里特别强调，亚马逊要长期坚持服务于线上业务的基础设施建设和投入，丝毫不谈利润的问题。这就叫在长期趋势上去布局，等他的战略布局达到规模，这样的企业就很难被打败了。

思考与练习

1. 市场营销战略主要分为三种，也必须从这三种战略中选择一种作为其主导战略。请你说说本书中讲的市场营销战略是哪三种?

2.在市场营销战略制订七步法中,第二步是目标业务分析,在业务分析过程中,我们介绍了什么模型?

第 7 章
"八柱"之二：财务

企业家除了应该学会看懂的三张财务报表外，还要懂得通过对财务指标进行经常性的计算、预测、整理、分析，肯定成绩，揭露问题，寻找原因，提出改进措施，促使企业不断提高资本收益和经济效益。

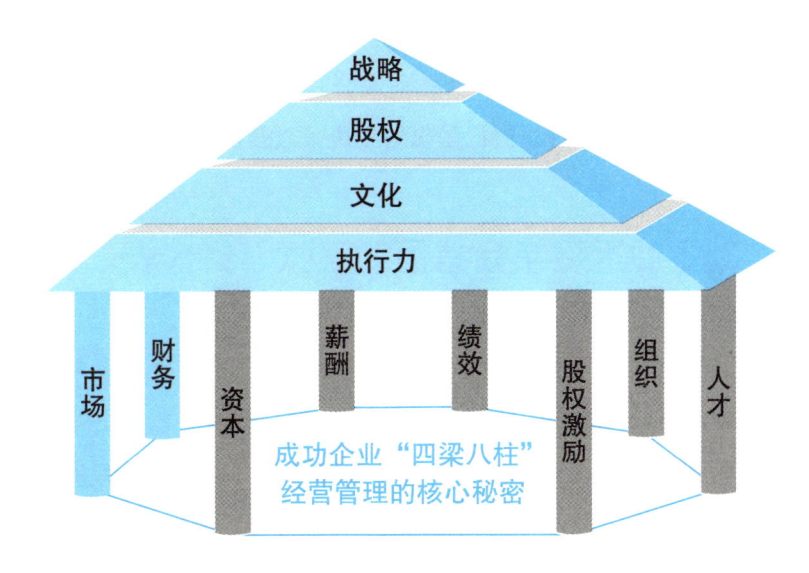

成功企业"四梁八柱"经营管理的核心秘密

战略 / 股权 / 文化 / 执行力

市场 / 财务 / 资本 / 薪酬 / 绩效 / 股权激励 / 组织 / 人才

世界上唯一一位创立三家世界500企业的企业家稻盛和夫曾说过："不懂会计怎能经营企业？会计学，和京瓷独创的阿米巴经营管理模式一起，渗透到企业内部，成为京瓷快速成长的原动力之一。"

财务管理是以本企业现实情况为基础，在考虑市场经济环境和法律环境的条件下，综合经济市场上资金的时间价值、筹资成本和投资风险等因素针对企业的财务活动和财务关系制订短期或长期的发展战略和预算，并实时进行控制、监督、考核和激励等一系列的经济管理活动。

财务管理是组织资金活动，处理同有关方面财务关系的一项经济管理工作。它是一种价值管理，渗透和贯穿于企业一切经济活动之中。企业的资金筹集、使用和分配，一切涉及资金的业务活动都属于财务管理的范围。

企业的生产、经营、进、销、调、存每一环节都离不开财务的反映和调控，以及企业的经济核算、财务监督。所以，财务管理是一切管理活动的共同基础，它在企业管理中的中心地位是一种客观要求。

通过会计核算，对原始数据进行收集、传递、分类、登记、归纳、总结、储存，将其处理成有用的经济管理信息；然后开展财务分析，对企业财务活动的过程和结果进行评价和分析，并对未来财务活动及其结果作出预计和测试。通过这一系列财务管理环节，使企业能够向外界提供准确、真实的信息，从而使投资人进行合理投资，银行做出信贷决策以及税务机关依法征税。

企业家应学会看懂的三张财务报表

企业的三张财务报表分别是指资产负债表、利润表和现金流量表，在外企又叫作 Balance sheet、P&L 和 Cashflow。

资产负债表中的总资产体现了公司的整体规模，利润表中的总收入可以了解企业的业务规模，也就是经营规模，利润总额则显示企业的盈利能力。现金流量表可以了解企业的现金能力。

资产负债表

资产负债表亦称财务状况表，表示企业在一定日期（通常为各会计期末）的财务状况（即资产、负债和业主权益的状况）的主要会计报表。资产负债表利用会计平衡原则，将合乎会计原则的资产、负债、股东权益等交易科目分为"资产"和"负债及股东权益"两大区块，在经过分录、转账、分类账、试算、调整等会计程序后，以特定日期的静态企业情况为基准，浓缩成一张报表。其报表功能除了帮助企业制订内部决策、审查或调整经营方向外，也可让所有阅读者于最短时间了解企业经营状况。

A公司注册资本100万元，这个是公司成立时注入公司的资金，到公司账上后又叫实收资本或股本。2015年A公司盈利80-50-10=20（万元），2016年公司盈利150-100-20=30（万元），两年累计盈利20+30=50（万元）。

在资产负债表上，年初余额指的是2016年1月1日（其实就是上年期末2015年12月31日）的余额，期末是2016年12月31日的余额。

在都是现款采购和销售的情况下，2015底资金余额120万元，2016年底150万元。实收资本年初年末不变，都是成立时股东投入的100万元。未分配利润2015年是20万元，到2016年累计是当年的30万元加上一年的20万元共计50万元。

如表7-1所示，报表的左边是资产，分为流动资产（通常指会在一年内变现的资产）和非流动资产；右边是负债（就是公司欠外面的债务）和所有者权益（股东享有的权利和收益）。

表 7-1 A 公司资产负债表

项目	期末余额/万元	期初余额/万元	项目	期末余额/万元	期初余额/万元
流动资产：		——	流动负债：		
货币资金	21912.50	15815.37	短期借款	29270.00	26470.00
以公允值计量且其交动计入当期损益的合融资产	67.29	66.26	以公允价值计量且其交动计入当期损益的金融负债		
衍生金融资产			衍生金融负债		
应收票据			应付票据	22000.00	20900.00
应收账款	90.48	119.97	应付账款	10480.40	11845.97
预付款项	25717.48	3810.14	预收款项	10342.60	14819.05
其他应收款	37242.09	38110.81	应付职工薪新	2.06	1.34
存货	3021.17	4137.57	应交税费	1756.00	1498.24
持有待售资产			其他应付款	20001.41	11925.54
一年内到期的流动资产			持有待售负债		
其他流动资产			一年内到期的非流动负债		
流动资产合计	88051.01	62060.12	其他流动负债		
非流动资产：			流动负债合计	93853.43	87450.14
可供出售金融资产	1000.0	2000.00	非流动负债：		
持有到期投资			长期借歌	49940.00	23340.00
长期应收款			应付债券		
长期股权投资	2000.0	2000.00	其中：优先股		
投资性房地产			永续债		
固定资产	35465.39	22756.34	长期应付款	5.30	5.17
累计折旧	8757.77	7722.50	长期应付职工薪酬		
固定资产净值	26707.62	15033.84	预计负债		
固定资产减值准备			递延收益		
固定资产净额	26707.62	15033.84	进延所得税负债		
在建工程	27109.55	28787.68	其他非流动负债		
生产性生物资产			非流动负债合计	49945.30	23345.17
有形资产			负债合计	143798.73	110805.31
无形资产	6173.21	6341.43	所有老权益		
开发支出			实收资本（股本）	3540.00	3540.00
商誉			其他权益工具		
长期待摊费用	533.41	158.81	其中：优先股		
递延所得税资产	69.63	119.71	永续债		
其他非流动资产			资本公积	71.50	71.50
非流动资产合计	63593.42	54441.47	减：库存股		

续表

项目	期末余额 /万元	期初余额 /万元	项目	期末余额 /万元	期初余额 /万元
			其他综合收益		
			专项储备		
			盈余公积	916.19	701.25
			未分配利润	3318.01	1383.53
			所有者权益合计	7845.70	5696.28
资产总计	151644.43	116501.59	负债和所有者权益总计	151644.43	116501.59

利润表

利润表是反映企业在一定会计期间的经营成果的财务报表。当前国际上常用的利润表格式有单步式和多步式两种。单步式是将当期收入总额相加，然后将所有费用总额相加，一次计算出当期收益的方式，其特点是所提供的信息都是原始数据，便于理解；多步式是将各种利润分多步计算求得净利润的方式，便于使用人对企业经营情况和盈利能力进行比较和分析。

A公司2016年的销售收入是150万元，采购成本是100万元，相关税费是20万元，那么营业利润是30万元。这里假设A公司没有其他的各项费用和所得税。

实际上每个正常运营的企业都会有三大费用——销售费用（与销售或者业务人员相关的费用）、管理费用（行政管理后勤等部门发生的相关费用）、财务费用（银行手续费、利息、汇兑损益等费用），需要在利润表上罗列。

本月数反映企业一个月的收入成本费用和利润情况，本年累计数反映从年初累积到当前月份的经营状况（如表7-2所示）。

表 7-2 A 公司利润表

项目	本期金额／万元	上期金额／万元
一、营业总收入	66816.10	
其中：主营业务收入	62645.23	
其他业务收入	4170.87	
减：营业成本	52541.18	
其中：主营业务成本	52529.27	
其他业务支出	11.91	
税金及附加	176.87	
销售费用	915.12	
管理费用	6843.32	
研发费用		
财务费用	3855.16	
其中：利息费用	3626.38	
利息收入	529.61	
加：其他收益		
投资收益（损失以"-"号填列）	235.0	
其中：对联营企业和合营企业的投资收益		
公允价值变动收益（损失"-"号填列）	1.03	
资产减值损失（损失以"-"号填列）	199.30	
资产处置收益（损失以"-"号填列）	2.50	
二、营业利润（亏损以"-"号填列）	2922.28	
加：营业外收入	6.27	
减：营业外支出	52.88	
三、利润总额（亏损总额以"-"号填列）	2875.67	
减：所得税费用	726.25	
四、净利润（净亏损以"-"号填列）	2149.42	

现金流量表

　　现金流量表是财务报表的三个基本报告之一，所表达的是在一个固定期间（通常是每月或每季）内，一家机构的现金（包含银行存款）的增减变动情形。现金流量表的出现，主要是要反映出资产负债表中各个项目对现金流量的影响，并根据其用途划分为经营、投资及融资三个活动分类。现金流量表可用于分析一家机构在短期内有没有足够现金去应付开销。国际财务报告准则第 7

号公报规范现金流量表的编制。

假设A公司都是现金交易，那么2016年销售商品收入150万元，采购商品支出100万元，支付各项税费20万元，经营活动产生的现金流量是30万元。期初（2016年1月1日）现金120万元，那么期末是30+120=150（万元）。

我们能看到30万元的经营活动现金流量净额和利润一样，因为这个例子里没有考虑赊销和应收账款，如果2016年销售的150万元里有20万元没有收到钱，那么利润表不变，现金净流量就变成10万元了。期末资金就是10+120=130（万元）。同时，在资产负债表里应收账款就是20万元了。

现金流量主要包含经营活动（日常开展业务）、投资活动（投资某个公司股权、投资大型设备等）、筹资活动（从银行或者其他机构借钱）三大部分。其中经营活动产生的现金流量是最重要的，这部分现金流量越高说明企业自身产生现金能力越强（如表7-3所示）。

表7-3　A公司现金流量表

序号	项目	本期金额	上期金额
1	一、经营活动产生的现金流		
2	销售商品、提供劳务收到的现金		
3	收到的税费返还		
4	收到其他与经营活动有关的现金		
5	经营活动现金流入小计		
6	购买商品、接受劳务支付的现金		
7	支付给职工以及为职工支付的现金		
8	支付的各项税费		
9	支付其他与经营活动有关的现金		
10	经营活动现金流出小计		
11	经营活动产生的现金流里净额		

续表

序号	项目	本期金额	上期金额
12	二、投资活动产生的现金流		
13	收回投资收到的现金		
14	取得投资收益收到的现金		
15	处置固定资产、无形资产和其他长期资产收回的现金净额		
16	处置子公司及其他营业单位收到的现金净额		
17	收到其他与投资活动有关的现金		
18	投资活动现金流入小计		
19	购建固定资产、无形资产和其他长期资产支付的现金		
20	投资支付的现金		
21	取得子公司及其他营业单位支付的现金净额		
22	支付其他与投资活动有关的现金		
23	投资活动现金流出小计		
24	投资活动产生的现金流净额		
25	三、筹资活动产生的现金流		
26	吸收投资收到的现金		
27	取得借款收到的现金		
28	收到其他与筹资活动有关的现金		
29	筹资活动现金流入小计		
30	偿还债务支付的现金		
31	分配股利、利润或偿付利息支付的现金		
32	支付其他与筹资活动有关的现金		
33	筹资活动现金流出小计		
34	筹资活动产生的现金流净额		
35	四、汇率变动对现金及现金等价物的影响		
36	五、现金及现金等价物净增加额		
37	加：期初现金及现金等价物余额		
38	六、期末现金及现金等价物余额		

为什么说现金流是企业的生命线呢？古语有云："三军未动，粮草先行。"粮草就相当于公司的现金流，如果现金流出现问题了，即使公司资产再好、盈利能力再强，也会有破产倒闭的风险。

建立科学的财务管理制度体系

财务管理制度体系是企业财务管理体系中的一个重要组成部分，建立科学的财务管理制度体系是每一家公司都必须做的事情，因为财务管理制度体系是公司资产安全性的重要保障，一个完善的财务管理制度体系可以作为事前、事中、事后的把控与监督，形成完整的闭环。

财务管理制度体系作为财务管理工作的指导依据，让公司财务管理有法可依。那企业应该如何设立科学的财务管理制度呢？首先，企业建立和完善财务管理制度体系既要以《会计法》《公司法》《会计基础工作规范》等法律法规作为依据，又要结合企业的具体情况，便于企业有效增强内部管理，防范经营风险，保护单位财产，保护国家、集体和职工三方利益，增强企业效益。

科学的财务管理制度作为一个体系，一般包含四个方面：即全面预算管理体系、合规风控体系、财务信息化数智化管理体系、财务管理工作评价体系，这四个体系都是企业需要通过部门协同、整体构建形成的综合管理体系，不只有财务功能，还有其他职能和业务的功能。比如全面预算，这里不只是财务预算，而是包括了业务计划和预算、人力资源预算等各个领域。

全面预算管理体系

全面预算管理的本质是企业实现战略规划和经营目标，对预算期内经营活动、投资活动、财务活动进行管理的方法和工具。形式上以数量或货币为计量单位，涵盖企业经营活动、投资活动和财务活动的一张张具体而详尽的表。

在对企业的管理、业务、财务情况充分了解的基础上，设计全面预算管理解决方案的各个流程。预算管理的主要流程包括明确责任中心的权责、界定预算目标、编制预算、汇总、复核与审批、预算执行与管理、业绩报告及差异分析、预算指标考核。

企业的内部管理系统不仅强调流程的管理，更加注重量化各项指标，特别是对财务状况影响重大的指标，在执行预算的过程中就能够达到这项要求。成本、费用与相应的成本动因相匹配，使成本与费用的支出更加合理，财务部门监督与信息稽核更加有依据，同时也减少了财务部门与业务部门之间的矛盾。预算为企业绩效考核提供了依据，有利于建立公平合理的绩效考核和薪酬体系。

合规风控体系

财务就像时间，是不可逆的，企业家们往往在公司业务经营上投入巨大的精力，但是因为专业的限制不懂财税知识，或者是抱着侥幸心理，直到税务处罚、资金失控等风险爆发时才知道事态的严重。

合规是企业必须要考虑的一个重要问题。合规管理贯穿于企业商业生命周期中设立、运营、发展、退出的各个阶段。企业要想增强竞争力、实现可持续发展，就需要将合规纳入企业管理的核心范畴。

简单把合规体系建设分为三个步骤：第一步，建立财务合规管理思维；第二步，搭建合理的财务管理组织架构；第三步，制订并执行财务合规制度。

财务信息化数智化管理体系

放眼全球，尽管不同行业、不同企业的财务组织有各自不同的管理特点和运作方式，但创造价值与融合协同已成为先进企业对财务管理体系的重要期待。

在时下以大数据、人工智能、5G技术、模糊计算为代表的数字化技术推动传统财务向智能化转变。为使财务管理得到全面开展，企业需要重视智能化财务信息管理工作，并建立相应管理系统。在数智化财务管理系统中，各项数据都能更为精准，企业决策者在数据的辅助下也能更精准地规划未来。

财务管理工作评价体系

企业财务管理人员在经营中起着举足轻重的作用，财务人员的综合素质，直接影响着企业财务运营成效的好坏。财务管理人员既要能做反映过去、计算结果的"死账"，更要能做预测前景、参与决策、规划未来、控制与评论的"活账"。所以，企业应构建与战略和业务特点相适应、与财务管理规划相匹配的财务管理能力评价体系，促进企业财务管理能力渐进改善、持续提升。

一般企业财务管理能力评价体系建设主要分为三个方面：

一是科学设计评价指标，分类、分级制订评价标准、评价方式和分值权重；

二是完善评价工作机制，建立健全制度体系、组织体系，深化评价结果应用；

三是结合财务管理提升进程，动态优化评价体系。

财务管理制度示例

为了让读者对财务管理制度有一个更直观的了解，下面我们列举一个财务管理制度的示例。

××企业财务管理制度（2022年修订）

第一章 总则

第一条 为规范公司财务行为，保证财务信息质量，使公司的财务工作有章可循、有法可依，公允地处理会计事项，以提高公司经济效益，维护股东合法权益，根据《会计法》《企业会计准则》等有关法律、法规以及公司章程的规定，结合公司实际情况和管理要求，特制订本制度。

第二条 各子公司以本制度为依据，结合各自的组织架构、业务特点，制订相应实施细则并报公司财务部备案。

第二章 财务机构设置及财务人员的管理

第三条 公司设置财务部，具体负责会计核算、会计监督、财务管理。

第四条 各子公司财务负责人由公司财务总监提名，报公司董事长批准后进行委派。公司财务总监的任免由公司总经理提名，报公司董事会批准。

第五条 各子公司财务人员原则上由公司统一招聘，特殊情况自行招聘的，须报公司财务部和人力资源部审查，经审查合格后方可录用。确因工作需要的，报公司财务总监同意后，可在公司内商调。公司有权从各子公司财务部抽调或下派财务人员。

第六条 各子公司应保持编制报表人员的相对稳定，如需更换，应与公司财务部沟通。

第七条 在职财会人员的业务培训及继续教育由公司财务部、人力资源部统一管理、统一安排。所有从事财务会计工作的人员必须完成年度继续教育。

第八条 财务人员工作调动或因故离职，必须将本人所经管的财务工作全部移交给接管人员，没有办清交接手续的，不得离开原岗位。办理移交手续前，必须编制移交清册，由交接双方和监交人在移交清册上签名，移交清册填制一式三份，交接双方各执一份，存档一份。

第三章 预算管理

第九条 公司实行全面预算管理，以公司各职能部门和子公司为预算责任单位，分解落实预算指标，严格控制成本费用。

第十条 公司设立预算管理机构，由公司负责人领导和组织各公司预算的编制、执行、调整、分析、考核和评价等全面预算管理工作。各子公司设立预算工作机构，预算工作机构在公司预算管理机构的领导下开展工作。工作机构负责人由各公司财务负责人担任，各职能部门确认一名成员负责本部门预算工作。

第十一条 公司各项经营活动都应纳入预算管理，明确预算目标，进行预算控制。公司预算主要包括经营预算、投资预算、融资预算，并据此编制财务预算。具体按实施细则执行。

第十二条 各子公司必须于当年的11月底前做好下一年度的预算，报公司财务部审核后呈预算管理机构研究，然后按照确定的预算方案制订落实公司下一年度的经营目标任务。

第四章 货币资金管理

第十三条 现金管理。

一、严格按照国家颁布的《现金管理暂行条例》规定的范围内使用现金，超出范围的应通过银行进行转账结算。

二、出纳应当对批准后的现金支付申请进行复核，复核支付申请的审批手续是否完备，原始凭证的填制是否符合规定要求，金额计算是否正确，支付方式是否妥当。复核无误后，方可办理支付手续并及时据以登记现金日记账。

三、出纳收到现金款项时，必须开具现金收据。

四、现金库存实行定额管理，做到账账、账款相符，不得白条抵库，不得公款私存，存取大额现金要做好安全保卫工作。

五、出纳每日清点库存现金并与现金日记账余额进行核对，如发现现金短缺或溢余，应及时向财务经理汇报，查明原因后报请公司财务总监作出处理。财务经理或会计主管应不定期对库存现金进行盘点，每月末必须盘点，以保证账款相符。

第十四条　银行存款及账户管理。

一、各子公司因生产经营需要开立或撤销银行账户的，必须经公司负责人审批，未经审批不得擅自开立或撤销银行账户。

二、银行账户必须按国家规定开设和使用，银行账户只供本公司经营业务收支结算使用，严禁出借账户供外单位或个人使用，严禁为外单位或个人代收代支、转账套现。

三、网上银行功能开通和以公司名义注册的第三方支付机构账户（支付宝、微信等）管理要求与银行账户一致。

四、网上银行的使用人员持有各自的唯一的用户证书和密码，应避免一人同时持有或使用同一账户全部用户证书与密码的情况。使用人员收到用户证书与密码后，确认用户证书有效及密码密封完好，并妥善保管；使用人员不得将证书与密码交给其他未经正当授权的人员使用。网银使用人员应定期或不定期更新网银密码。

五、银行存款要不定期或定期（每周）进行核对，发现差错及时查明原因纠正。月终各银行不管是否有未达账项，必须编制银行存款余额调节表。对于未达款项，应查明原因督促有关经办人员及时处理。如果经过调整仍然不相符的，应及时向公司财务总监汇报并尽快查明原因。银行对账单与银行存款余额调节表必须经财务经理或会计主管审阅签字，并及时装订入册归档保管。

第十五条　银行承兑汇票签发、接收、背书转让、贴现以及到期承兑（兑付）各环节必须严格执行"应收（付）票据"备查登记制度。承兑汇票到期应及时向银行托收。财务经理或会计主管应不定期对承兑汇票进行盘点，每月末必须盘点，以保证账实相符。其他货币资金参照管理，必须建立登记备查和定期不定期核查制度。

第十六条　公司应制订资金支付审批付款流程。对于款项的支付须严格按照操作程序规定的权限办理审批手续，财务部对其进行审核。未按规定办妥相关手续或手续不齐备的款项，出纳人员应当拒绝支付。会计不得兼任出纳工作。

第十七条　各公司财务专用章和银行预留的个人名章应分人保管。财务专用章由财务经理保管，个人名章由本人或其授权人保管，在符合条件下，由财务经理或授权人履行盖章作业，并予以使用登记。印鉴保管人出差时需委托指定人员代保管。

第十八条　为规避国际业务中汇率波动风险，公司应在董事会授权的范围内，选择合格的金融机构进行外汇衍生工具操作，以降低汇兑损失。

第十九条　各子公司每周及月末将各所属银行账户的存、贷款余额及票据余额情况上报公司财务部，财务部以事业部为单位汇总报公司财务总监。

第五章　应收款项管理

第二十条　建立应收款项责任制。各子公司应将应收款项的管理作为经营目标管理责任制的一项重要内容，与经济奖惩挂钩。

第二十一条　建立应收款专项档案管理制度。授信文书、购销合同、增值税发票及其他有效的债权凭证等资料应由公司统一管理。应收账款档案应与客户服务部的客户档案保持一致。

第二十二条　建立应收款项对账及分析报告制度。财务部每季度与业务部门进行应收款项对账和分析，对不正常的应收款项应专题呈报公司的主管领导和公司财务部。公司的主管领导必须采取措施，落实人员，加强催讨，必要时诉诸法律。内部的应收款往来每月核对清楚，年底双方余额必须一致。

第二十三条　子公司对12个月（含）以上应收账款应派人实

地跟踪，分析原因，形成书面报告上报公司财务部，由公司财务部协调法务人员组织催收。

第二十四条　建立坏账损失准备金制度。公司可于年度终了时，按账龄法计提坏账准备金，报经税务机关核准，计入资产减值损失。

第二十五条　建立计提坏账准备与核销坏账审批制度。经过充分评估和分析，对确需计提坏账准备或核销坏账的，按以下审批程序和权限进行计提或核销：

一、计提坏账准备或核销坏账，对公司当期损益的影响占公司最近一个会计年度经审计净利润绝对值的比例不超过10%且绝对金额不超过100万元的，由相关部门提出处理意见，随附有关查证材料，由各子公司负责人和财务负责人审核签字，经事业部总经理、公司财务总监审核后报公司负责人审批。

二、计提坏账准备或核销坏账，对公司当期损益的影响占公司最近一个会计年度经审计净利润绝对值的比例达到10%以上且绝对金额超过100万元的，经上述程序审批后，还须提交公司董事会或股东大会审议批准。

第二十六条　公司员工因工作调动、辞退、辞职等原因离开原工作单位的，应该结清所欠公司款项，未办妥结清手续的，人事部门不得办理调动或离职手续。

第六章　存货管理

第二十七条　建立存货管理责任人制度。公司所有存货都必须落实专人管理，作为存货管理的责任人，应严格做好存货出入库手续。存货不得外借，存货发生损失，将追究责任人的经济和法律责任。

第二十八条　建立存货的定期清查盘点制度。原材料、在制品、半成品每月盘点，五金配件为每季度盘点，低值易耗品等为半年盘点。盘点清查结果要及时编制盘点表，形成书面报告，包括盘点人员、时间、地点、实际盘存存货名称、品种、数量、存放情况以及盘点过程发现的账实不符、存货跌价等内容。经参与人员签字确认后，作为财务部门的重要档案资料妥善保管。盘点结果如与账面记录不符，应及时查明原因，落实责任，按规定权限报批，在年底结账前处理完毕。

第二十九条　各公司办公用品、招待物资、食堂物资等参照存货进行管理，也要建立收发存管理制度，定期盘存制度等。

第三十条　低值易耗品和周转使用的包装物等采用一次或分次摊销法，实行分次摊销的，其摊销期限最长不超过3年。各公司应建立备查登记制度，明确使用部门和责任人。

第三十一条　建立计提存货跌价准备与存货报废处置审批制度。经过充分评估和分析，对确需计提存货跌价准备或存货报废处置的，按下列程序和权限进行计提存货跌价准备或存货报废处置：

一、计提存货跌价准备或存货报废处置，对公司当期损益的影响占公司最近一个会计年度经审计净利润绝对值的比例不超过10%且绝对金额不超过100万元的，由相关部门提出处理意见，随附有关鉴证材料，由各子公司负责人和财务负责人审核签字，经事业部总经理、公司财务总监审核后报公司负责人审批。

二、计提存货跌价准备或存货报废处置，对公司当期损益的影响占公司最近一个会计年度经审计净利润绝对值的比例达到10%且绝对金额超过100万元的，经上述程序审批后，还须提交公司董事会或股东大会审议批准。

第三十二条　根据主管税务机关的有关规定，财务部应及时进行企业财产损失所得税前扣除备案工作。

第七章　固定资产管理

第三十三条　公司的固定资产管理核算范围，按国家现行财务制度规定执行。

第三十四条　建立固定资产购置审批制度。固定资产购置参照公司投资管理制度的规定执行。

第三十五条　固定资产验收与入账。

一、公司外购固定资产应当根据合同、供货商发货单等对所购固定资产的品种、规格、数量、质量、技术要求及其他内容进行验收，并出具书面验收报告。外购需安装的固定资产经安装后，由购置、管理、使用部门组织调试，验收合格办理移交手续。

二、自行建造的固定资产，由建造、管理、使用部门联合验收，编制书面验收报告，填制固定资产移交单据，交付使用。

三、财务部办理固定资产入账手续时，必须严格核对合同、发票、请购单验收单等，必要时应索取招投标文件、上网询价等方式进行复审。

第三十六条　公司按月足额计提固定资产折旧。固定资产折旧采用平均年限法，有条件的子公司经公司财务总监核准，报主管税务部门批准后可加速计提折旧。固定资产计提折旧的年限区间如下：

一、房屋及建筑物 5~40 年；

二、机器设备 5~10 年；

三、运输设备 5~8 年；

四、其他设备 5~8 年。

第三十七条　各子公司应当根据固定资产在各部门的分布状况，建立"谁使用、谁管理"的责任机制。

第三十八条　建立固定资产卡片。各子公司应当按单项固定资产建立使用卡片，卡片列明固定资产编号、名称、种类、存放地点、账面价值、使用年限等，以反映固定资产全貌。

第三十九条　固定资产投保。为降低固定资产的意外风险，对应投保的固定资产办理投保手续。

第四十条　固定资产运行维护。各子公司应针对不同类型的固定资产，制订日常维护规程，将日常维护工作制度化、流程化，以提高资产的使用效率。

第四十一条　固定资产盘点。固定资产每半年盘点一次。在盘点中发现资产账实不符应查明原因，及时处理，保证账实一致。盘点结果以书面报告形式报公司财务部（盘点明细表以电子表格式上报、存档）。

固定资产处置。各子公司须对固定资产的处置进行评审，逐项提出处理意见，随附有关鉴证材料，由子公司负责人和财务负责人审核签字，经事业部总经理、公司财务总监审核后报公司负责人审批。固定资产的处置，对公司当期损益的影响占公司最近一个会计年度经审计净利润绝对值的比例达到10%且绝对金额超过100万元的，还须提交公司董事会或股东大会审议批准。

第八章　在建工程管理

第四十二条　建立立项审批制度。公司的在建工程，包括基建工程（含施工前期准备）、安装工程、技术改造工程以及需要安装的设备等项目，按照投资管理权限审批。未经批准或未报备案的项目，以及经批准的投资项目中的基建工程未按相关规定办理的，其支出未经公司批准不得随意在"在建工程"中核算。各子公司财务人员须及时将该事项上报公司财务部，由公司财务部会同投资与工程监管部核实后，报公司负责人。

第四十三条 在建工程应当按照实际发生的支出确定其工程成本（包括买价或造价、安装费、建设期利息、预算内筹建费用等），并按项目归集核算，同时做好项目信息填报、录入工作。生产经营性费用不得列入。

第四十四条 列入在建工程核算的已完工并已投入使用的项目，虽未办理竣工决算和移交手续，但应自使用之日起，根据工程的预算、造价或工程实际成本按估计的价值转入固定资产，并从次月开始计提固定资产折旧。其差额待办理了竣工决算手续后再作调整。

第四十五条 公司投资的基本建设项目工程款由业主单位直接支付给施工单位，工程完工后增加的固定资产，须报公司投资与工程监管部审核和财务部稽核。

第九章 无形资产及其他资产管理

第四十六条 土地、技术转让费、商标、专利权等作为无形资产管理。土地资产购置一律报公司董事会审批，其他无形资产审批程序和权限参照公司投资管理制度的规定执行。

第四十七条 在取得无形资产时，应重点关注或做好以下工作：

一、公司外购无形资产必须仔细审核有关合同协议法律文件，及时取得无形资产所有权的有效证明文件，外购无形资产应当特别关注其技术的先进性、购置无形资产的必要性。

二、公司自行开发的无形资产，应由研发、管理、使用等部门共同对无形资产进行评估，评估确认后办理移交手续。

三、公司购入或者以支付土地出让金方式取得土地使用权，必须取得土地使用权的有效证明文件。

四、当无形资产权属关系发生变化时，应当按照规定及时办理相应的权证转移手续。

第四十八条　无形资产的摊销期限。

一、技术转让费、商标、专利权等无形资产从开始使用之日起，在8年内逐月平均摊销。特许使用权等有约定期限的无形资产按约定年限摊销，最长不超过15年。

二、购入或以支付出让金方式取得的土地使用权，按土地证使用年限分期摊销；未办理土地证的，按30年摊销。

三、公司自行进行的研究开发项目，应当区分研究阶段与开发阶段分别进行核算。研究阶段的有关支出在发生时，应当予以费用化计入当期损益；开发阶段的有关支出，如能满足资本化条件的，计入无形资产的成本，否则全额计入当期损益。

第四十九条　子公司筹建期间的费用（开办费）、大修理项目等，未经公司核准，一律不得作为长期待摊费用核算。公司开办费须在投产营业当月一次性计入管理费用。

第五十条　无形资产的处置：无形资产处置应由无形资产使用部门提出申请，列明处置理由，管理部门提出鉴定意见，由子公司负责人和财务负责人审核签字，经事业部总经理、公司财务总监审核后报公司负责人审批。无形资产的处置，对公司当期损益的影响占公司最近一个会计年度经审计净利润绝对值的比例达到10%且绝对金额超过100万元的，还须提交公司董事会或股东大会审议批准。

第十章　负债管理

第五十一条　各子公司不得为本上市公司以外的任何公司提供借款、贷款担保、债务担保、资产抵押。

第五十二条　各公司之间的往来款，有投资关系或购销关系的公司允许挂账处理，各公司之间划转的资金，需公司财务总监签字确认，方可办理划转款项。

第五十三条　各公司申请银行贷款需要办理资产抵押的，应以书面形式向公司提出申请，说明贷款用途、贷款银行、贷款金额、贷款期限、抵押物折旧率等内容。申请报告经公司财务部、资金部审核后，报公司负责人审批，再由公司资金部协调办理有关抵押手续。

第五十四条　各子公司财务部负责对银行借款金额、期限、到期日、贷款银行等内容进行登记，每月报公司财务部汇总后，报公司负责人审阅。

第五十五条　各公司至少每半年核对一次债务。对或有负债，在编制中期及年度财务会计报告时，须如实单独列示，重要事项要写说明材料。因特别原因未能及时入账的负债，需要单独编报材料报公司财务部备案。

第十一章　成本费用管理

第五十六条　各公司应建立成本、费用业务的岗位责任制，明确内部相关部门和岗位的职责、权限，确保办理成本、费用业务的不相容岗位相互分离、制约和监督。

第五十七条　各公司需对成本、费用业务严格按照授权管理规定，明确审批人对成本、费用业务的授权批准方式、权限、程序、责任和相关控制措施，规定经办人办理成本、费用业务的职责范围和工作要求。

第五十八条　各子公司制订必要的消耗定额，建立和健全材料物资的计量、验收、领发、盘存以及在产品的移动管理，制订内部结算价格和结算方法，明确与成本费用核算有关的原始记录及凭证的传递流程等。

第五十九条　成本费用核算应当按月进行。各子公司根据生产经营特点，生产经营组织类型和成本管理的要求，选择合理的成本费用核算方法。成本费用核算方法确定后，应当在各期保持一致，不得随意变动。

第六十条 成本、费用的分类。

一、直接材料：指直接用于产品生产，并构成产品实体的主要材料、外购半成品，有助于产品形成的辅助材料及其他直接材料。

二、燃料和动力：指直接用于产品生产的外购和自制的燃料和动力。

三、直接人工：指参加产品生产的工人工资。

四、制造费用：指公司各生产单位为组织和管理生产所发生的各项费用。包括工资和福利费、折旧费、修理费、物料消耗、水电费、劳动保护费以及其他制造费用等。

五、期间费用：指不直接归属某个特定产品成本的费用，包括销售费用、财务费用和管理费用。这些费用均不计入产品成本，而作为当期损益，直接抵减当期利润。

第六十一条 下列支出不得计入成本、费用：

一、投资支出，固定资产购置和建造、无形资产和其他资产的购入支出。

二、因购建固定资产而发生的借款利息在工程尚未竣工或未交付使用前所发生的部分。

三、固定资产盘亏、处置固定资产净损失、出售无形资产损失、债务重组损失、支付的滞纳金、罚款、违约金、赔偿金以及公司对外赞助、捐款等应在营业外支出列支的各项支出。

四、计提的各项减值准备。

五、按规定不得列入成本、费用的其他支出。

第六十二条 费用开支。严格执行费用预算审批制度和费用报销制度。严禁超预算使用相关费用，严禁报销与公司经营不相关的费用。日常费用实行部门核算管理，财务部对各项费用预算执行情况按季度进行统计、汇报。

第六十三条　各公司未经批准不得以各种名义对外赞助或捐赠。对外赞助或捐赠严格按照公司章程等有关规定执行。

第十二章　收入和利润管理

第六十四条　收入的确认按照权责发生制核算。

第六十五条　所有收入必须入账，不得私设小金库。

第六十六条　利润确认。各子公司必须如实反映财务指标执行情况，不得虚报利润，年度终了时，由公司财务部会同有关部门对各子公司的收入和利润等各项指标进行考核审计确认，作为各子公司考核的依据。

第六十七条　公司实现的利润总额按国家规定做相应调整后，应先依法缴纳所得税，利润总额减去缴纳所得税后的余额即为可供分配的利润。

第六十八条　公司分配当年税后利润时，应当提取利润的百分之十列入公司法定公积金。公司法定公积金累计额为公司注册资本的百分之五十以上的，可以不再提取。

第六十九条　公司的法定公积金不足以弥补以前年度亏损的，在依照前条规定提取法定公积金之前，应当先用当年利润弥补亏损。

第七十条　公司从税后利润中提取法定公积金后，经股东大会决议，还可以从税后利润中提取任意公积金。

第七十一条　公司弥补亏损和提取公积金后所余税后利润，按公司股东会、董事会的决议向投资者分配利润。

第七十二条　公司股东大会对利润分配方案作出决议后，公司董事会须在股东大会召开后两个月内完成股利(或股份)的派发事项。

第十三章 财务报告

第七十三条 按财政部、证监会、深交所有关上市公司信息披露的规定和要求，编制和对外提供公司财务报告。

第七十四条 各公司必须按月度、季度、半年度、年度，及时、准确、完整地编制财务报告。财务报告由会计报表、会计报表附注和财务情况说明书组成（不要求编制和提供财务情况说明书的除外）。

第七十五条 财务报告的报送时间和程序。

一、各子公司的月度、季度财务报告应于月（季）后5天内报公司财务部。公司财务部对报表的及时性、准确性和完整性进行考核。

二、公司半年度、年度财务报告的报送时间和程序按通知要求报送。年度财务报告需经符合《证券法》规定的会计师事务所审计并出具审计报告，提交董事会审议，按照有关规定随公司年度报告公开披露。

三、公司应及时编制完成季度和半年度财务报告，并按照有关规定公开披露。

第七十六条 财务报告除按规定报送外，确需对外提供的，应报经公司负责人批准，对尚未披露的财务信息严格保密，并做好内幕信息知情人的登记备案工作。

第七十七条 财务报告的具体内容表示要求及报表说明，按公司要求执行。

第七十八条 对外提供的财务报告应由公司法定代表人、主管会计工作的负责人、会计机构负责人签名并盖章。

第十四章 会计档案管理

第七十九条 会计档案是指公司在进行会计核算等过程中接收或形成的，记录和反映单位经济业务事项的，具有保存价值的文字、图表等各种形式的会计资料，包括通过计算机等电子设备形成、传输和存储的电子会计档案。

第八十条 各公司依据《会计档案管理办法》，建立和完善会计档案的收集、整理、保管、利用和鉴定销毁等管理制度，采取可靠的安全防护技术和措施，保证会计档案的真实、完整、可用、安全。

第八十一条 会计资料归档范围及保管期限。

一、会计凭证：包括原始凭证、记账凭证（30年）；

二、会计账簿：包括总账、明细账、日记账及其他辅助性账簿（30年），固定资产卡片（固定资产报废清理后保管5年）；

三、财务会计报告：包括月度、季度、半年度财务会计报告（10年），年度财务会计报告（永久）；

四、其他会计资料：包括银行存款余额调节表、银行对账单、纳税申报表（10年），会计档案移交清册（30年），会计档案保管清册、会计档案销毁清册、会计档案鉴定意见书（永久）；其他具有保存价值的会计资料。

第八十二条 会计档案管理人员应当忠于职守，遵守纪律，具备专业知识，对规定应当立卷归档的材料，必须按照规定和要求及时整理归档，集中管理，任何个人不得私自保管。

第八十三条 各公司财务部负责保管会计档案，定期将财务部归档的会计资料按类别、按顺序立卷登记入册，移送本公司档案室保存。当年的会计档案，在年度终了后，由财务部保管1年，第二年由财务部编制清册移交档案室保管，会计档案的移交，应编制移交清册，由交接双方按移交清册项目核查无误后签章，各执一份。因工作需要确需推迟移交的，应当经档案管理负责人同意，最长不超过3年。

第八十四条　公司内各部门因公需要调阅会计档案，须经本部门主管领导审批，公司财务负责人核准后，方可办理相关调阅手续。重要的会计档案调阅必须经公司负责人批准。

第八十五条　外单位人员因公需要调阅会计档案，应持有单位介绍信，经公司财务总监核准、公司负责人批准后，由档案管理人员接待查阅。

第八十六条　会计档案使用过程中必须按照有关规定做好保密工作。调阅时要详细登记调阅的档案名称和数量、调阅日期、调阅人员姓名和工作部门、调阅理由、归还日期等。

第八十七条　各公司保存的会计档案一般不对外提供，如需向外提供时，需报经公司负责人批准，办理相关登记手续后，方可提供所需部分的会计档案复印件，会计档案原件原则上不得借出。

第八十八条　查阅或者复制会计档案的人员，不得对会计档案进行拍照、录像，不得擅自拆封、修改、抽取和销毁档案。

第八十九条　由于会计人员的变动或财务机构的改变等，会计档案需要转交时，须办理转交手续，并由监交人、移交人、接交人签字或盖章。

第九十条　移交人员对所移交的会计凭证、会计账簿、会计报表和其他有关资料的合法性、真实性承担法律责任。

第九十一条　会计档案必须进行科学管理，做到经常检查，做好防水、防霉、防蛀、防鼠、防火等工作，确保档案安全。

第九十二条　会计档案资料保管期满，需要销毁时，由档案管理人员提出销毁意见，财务部会同有关部门共同鉴定。对一些需要继续保存的会计档案，必须从中抽出，继续保存，经过严格审查，编造销毁清册，并经一定的批准手续，方可进行销毁，批准权限和手续按规定办理。

第十五章　附则

第九十三条　本制度未尽事宜，按国家有关法律法规及公司章程的规定执行。

第九十四条　本制度由公司董事会负责解释。

第九十五条　本制度由公司董事会审议通过之日起生效施行，修改时亦同。

思考与练习

1. 企业家应学会看懂的三张财务报表之一是现金流量表，为什么有人说现金流是企业的生命线？

_____

_____

2. 企业建立和完善财务管理制度要以哪些最基本的法律法规作为依据？

_____

_____

第 8 章
"八柱"之三：资本

一家企业想要快速成长一定离不开资金支持，但是企业家个人的资金十分有限，所以企业一定要借助资本运作和融资等手段，实现企业的快速发展。

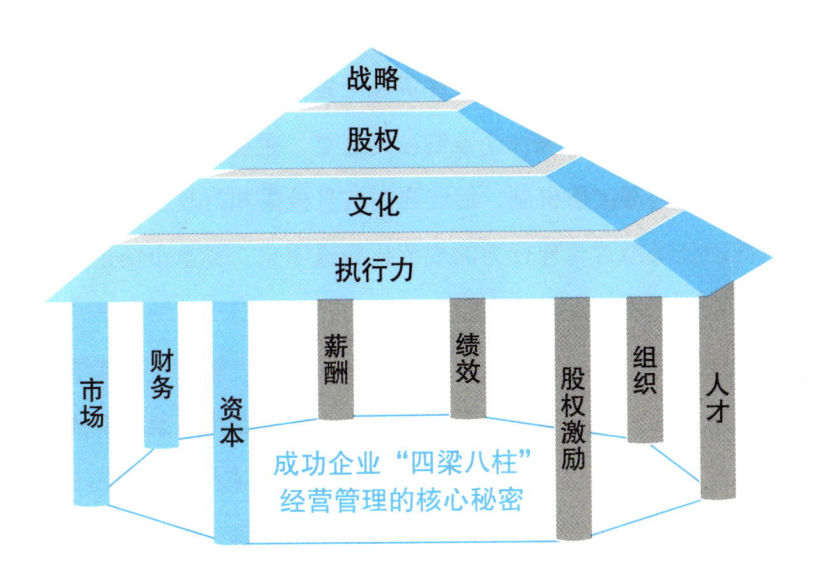

战略
股权
文化
执行力

市场　财务　资本　薪酬　绩效　股权激励　组织　人才

成功企业"四梁八柱"经营管理的核心秘密

1990 年 12 月，沪深证券交易所先后成立，标志着中国资本市场正式形成。中国资本市场经过 30 多年的风雨进程，从无到有、从小到大、从区域到全国乃至国外，一次又一次地实现了自身的发展突破以及转折性的变化。

中国资本市场的发展进程既是中国经济改革开放的历史缩影，也是中国经济逐渐从计划经济向市场经济体制转型的标志之一。经过风雨飘摇的三十余载，沪深两个交易所发展至现在加起来有近 5000 家上市公司，总市值也达到了近 100 万亿元。

资本市场的重要作用

近十年以来，中国资本市场攻坚克难，不断成长壮大，资本市场迈向高质量发展，正在逐步接轨国际，中国资本市场的吸引力、影响力也在持续增强。目前，中国资本市场总体规模已经稳居全球第二，投资者结构日趋完善，在世界 500 强排行榜中中国企业数量雄踞榜首。

金融是现代经济的核心，而资本市场更是现代金融体系的命脉，是现代化经济体系的重要组成部分，是促进国家治理的重要基础。随着我国经济进入高质量发展阶段，资本市场不仅在资源配置、政策传导等方面体现出独特而重要的功能，更促进了现代企业制度的建立。企业通过"股改"上市，构建"三会一层"内部制衡机制，形成强制信息披露和行政自律监管等外部约束机制，推动公司经营管理行为的规范化和透明化，资本市场正日益成为推动实体经济转型升级和科技创新的枢纽。

股权融资是资本市场发挥枢纽作用的重要渠道，而枢纽功能的发挥离不开制度的改革完善。近几年来，科创板、创业板试点注册制相继成功落地，大大提升了资本市场对优质企业的吸引力，满足了越来越多企业的 IPO 需求，使得 A 股 IPO 数量及募资规模实现较快增长。深化新三板改革，设立北京证券交易所，打造服务创新型中小企业家阵地迈出关键一步，不仅优化了股权融资渠道，完善了上市公司再融资制度，有效改善了融资结构，更是在深化金融供给侧结构性改革，在高质量发展中能够发挥更大作用。

世界经济体第一大国美国正是通过经营资本市场实现国家迅速发展，那么，资本市场具体能发挥什么样的重要作用呢？

第一，资本市场健全了现代企业的治理制度，完善法人治理结构，使现代企业在所有权以及经营权分离的情况下能更好地保障股东、企业及员工的利益。

第二，资本市场促进了资源优化配置，推动改善经济结构、产业结构，资本市场正日益成为推动实体经济转型升级和科技创新的枢纽，这会极大促进供给侧结构性改革。

第三，资本市场健全现代金融体系，形成了直接融资和间接融资相结合的金融体系，资本市场做好了，既能平衡通胀又能稳定增长。

第四，成熟的资本市场可以替代房地产市场，成为居民长期投资和财产性收入增长的主要渠道，促使全民共享经济发展的成果。

境内上市可选择的路径、流程、时间

近年来，随着我国资本市场的稳健发展，越来越多企业选择在境内上市。那么，一般企业在境内上市可选择的路径、流程以及时间分别是什么呢？

上市路径

在我国，企业可上市路径分为五种，分别是上交所、深交所、北交所、全国股转系统（新三板），以及区域性股权交易市场。上市的路径有五种：

一是直接主板 / 科创板 / 创业板 IPO；

二是新三板—主板、科创板、创业板 IPO；

三是新三板基础层—新三板创新层—北交所 IPO—科创板 / 创业板；

四是新三板创新层—北交所 IPO—科创板 / 创业板；

五是区域性股权交易市场—新三板—北交所 IPO—科创板/创业板。

上市流程

在我国，公司上市需经历五个步骤，分别为设立股份有限公司、上市前辅导、筹备和发行申报、促销和发行、上市。

设立股份有限公司。设立股份有限公司是指将原公司进行股改，使得公司股权架构符合上市交易所要求。

上市前辅导。上市前辅导需聘请相关辅导机构，辅导内容包括：

● 督促股份公司董事、监事、高级管理人员、持有 5% 以上（含 5%）股份的股东（或其法定代表人）进行全面的法规知识学习或培训；

● 督促股份公司按照有关规定初步建立符合现代企业制度要求的公司治理基础；

● 核查股份公司在设立、改制重组、股权设置和转让、增资扩股、资产评估、资本验证等方面是否合法、有效，产权关系是否明晰，股权结构是否符合有关规定；

● 督促股份公司实现独立运营，做到业务、资产、人员、财务、机构独立完整，主营业务突出，形成核心竞争力；

● 督促股份公司规范与控股股东及其他关联方的关系；

● 督促股份公司建立和完善规范的内部决策和控制制度，形成有效的财务、投资以及内部约束和激励制度；

● 督促股份公司建立健全公司财务会计管理体系，杜绝会计造假；

● 督促股份公司形成明确的业务发展目标和未来发展计划，制订可行的募股资金投向及其他投资项目的规划；

● 对股份公司是否达到发行上市条件进行综合评估，协助开展首次公开发行股票的准备工作。

筹备和发行申报。筹备和发行申报需做到以下几点：

● 聘请律师和具有证券业务资格的注册会计师分别着手开展核查验证和审计工作；

● 和保荐机构共同制订初步发行方案，明确股票发行规模、发行价格、发行方式、募集资金投资项目及滚存利润的分配方式，并形成相关文件以供股东大会审议；

● 对募集资金投资项目的可行性进行评估，并出具募集资金可行性研究报告，需要相关部门批准的募集资金投资项目，要取得有关部门的批文；

● 对于需要环保部门出具环保证明的设备、生产线等，应组织专门人员向环保部门申请环保测试，并获得环保部门出具的相关证明文件；

● 整理公司最近三年的所得税纳税申报表，并向税务部门申请出具公司最近三年是否存在税收违规的证明。

促销和发行。在发行准备工作已经基本完成，并且发行审查已经通过的情况下，主承销商将安排承销前的国际推介与询价，这一阶段的工作主要包括以下几个环节：

● 询价；
● 预路演；
● 路演推介；
● 簿记定价。

上市。在前期工作都完成的情况下，企业即可进行上市，上市步骤包括以下几个环节：

● 拟定股票代码与股票简称；

- 上市申请；
- 审查批准；
- 披露上市公告书；
- 股票挂牌交易。

上市时间

企业在我国境内上市的路径有好几种，这里以前文提到了新三板创新层—北交所 IPO—科创板/创业板这种方式路径为例，通过该路径上市总共需要经历五个步骤，顺利的话共需耗费时间两年半左右（如图 8-1 所示）。

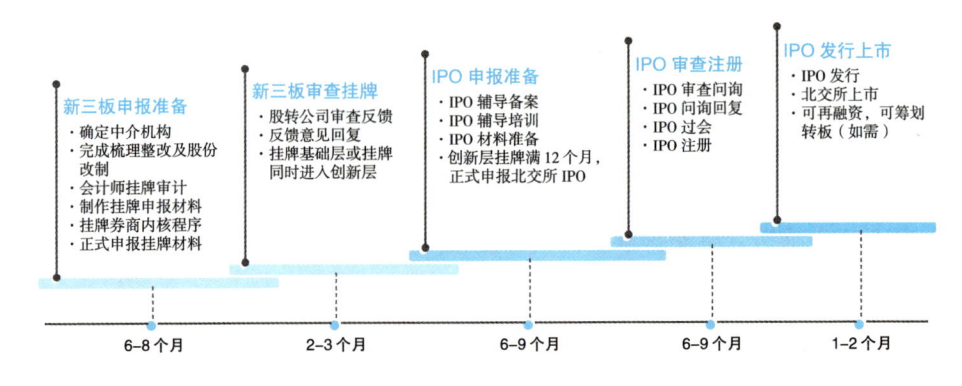

新三板申报准备	新三板审查挂牌	IPO 申报准备	IPO 审查注册	IPO 发行上市
·确定中介机构 ·完成梳理整改及股份改制 ·会计师挂牌审计 ·制作挂牌申报材料 ·挂牌券商内核程序 ·正式申报挂牌材料	·股转公司审查反馈 ·反馈意见回复 ·挂牌基础层或挂牌同时进入创新层	·IPO 辅导备案 ·IPO 辅导培训 ·IPO 材料准备 ·创新层挂牌满 12 个月，正式申报北交所 IPO	·IPO 审查问询 ·IPO 问询回复 ·IPO 过会 ·IPO 注册	·IPO 发行 ·北交所上市 ·可再融资，可筹划转板（如需）
6—8 个月	2—3 个月	6—9 个月	6—9 个月	1—2 个月

图 8-1　企业上市五个步骤

企业从初创到 IPO 如何融资

一家企业想要快速成长一定是离不开资金支持的，但是企业家个人的资金是十分有限的，所以企业一定要通过不同的方式进行融资。那么，企业从初创到 IPO 是如何进行融资的呢？

一般融资形式

1. 股东注资

股东注资是企业融资最原始的方式，也就是通过现有股东进行注资、增资实现企业融资。

2. 银行借款

企业发展离不开银行借款，一旦企业发展到一定程度，国家会给予企业更优惠的利率提供资金帮助。在我国，几乎每家企业都会使用银行贷款，银行借款是一家企业在初创期十分常见的融资方式。

3. 债券融资

债券融资是指企业依照法定程序发行、约定在一定期限内还本付息的有价证券，表示发债企业和投资人之间是一种债权债务关系。但是债券融资一般都是上市公司通过发行债券的方式来募集资金，普通的创业型企业或不达到一定规模的企业，是没有资质发行债券的。

4. 政府扶持

随着我国经济的快速发展以及新兴科技的快速崛起，针对特定方向的高科技企业以及高层次人才创业，政府是有相关扶持政策的。符合政府扶持对象的企业通过申领政府的创业补贴也是企业实现融资的一种方式。

5. 股权融资

股权融资是指企业的股东愿意让出部分企业所有权，通过企业增资的方式引进新的股东的融资方式。

股权融资这种方式在目前企业运营过程中比较常见，特别是初创企业，因为需要资金发展，企业运营又得到了资本方的认可，于是双方达成共识，以股权形式融资。比如，目前公司总资产为 50 万元，需要融资 100 万元，这个时候，企业会给其资金进行一个折算股份的方式，不过这笔资本就不是负债，而是一种自负盈亏的资金，不需要给利息，也不需要保证资金。

不同成长阶段的融资特征

企业成长通常可以分为四个阶段，分别为初创阶段、成长阶段、成熟阶段、稳定或转型阶段。

1. 不同阶段有不同的融资特征

企业在不同阶段是有不同的融资特征的。初创型企业融资主要依靠创业者投入以及亲朋好友的支持，少数企业可以获得风险投资（VC）的支持。

成长阶段的企业产品已经初步获得市场认可，销售额节节攀升，通常开始吸引外部投资者，银行也开始对该阶段企业放贷。

成熟阶段的企业已经拥有一定经营规模、有稳定的盈利能力，具备一定抵押担保条件，开始在资本市场进行融资。

稳定或转型阶段的企业更多的会是选择收购、并购等方式进行融资。

2. 初创阶段

（1）种子轮。通常没有团队，只有一些想法。一到两个创始人，需要一笔钱来验证他们的想法是否能变成现实。通常在这个阶段投资额不会非常高。一般来说，这个阶段的融资主要来自个人存款、家庭资助、朋友借款、自然科学基金以及一些创客平台来为你提供相应的支持。此时，公司估值一般不会太高。一般种子轮只有"故事"，投资机构很少会这么容易为这些"故事"来买单。因此，你可能需要做出一些原型机来说服他们，这就进入了下一个轮次——天使轮融资。

（2）天使轮。天使轮融资是指企业这时候有了初步的商业模式，也拥有种子用户，产品或服务的原型也诞生。这一轮的投资者包括专门的天使投资者或孵化投资者，他们往往不单单只投入资金，还提供一些渠道及人员方面的资源。投资者于这阶段入场往往是看中企业的潜力，并对创业者及其管理团队能力的认同。

3. 成长阶段

成长阶段的企业产品已经初步获得市场认可，这时候企业将会进行A、B

轮融资。

（1）A轮。当企业找到了启动资金以后，无论是天使投资人的钱还是自己筹的钱，项目开展起来了，到了A轮的融资证明了企业的产品或服务渐趋成熟，而其商业及运营模式也获得市场上某程度的肯定，并于行业内累积了口碑和知名度。但是企业此时还不一定具备盈利能力，需要充裕的资金大力扩张，然后增大市场占有率。

这个轮次的融资是在天使轮以后，大家习惯叫A轮融资。也有一些公司会用pre-A来表示这一轮钱不够多，后面再做一个A轮的融资。

（2）B轮。产品投放市场，获得可观收益。相关运营数据也起来了，用户也开始快速地增加了，但是这个时候竞争对手越来越多了，大家也都成功融资。为了加速扩张，企业又需要引入投资了，主要用于运营和推广的成本，以及人力的扩大。B轮是一个很重要的门槛，很多创业公司都是因为没有成功做到B轮，导致资金链断裂而倒闭。

4. 成熟阶段

（1）C轮。经过前面几轮融资，公司达到一定规模。在某一细分领域做到行业前几名。这个时候需要规模效益，需要拓展新业务，全生态发展，并且开始筹备上市计划，这个时候就需要进行C轮融资。

（2）D/E轮。一般来说企业完成C轮融资，如果有成熟的商业能力，并且拥有持续产生盈利的能力，就可以直接上市。但是仍然有企业需要进行后续的D轮、E轮、F轮融资，这都是企业为了达到上市标准，需要新资金来不断完善商业模式，以达到持续盈利，最终达到上市的目的。

5. 稳定或转型阶段

（1）PE轮。企业已经形成了较大的规模，运营规范但是还没有达到上市的标准，这个时候企业就会选择通过私募基金（PE）进行融资。通常来讲，PE轮融资是企业上市前的最后一次融资。

（2）IPO。经过多轮融资后，当企业具有了持续盈利的能力，就将进入IPO，IPO也就是所谓的上市，这也是早前投资者理想的退出渠道之一。一般在我国香港或美国上市会设有六个月的禁售期，过禁售期后股份就能于二手市场自由买卖。

企业进行 IPO 通常来讲有两大主流方式，第一是首次公开发行直接上市，也就是直接进行 IPO；第二种是借壳上市。

● 首次公开发行上市是风险比较大的一种方式，对市场行情与上市时机要求比较高，且企业承担全部费用。法律禁止投资银行以企业股票换取部分服务费用。如遇市场低迷时，上市过程会被推迟或彻底取消。如上市不成，公司没有丝毫灵活度，就会彻底失败，此时大量前期资金投入付诸东流。

● 借壳上市对上市资产项目的要求较为灵活，同时可以节省筹备工作、筹备时间以及中介费用。但是如果通过借壳上市的方式，在股市低迷时，企业所需支付给被收购方的控股溢价也不高。若如果股市状态较好，被收购方会要求企业提供较高的控股溢价。因此，企业在借壳上市时需要考虑控股溢价的因素。

6. 估值

在资本市场，对标的价值进行估值是十分重要的事情，市场中也有很多不同的估值方法，那么一般会用什么方法来进行估值呢？

（1）简易估值的三种方法。在当今资本市场上最常用的估值方法有三种，分别是市盈率估值法（P/E 估值法）、市净率估值法（P/B 估值法）以及企业价值倍数法（EV/EBITDA 估值法）。

● 市盈率估值法（P/E 估值法）

市盈率是反映市场对公司收益预期的相对指标，使用市盈率指标要从两个相对角度出发：一是该公司的预期市盈率（或动态市盈率）和历史市盈率（或静态市盈率）的相对变化；二是该公司市盈率和行业平均市盈率相比。如果某上市公司市盈率高于之前年度市盈率或行业平均市盈率，说明市场预计该公司未来盈利会上升；反之，如果市盈率低于行业平均水平，则表示与同业相比，市场预计该公司未来盈利会下降。所以，市盈率高低要相对地看待，并非高市盈率不好，低市盈率就好。通过市盈率法估值时，首先应计算出被评估公司的每股收益，然后根据二级市场的平均市盈率、被评估公司的行业情况、公司的经营状况及其成长性等拟定市盈率（非上市公司的市盈率一般要按可比上市公司市盈率打折），最后，依据市盈率与每股收益的乘积决定估值：合理股价＝每股收益（EPS）× 合理的市盈率（P/E）。

● 市净率估值法（P/B 估值法）

市净率估值法在使用的过程中遵循如下公式：股票价格＝市净率 × 公司每股净资产。P/B 估值法的公式十分清楚地表达了其内在含义，该种估值法认为驱动公司股票价格变化的因素有两方面，第一是被估值公司的 PB 值，第二是其净资产价值。PB 值代表了市场对公司及整个行业的未来预期，一般来说通过在市场上同类公司中选取一组与被估值公司类似的可比公司，并用这些可比公司的 PB 均值作为被估值公司的 PB 值。

市净率估值法除了使用起来直观简便以外，相对于市盈率估值法来说，其适用范围更广一些，特别对于那些因市场因素导致暂时亏损而无法使用市盈率估值法来进行估值的企业来说。同时，每股净资产相对于每股收益来说更为稳定而且更不容易被人为操控，如果企业的业绩受外部环境影响产生较大的周期性波动时，市净率估值法比市盈率估值法更为有效。

● 企业价值倍数法（EV/EBITDA 估值法）

企业价值倍数法首先要计算分子企业价值（EV），通常来说企业价值＝股权价值 ＋（总负债 − 总现金）＝股权价值 ＋ 净负债，其次是对该公司的 EBITDA 进行计算，EBITDA＝营业利润 ＋ 折旧 ＋ 摊销金额。企业价值倍数法在可比公司的选择上与其他相对估值法大致相同。

通过公式可以看出，EV/EBITDA 和市盈率估值法两种方法描述的都是价值与收益的比例关系，不同点在于前者是站在全体利益相关者的角度，而后者是站在股东的角度。在使用 EV/EBITDA 方法的时候，首先要找到适当的可比公司并计算出可比公司的 EV/EBITDA 比率，随后用被估值公司的预测

EBITDA乘以该比率得到被估值公司的公司价值EV，最后在EV的基础上扣除公司的净负债就能够计算出公司的股权价值。

（2）各阶段融资如何估值。不同的创业企业，都处于不同的阶段，有的属于扩大用户量阶段，有的属于流量变现阶段，有的属于实现盈利阶段，不同阶段的企业是有着不同的估值方式的。

以互联网行业的公司为例，由于互联网行业属于高成长行业，估值时需考虑该行业是否拥有广阔的成长空间、高速增长的盈利水平，同时要对行业业绩高增的原因进行深入分析。通常来讲互联网行业的企业在A轮时的估值方法是P/MAU，估值根据活跃用户数调整。在B轮的时候企业应该有一定的业务基础，所以估值方法通常采用的P/MAU或P/S（市销率估值法）。而企业在C轮的时候可能已经开始盈利了，所以估值方法为P/MAU、P/S（市销率估值法）或P/E（市盈率估值法）。而最后，也许上市若干年后，互联网公司变成传统公司，最终可能还会按P/B（市净率估值法）进行估值。

美国互联网巨头亚马逊的估值方法即从P/S估值法渐渐转换为P/E估值法，亚马逊的主营业务为线上零售和云计算，上市以来其发展阶段可划分为初创期（1997—2001年）、成长期（2002—2015年）、成熟期（2016年至今），不同发展阶段对应不同估值方法。亚马逊在初创期通过大量营销支出和资本开支获取用户流量，但流量转化为收入的比率较低，P/S在10~40倍大幅波动，且净利润始终处于亏损状态，P/S、P/E方法都难以对其估值，常使用P/MAU方法估值。在成长期中，亚马逊盈利状况逐步好转，但由于研发和营销的高投入，以及多元化战略指导下的大量并购，公司净利润和现金流仍大幅波动，时常出现亏损情况，使用P/E估值存在长期出现异常值的风险，例如2013年下旬P/E高达2000倍，2015年间长期出现无效值。但此阶段中亚马逊销售额稳步增长，因此使用P/S进行估值更为合适。2016年起，亚马逊零售业务已经进入成熟期、AWS云计算业务也进入成长中后期，净利润不再出现亏损的局面，财务数据可参考性不断加强，可逐步使用P/E或PE/G方法估值。目前亚马逊P/E已回落到70倍左右，预计盈利高增速还将推动P/E进一步下降。

投资人如何看项目

企业在发展的过程中融资是不可或缺的过程，那既然是进行融资，就少不了与投资人打交道，要懂得如何正确地与投资人打交道，首先就需要先了解投资人是如何看项目的。

1. 股权投资的决策流程

通常来讲投资人进行股权投资都有一套标准的决策流程。首先是在海量的商业计划书（BP）里进行筛选，然后对于优秀的商业计划书投资人会对其所在行业以及该项目进行研究。在初步研究没问题后就会确定投资意向，并且对该项目进行财务、法律、业务三个维度的尽职调查。尽职调查通过后投资机构将会与被投企业签订投资协议，在达成先决条件后再对被投企业打款以及进行工商变更（如图8-2所示）。

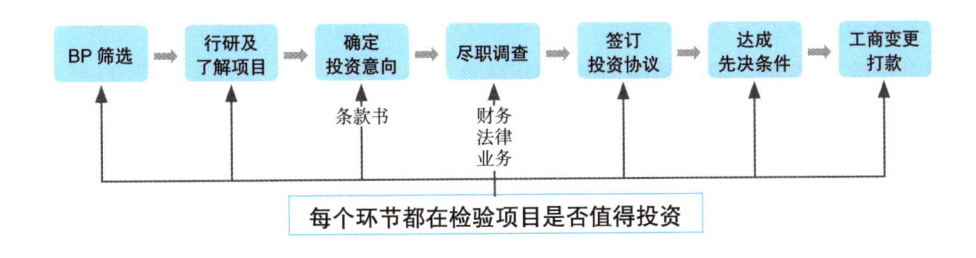

图 8-2 股权投资决策流程

2. 通过 BP 看项目

通过商业计划书（BP）看项目是投资人前期了解项目最重要的方式之一，那作为企业家应如何让自己公司的商业计划书在投资人面前眼前一亮呢？

（1）如何撰写出快速打动投资人的商业计划书。一份优质的商业计划书，能帮创业者更好地向投资人展示项目的优势，让投资人充分了解项目的投资价值，了解创始人的能力，明确项目的投资风险和收益，帮创业者顺利融资。一般而言，一份能快速打动投资人的商业计划书包含以下几点：公司简介（项目简介)、目标用户的痛点和需求分析、解决方案与产品描述、市场分析、竞争对手分析、项目运营状况、未来规划、融资计划、团队成员介绍。

(2)优秀商业计划书应具备的特点:

第一,有一套完整的格式。商业计划书中各个章节排列都按照严格的顺序。一开始给人的印象就可以反映出作者是一位经过严格训练、头脑清楚、办事严谨、条理清晰、具有管理能力的企业家,或者是具有企业家素质的人。

第二,书写和编排言简意赅,但又内容丰富。好的商业计划书让人易于抓住关键,并且使用直观性强的图表。

第三,有严密的逻辑性和严谨的科学证据。介绍技术时,要用科学事实和必要的数据,阐明技术的先进性和实际性。介绍设想时,更需要有充分的市场研究结果,阐述想法的合理性,证明这个想法是切实可行的。分析市场时,要对未来三至七年的市场前景有合情合理的分析。

第四,财务分析部分一定要与现代财务系统一致,与国际财务体系接轨。商业计划书中一定要包括令人可信的财务计划,同时附有相应的数据和文件。财务报表一定采用国际通用的表格。

第五,突出阐明企业有良好的管理结构和管理人员。要特别详细介绍企业家要领导者的有关背景和社会背景,以凸显企业有的良好管理队伍,显示这是一支有能力把企业领向成功之路的队伍。

第六,对未来的利润和风险有详细的分析,同时附有相应的研究结果和文件。尽可能想到企业经营和产品销售过程中有可能出现的各种风险,如经营风险、财务风险、市场风险、国家政策风险,以及不可预见的风险等。在分析风险时要阐明应对这些风险的解决办法。

第七,有可信的退出计划。有根据地预测未来市场可能会发生的变化,及其企业的应变措施。

(3)撰写商业计划书常见误区及实战案例。

商业计划书就像应聘者的简历一样,投资人每天要看几百份商业计划书,如果你的商业计划书无法在几分钟内让投资人"眼前一亮",那么结局只能是被丢进垃圾桶。目前，许多企业家自认为很优秀的商业计划书在投资人眼里其实是有许多问题的。

- 浪费开篇说废话。开篇大段介绍公司名称、成立时间、地址等信息，却对投资人关心的项目价值、盈利模式一笔带过。
- 只谈梦想，不讲利益。一些创业者喜欢谈公司的文化，希望用梦想打动投资人。要知道投资人对收益更在乎，讲清楚项目的未来收益，往往更容易获得投资人青睐。
- 盲目追求"新概念"，一些创业者习惯在商业计划书中生搬硬套当前的新鲜概念，以此来彰显自己的创新能力。但一味地生搬硬套或发明新词，只会适得其反。

3. 通过创始人看项目

《孟子》有言："天时不如地利，地利不如人和。"三者中"人和"最重要，"地利"次之，"天时"再次之。这一战争中的理论也同样适用于创业。创业的天时是时间点，地利是市场，人和则是重中之重。Y Combinator 创始人保罗·格雷厄姆也说，"创业公司大多死于自我毁灭，而非他人之手"，侧面说明创业公司"人和"的重要性。"人和"的核心在于创业公司的灵魂人物——创始人。所以，投资人除了通过商业计划书看项目，公司的创始人也是投资人十分重点考察的一项。

（1）一个在投资人眼里优秀的创始人一定是拥有以下五个特质的：

- 优秀的创始人会精准把握创业的节奏和时间；
- 优秀的创始人会深入调研用户需求，并不断测试及调整产品和服务；
- 优秀的创始人会规划清楚每一轮融资的目标和意义；
- 优秀的创始人还有很强的个人魅力，而在于能吸引行业中的优秀人才为其所用；

- 优秀的创始人都有很好的开源节流的能力。

（2）与创始人接触的 100 小时定律。在投资机构对一家企业进行投资前通常会有一个观察企业创始人的考察期，俗称"与创始人接触的 100 小时定律"。投资机构将会派人与被投企业创始人近距离接触，实际感受创始人的为人处世、做事风格、个人魅力以及工作能力等。创始人只有通过这个 100 小时的观察考验，让投资者认为你是一个合格的创始人，是一个可以带领团队走向成功的人才会确定进行投资。

（3）如何组建黄金创始团队。一个能快速成长的初创公司，一定不能只靠一个人。就好比阿里有十八罗汉，腾讯有五虎将，百度有七剑客，一个公司成长起来一定是依靠一个优秀的创始团队推动的。那么，创始人应如何组建黄金创始团队呢？通常来讲，组建黄金创始团队只需要把握住以下几个关键点就可以：

- 选择合适的合伙人；
- 招聘实干的人，但他要对未来有所憧憬；
- 利用创业公司特有的优势建立一个"S 级团队"；
- 对最有影响力的人进行重点投资和培养；
- 战略明确，并让团队成员都知道。

4. 通过尽职调查看项目

在投资人对商业计划书以及创始人的考核都通过后，下一步就是进行尽职调查，从企业的实际运营来确认是否值得投资。这里举一个反面的例子，当年在 ofo 小黄车找到软银寻求融资时，软银的孙正义正是通过尽职调查看到 ofo 的运营不够规范，从而没有投资。而一般投资机构都是从财务、法律、业务三方面进行尽调的，这三方面缺一不可。

（1）财务尽调。财务尽调的一般流程：识别财务尽职调查的目的—初步分析财务尽职调查对象，使现场尽调工作更具有针对性—组建匹配的团队，制订科学的计划—开始尽调。

财务尽调的主要内容是对企业的财务真实性、企业的盈利能力、企业现金流运用及筹资能力以及企业战略规划落地能力进行调查。

（2）法律尽调。法律尽调的一般流程：事先沟通—签署协议—收集尽调材料—协调会—初步尽调报告—深挖问题反馈补充材料—尽调报告定稿。

法律尽调包括以下几个主要内容：审查目标公司的主体资格、审查目标公司进行本次交易行为的合法性、审查目标公司的资产情况、审查目标公司的债权债务情况、审查目标公司的重要交易合同、知识产权、审查目标公司的管理人员与普通员工的安排、对目标公司是否存在重大诉讼或仲裁的调查。

（3）业务尽调。业务尽调的一般流程：制订调查计划—访谈、调查及收集资料—起草尽职调查报告—进行内部复核—设计投资方案。

业务尽调的主要内容包括以下几个主要内容，分别是：管理团队调查、公司发展规划调查、业务发展战略与目标调查、行业及竞争者调查、采购销售环节调查、生产销售环节调查、销售环节调查、技术与研发调查以及商业模式调查。

（4）如何应对尽调中发现的问题。

心态调整。面对投资人的尽调，要做好正确的心理准备，如果想顺利通过尽调拿到融资，那就要认真面对尽调，配合投资人完成整个尽职调查，不要出现抗拒、欺骗、不配合等。同时，创始团队尤其是创始人要注意自己的说话方式，情商尽量高一些，体现出尊重和商务礼节，给尽调成员留下一个比较不错的印象。

加强公司治理水平。知道投资人要进行尽调，创始人最好组织一次会议，在会上强调尽调的重要性，尤其是相关部门，要做好相关的配合工作。同时，要加强员工管理，不要出现纪律涣散等情况。

反思言行。创始人和团队要反思一下早期与投资人的接触过程中，说过哪些话，或者哪些内容如果被问起来是需要有合理解释的，先整理一下，以免临时被问起显得很慌乱。

思考与练习

1. 在我国，企业可上市路径分为五种，它们分别是什么？

   _____

   _____

2. 投资人看项目，有通过BP看的，有通过创始人看，也有通过尽调看的，其中常用的尽调法有哪些？

   _____

   _____

第 9 章
"八柱"之四：薪酬

薪酬管理作为企业激励的三大模块之一，薪酬的激励效果一般可以体现在四个方面：一是员工的直接感受，二是员工士气的提升，三是员工的绩效表现，四是薪酬的投入产出比。

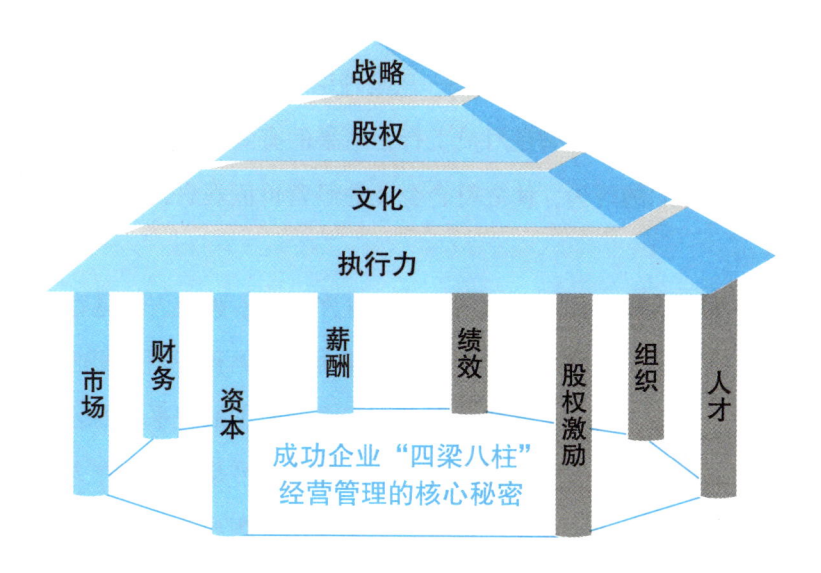

薪酬管理包含"薪"和"酬"两部分，"薪"是指薪水，可以用现金等物质来衡量，"酬"是报酬，更多的是精神层面的酬劳。

薪酬管理的目的是首先要能够帮助企业吸收更多优秀员工。合理的高薪酬不仅能提高员工的积极性，还能为公司的未来发展吸引更多更好的人才。薪酬的主要目的是吸引人们加入并留下，按照企业经营价值观形式，创造出与企业经营目标一致的绩效，以此达到企业经营目的。薪酬要能吸引人才进入企业，正如沃尔玛创始人山姆·沃尔顿所说："组织要获取成功，人就是关键所在，技术可以购买和复制，它在商业游戏上是公平的，而人是不能被复制的。"

其次，对于员工来讲，薪酬是基本的安全保障。薪酬不仅要吸引员工进入企业，更重要的是要能够留住员工，如果不能留住员工为企业经营持续服务，薪酬就失去了意义。在企业与员工的关系中，员工是相对弱势的，员工本身没有安全感，所以员工必须与企业签订合同来满足自己的安全需求，薪酬管理要让员工有安全感，员工才会愿意为企业而奋斗。

再次，要对员工起到激励的作用。薪酬的本质是员工的辛勤工作得到同等价值的回报。当员工的努力得到满意的回报时，他们的工作积极性会更高。员工的行为逻辑是产出绩效，从期望—激励理论来看，这是一个"欲望—行为—结果—激励"的循环。薪酬是对员工行为结果的有效激励，满足员工的欲望会强化和改变他们的行为，使之符合企业的经营价值观念，从而产生公司的预期结果。

最后，薪酬要体现公平的原则。虽然有许多因素影响人们是否继续留在企业，如职业发展、领导风格和工作环境等，但薪酬和薪酬分配的公平性是影响员工的一个基本因素。薪酬管理是为了实现员工的公平，而公平需要从三个方面实现：分配、过程和机会的公平。分配公平是指企业在人事决策和奖励员工时要符合公平的要求；过程公平是程序过程要公平、公正、公开；机会公平是要给员工提供相同的发展机会。

薪酬对员工来说有以下三方面的作用：

一是提供基本的生活保障。在市场经济条件下，薪酬收入是大多数员工的主要生活来源，在保障员工及其家庭生活方面发挥着不可替代的作用，并对员工及其家庭的生活条件和生活方式产生重大影响。

二是具有心理激励功能。薪酬是企业和员工之间的一种心理契约，这种契约通过员工对薪酬的感知影响员工的态度、行为以及绩效结果，从而产生激励作用。

三是实现个人的价值。一个员工的薪酬水平往往代表着其在企业甚至社会中的地位和水平，因此薪酬也可以作为员工个人价值和成功的信号。

薪酬对企业来说也有以下三方面的作用：

一是改善企业的经营绩效。薪酬在吸引、保留和奖励优秀员工方面发挥作用，能够有效地引导他们的态度、行为和绩效结果，使他们的个人目标和企业目标相一致，从而提高公司的生产能力和生产力，改善业绩。

二是塑造和强化企业文化。由于薪酬对员工的工作态度和行为有很强的指导作用，合理的薪酬政策可以促进塑造和加强良好的企业文化。相反，如果一个公司的薪酬政策与企业文化和价值观之间存在重大差异，就意味着对企业文化和价值观的重大挑战。

三是支持企业变革。薪酬可以成为变革的有效驱动力，与员工、团队和整个企业合作，尽快创造一个适合企业的新环境，使企业和个人的目标相一致。

经典案例

谷歌公司实行一种特殊的奖励机制：每个季度末，公司会将每一个项目向所有员工公示，并且贴上完成该项目员工的名字、照片。谷歌这样做的原因很简单，一个引领技术发展方向的公司，每个项目的成败都关系着公司的命运，所以任何一个关系公司未来命运的人都应该受到所有员工的尊重。

同时，谷歌公司坚守要对贡献杰出者给予慷慨回报的理念，设立了创始人大奖计划。创始人大奖旨在对那些为公司创造了巨大价值的团队成就给予异常丰富的回报。奖励以谷歌股票（单位）（GSU）的形式颁发，奖项会随着时间推移而增值。团队成员得到的奖励按照他们的参与和贡献水平确定，而向个人颁发的最高奖的价值有可能达到几百万美元。

如何判断薪酬的激励性

心理学家赫茨伯格的双因素理论指出，仅靠加薪和改善工作条件很难有效地激励人们，还必须强调工作成就、任务性质和个人成长等激励因素的作用。因此，薪酬激励不仅仅是金钱激励，还包括成就激励、地位激励等，这意味着承担更大的责任、个人成功的机会、更多的工作自由等。

判断薪酬的激励性可以看是否做到了薪酬公平，薪酬公平对薪酬的激励性有很大影响。薪酬公平主要包括四个方面：外部公平、内部公平、个人公平和过程公平，如果其中任何一个方面存在不公平，都会影响薪酬的激励性。

判断薪酬的激励性可以看薪酬结构是否合理，在薪酬水平基本一致的情况下，不同的结构下，员工薪酬满意度的差别往往较大。薪酬结构一般由基本薪酬和绩效薪酬组成，基本薪酬根据员工岗位不同而有所不同，绩效薪酬根据员工绩效而变化。很多企业往往基本薪酬比例较低，绩效薪酬较高，目的是给员工一定的紧迫感和压力以激发工作积极性。这种薪酬结构下，员工基本生活收入难以得到保证，薪酬激励的有效性就会受影响。

判断薪酬的激励性还可以看薪酬弹性。福利是薪酬中最重要的内容之一。不同的员工对福利有不同的偏好，所以如果在这方面没有灵活性，激励效果势必会受到影响。许多公司的福利方案形式单一，缺乏灵活性，无法考虑到员工的不同需求，这种情况下难以发挥激励的作用。

基于企业战略的薪酬体系是否真的具有预期的薪酬激励效果，以及薪酬体系是否有效，可以从薪酬激励效果的几种表现形式中找到答案。具体来说，薪酬的激励效果一般可以体现在四个方面：一是员工的直接感受；二是一定时期内员工士气的提升；三是员工绩效和公司业绩；四是薪酬的投入产出比。

如果薪酬激励失效，就要查一查原因是什么？有四大常见的原因：

原因一：薪酬策略与战略匹配度不高。

为了实现企业的良性运作，企业不仅需要保持组织与外界环境的匹配，同时也需要保证组织内部各个方面（如公司竞争策略、人力资源实践以及组织结构等）相互匹配，薪酬策略是战略人力资源管理实践的核心部分之一，薪酬是公司促使员工为组织付出心力的最主要手段，而薪酬策略的效能要想得到充分发挥，也需要与公司竞争战略进行充分匹配。

从企业战略的角度看，薪酬管理必须与企业的发展战略相结合，根据企业的不断发展和进步调整薪酬管理机制，并运用合理的薪酬策略，保证薪酬战略与企业发展战略的高度融合，促进企业战略目标的实现。同时，基于战略管理的薪酬管理更加关注公司战略目标与员工个人发展目标之间的密切联系。因此，在制订企业的薪酬战略时，不仅要充分考虑到公司的实际业务目标，而且要妥善处理公司与员工之间的联系，使之相辅相成，协调发展。此外，基于战略管理的薪酬管理注重在公司内部培养一种文化，意在增加员工的凝聚力和归属感，从而有效避免优秀人才的流失，激发员工的工作热情，从而提高公司人力资源的竞争力。

原因二：薪酬设计没有形成整体性、一致性。

薪酬管理的每一个环节都是系统中的一个子系统，这些子系统相互联系、相互制约，如果缺少任何一个环节，都不能说是一个完整的系统，也无法实现薪酬管理的目标。此外，它们不仅与人力资源管理的其他模块紧密相连，而且与整个企业的管理体系紧密相连，这样才能有机地形成一个整体，有序、协调地共同实现企业的目标。如果薪酬设计没有整体性会导致各个因素的混乱，没有一致性会导致没有统一的标准，致使薪酬管理工作无法贯彻落实。

原因三：忽略薪酬的内部公平公正和外界市场竞争。

内部一致性原则是斯密公平理论在薪酬设计中的应用，它强调公司在设计薪酬时需要"一碗水端平"。内部一致性原则有两个方面。一是横向公平，即企业所有员工的薪酬标准必须相同。二是纵向公平，即企业在设计薪酬时必须考虑到历史的延续性，过去、现在甚至未来的员工的投入产出比应该基本一致，而且还必须是递增的。这里还包括工资刚性的问题，即企业发给员工的工资水平在正常情况下可以上涨而不是下降，否则会引起员工的极大不满。

外部竞争性原则要求一个企业的薪酬水平与外部类似企业的薪酬水平基本一致。薪酬水平是否符合外部竞争性的原则，不仅关系到企业能否招聘到所需的人才，也关系到能否留住优秀员工和激励现有员工的能力。为了贯彻外部竞争性原则，一个企业必须参考类似企业的市场薪酬水平并结合本企业的具体情况，合理地确定其薪酬水平。这样，企业的薪酬水平将在市场上具有竞争力，以吸引和留住人才，但不会增加劳动成本，以至于影响企业的竞争力和盈利能力。

例如，IBM公司的基本薪酬等于甚至低于竞争对手的水平，绩效激励也和竞争对手差不多，但它给员工提供很多培训机会以及保障员工福利。微软公司的基本薪酬低于竞争对手的水平，但它提供市场领先的员工持股计划。总之，企业如果不能在薪酬上保持竞争力，就必须通过绩效、福利等形式吸引、保留员工。

原因四：太过于强调薪酬的保健因素，而忽略薪酬的激励因素。

20世纪50年代末期，行为科学家赫茨伯格和他的助手在美国匹兹堡对200名工程师、会计师进行调查访问，并根据调查结果提出了双因素理论，将影响员工行为和工作态度的因素分为保健因素和激励因素。保健因素指的是对身体健康有效果的因素，不是治疗性的，而是预防性质的，在工作中就是既不是不满意，又达不到满意状态的因素。激励因素是指能带来积极态度和激励作用的因素。

现阶段，大多数企业在激励制度的设计上还存在或大或小的误差，针对薪酬作用的了解还停留在保健的功效上，而不够重视激励因素。因此，无论员工对公司的贡献如何，都没有切实可行的激励方法来进一步提高他们的积极性。长此以往,员工的可塑性和归属感都会减弱,他们不再认识到自己对公司的价值,薪酬激励也变得无效。

设计科学合理的薪酬体系

薪酬管理是在一定时期内相对稳定的、具有保障性的薪资发放标准,从时间上看是短期的,员工很难产生归属感,也很难改变员工的打工心态。所以科学合理的薪酬体系设计尤为重要,这里给大家介绍一下薪酬设计的 4D 原则和 4E 原则(如图 9-1 所示)和薪酬设计八步法。

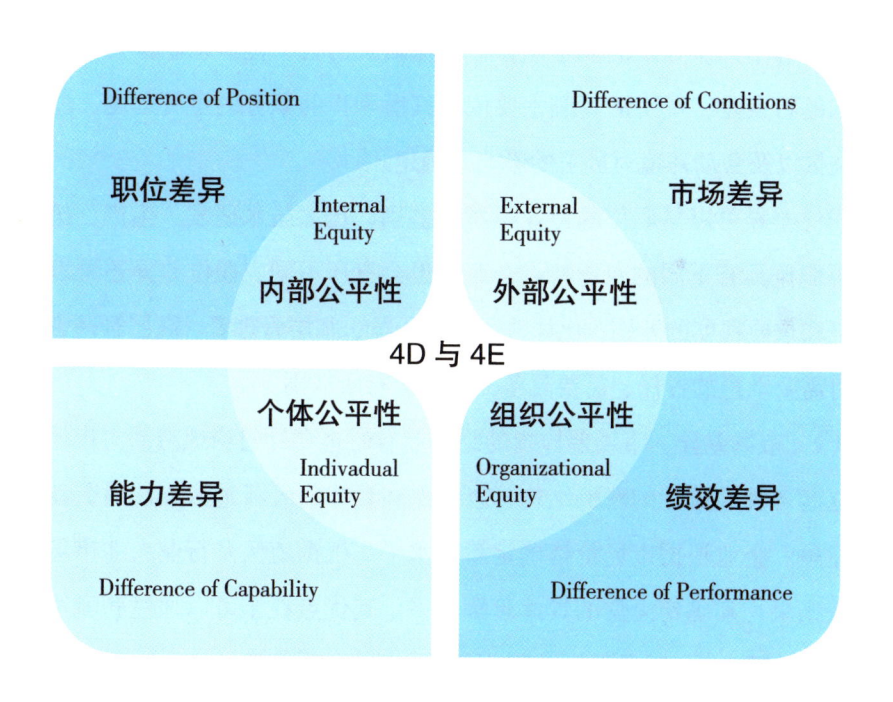

图 9-1 薪酬设计的 4D 和 4E 原则

薪酬设计的 4D 原则和 4E 原则

1. 4D

4D 指的是职位差异（Difference of Position）、市场差异（Difference of Conditions）、能力差异（Difference of Capability）和绩效差异（Difference of Performance）。

（1）职位差异。根据职位差异来设计薪酬体系反映了科学管理的思想，实施的关键在于职位评价，确定各职位的相对价值，从而为企业确认职位结构。职位评价主要有两个目的：一是比较各职位的相对重要性，列出职位等级序列；二是建立统一的职位评价标准，消除不同企业间因为职位名称不同或实际工作内容不同所导致的职位差异，确保薪酬的公平性。以职位为导向的薪酬结构的特点是，员工的薪酬主要依据其所承担的职务的重要程度、任职要求的高低以及劳动环境对员工的影响来确定。

职位差异可以是职位的专业类型的差别，比如技术研发、生产、销售、管理等职位具有不同的专业特点，薪酬也会有所不同。职位差异还可以是职位等级和重要程度的差别，比如普通操作人员、基层管理者、高层管理者等，意味着需要承担的责任、需要具备的技能会有所区别。

（2）市场差异。市场差异指的是企业有时也要针对当地劳动力市场的差异建立起各种地域性的薪酬结构，以确保在具体的经营地区开展对劳动者的有效竞争。企业根据市场价格确定薪酬水平，根据地区及行业人才市场的薪酬调查结果，来确定岗位的具体薪酬水平。其优点在于可以通过薪酬策略吸引和留住关键人才，以及保证外部公平，员工接受程度高，降低企业内部矛盾。

（3）能力差异。能力是影响薪酬很重要的要素，能力不同，薪资档位也就有所不同。在能力薪酬中，任职资格也就是员工能力的变化，会带来纵向薪级的变化。以能力为导向的薪酬结构是为了保证企业所有的关键需要得到满足，员工的薪酬主要根据员工所具备的能力和潜力来决定，职能工资、能力资格工资以及技术等级工资都属于这种薪酬结构。以能力为导向的薪酬结构有利于激发员工提高技术和能力，但也有可能会忽略工作绩效和能力的实际发挥程度。

（4）绩效差异。绩效差异是指员工的薪酬主要依据其劳动绩效决定，薪酬随着劳动绩效的变化而变化，并不是同一职位或技能等级的员工都能保证拿到相同数量的薪酬。计件工资、销售提成、效益工资都属于绩效薪酬。

以绩效为导向的薪酬结构，显著优点是激励效果好，通常来说，员工的绩效最终决定了企业的绩效，将员工薪酬与绩效联系在一起，可以大大激励员工。但也有一定缺陷，比如员工只注重眼前业绩，不注重长期发展，没有学习新知识、新技能的动力。

2. 4E

4E指的是内部公平性（Internal Equity）、外部公平性（External Equity）、个体公平性（Individual Equity）和组织公平性（Organizational Equity）。

（1）内部公平性。在同一企业中，不同职务的员工所获得的薪酬应正比于其各自对企业做出的贡献，使员工不会产生薪酬不公平的感觉。一些专家指出职务评价是达到内部公平性的手段。近年来职务评价在报酬系统设计中得到了广泛应用。借助于职务评价，管理人员可以根据一些预先设定的模式为职务设定工资率。大多数的职务评价采用报酬要素来评价职务价值。报酬要素是确定职务内在价值的基础。大多数职务评价方法采用的报酬要素为：责任、工作所需能力、努力、工作条件。

（2）外部公平性。同一行业同一地区或同等规模的不同企业中类似职位的薪酬应基本相同。因为这类职务对员工的知识、技能与经验要求相似，付出的脑力和体力也相似，薪酬水平应大致相同。企业通常采用薪酬调查确定外部公平性，企业可以自己开展薪酬调查，将薪酬调查问卷寄给其他企业，询问它们为各职位开出多少工资，也可以使用行业性团体的薪酬调查结果。通过调查可以了解到自己的薪资水平处于什么位置，企业可以选择支付较高的工资，来吸引应聘者并防止优秀员工跳槽。

（3）个体公平性。个人公平性与内部公平性和外部公平性大不相同，前两者研究的是工作本身，而个人公平性要考虑到个人所得的公平性。同一企业同一职位的员工，其所获得的薪酬应与贡献成正比，不同企业职位相近的员工，其薪酬水平也应基本相同。为了保证企业薪酬制度的公平性，企业需要做到以下三点：一是薪酬制度要有统一的、明确的原则作依据；二是薪酬制度要有民主性和透明性，受员工的监督；三是企业要为员工创造机会均等的公平竞争条件。

（4）组织公平性。组织公平性是指组织成员对公平性的主观感受。如果一个"公平的制度"没有被员工感知和接受，它就不会对他们的行为产生足够的影响。因此，从组织行为学的角度来看，组织公平感更为重要，对公平问题的探讨实际上是以对组织公平性的探讨为核心。许多管理学家认为，组织公平性包括结果公平性、程序公平性、交往公平性和信息公平性四个组成部分。

薪酬设计的八步法

全面了解薪酬设计的 4D 原则和 4E 原则后，接下来，就应该进一步掌握实施薪酬设计的八步法（如图 9-2 所示）。

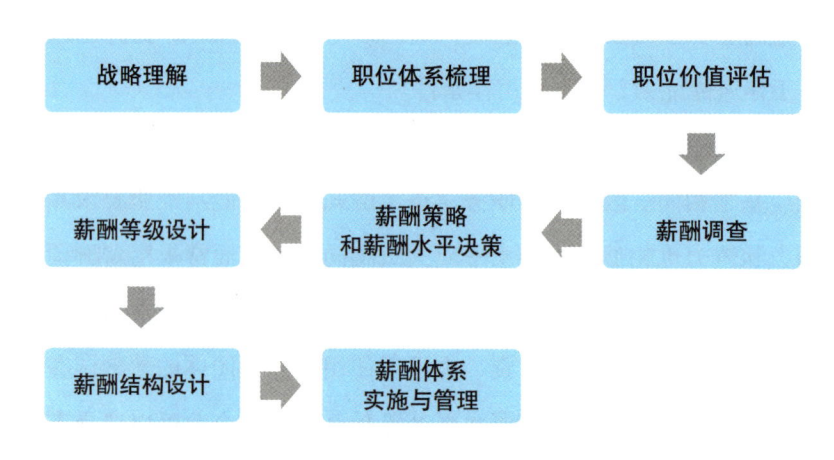

图 9-2　薪酬设计八步法

第一步：战略理解

战略理解是指确定企业价值判断标准和制订反映企业战略需求的薪酬战略，薪酬设计要符合并支撑薪酬战略。比如一个企业采取的是成本领先战略，那么薪酬设计必须提高内部经营管理效率，一个企业采取的是产品差异化战略，那么薪酬设计必须鼓励员工的创新行为。企业要根据自身情况确定自身的薪酬战略，不同的行业、不同的企业规模、不同的发展阶段都会有对应的薪酬战略。

第二步：职位体系梳理

职位体系的梳理是薪酬设计的基础和前提，建立职位体系对企业来说至关重要。每个职能部门的岗位和之间的关系都确定以后，就可以建立职位体系。企业管理者要结合企业的经营目标，在业务分析和人员分析的基础上，明确部门职能和职位关系，规范职位体系，编制企业的职位体系图。

第三步：职位价值评估

职位价值评估是评估各项工作对企业的相对价值，确定岗位等级。职位价值评估的目的，一是比较公司内部各岗位的相对重要性，得出岗位排序；二是在进行薪酬调查时，通过建立统一的岗位评估标准，提高薪酬的内在公平性，以消除公司之间因岗位和工作内容不同而产生的岗位差异，使不同岗位具有可比性。

第四步：薪酬调查

薪酬调查指的是采集分析竞争对手所支付的薪酬水平，并对市场上各职位进行分类、汇总和统计分析，形成能够客观反映市场薪酬状况的调查报告，作为企业薪酬设计的决策参考，企业根据调查结果确定自己在薪酬市场中的位置，并且根据战略对薪酬水平和薪酬结构进行调整。薪酬调查的对象主要是市场中有竞争关系的同类型企业，方式主要有企业间相互调查、委托专业机构调查、从公开信息中获取数据等，调查结束后根据调查数据绘制直观的薪酬曲线，反映企业薪酬水平在同行业中的位置。

第五步：薪酬策略和薪酬水平决策

薪酬策略与薪酬水平决策是指公司参照市场薪酬水平及时制订和修正本企业薪酬水平。薪酬水平是指企业间的薪酬关系，是企业相对于其他竞争对手的薪酬高低程度。企业的薪酬水平要根据企业自身发展战略、自身经济承受能力、市场薪酬、薪酬策略等方面综合决定。

第六步：薪酬等级设计

薪酬等级划分是依据岗位等级的划分和岗位价值评价的结果，在以前薪酬数据的基础上，将企业调整优化的岗位设计安置到对应的岗位等级中。薪酬可以划分为多个等级，一是传统金字塔型，薪酬结构等级较多，薪酬级差较小，对应的工作岗位职责明确；二是扁平化的薪酬等级，薪酬等级较少，薪酬范围大，对应的岗位职责较为宽泛。

第七步：薪酬结构设计

薪酬结构设计描绘了各项工作的相对价值与其对应实付薪酬之间的关系，并形成薪酬水平曲线。主要分为横向和纵向两个层面，横向是指不同薪酬形式，比如基本工资、绩效奖金、福利津贴的比例；纵向是指等级关系的确定，包括薪资等级、薪资级差、等级区间的划分，工作难度越大，对企业的贡献越大，意味着相对价值也越大，保证了企业薪资设计的内在共性。

第八步：薪酬体系实施与管理

薪酬体系运用到实际运营中，需要不断修正实施重点问题，根据外部环境和企业战略变化适时调整完善，确保其在不断变化的环境中的适用性。在实施和管理薪酬体系的过程中，及时的沟通、必要的宣传或培训是保证薪酬改革成果的因素之一，还要对总体薪酬水平做出准确的预算。

建立整体薪酬框架，便于企业统一管理

薪酬管理在一个企业中至关重要，对企业和员工都发挥作用，其中最大的特点是激励性。薪酬激励也会面临失效的情况，不匹配战略、忽视整体性

和激励因素都会导致薪酬激励的效果不如预期。因此，设计科学合理的薪酬体系是每个企业都需要考虑的事情，薪酬体系要遵循4D和4E原则，即体现四点差异、实现四个公平。同时，还需要建立整体薪酬框架，以便于企业的统一管理。一般来说，薪酬框架由经济型薪酬和非经济型薪酬两部分构成。

整体薪酬框架

整体薪酬框架由两部分组成：经济型薪酬和非经济型薪酬，前者直接与薪酬设计方案相关，后者与整体组织文化体系相关。

经济型薪酬由直接薪酬、间接薪酬和其他三部分组成。直接薪酬包括基本工资、加班工资、奖金津贴、期权股票、奖品等；间接薪酬包括公共福利、保险计划、退休计划、培训、住房、餐饮等；其他包括有薪假期、休息日、病事假等。

非经济型薪酬由工作、企业和其他三部分组成，工作与兴趣、挑战性、责任感、成就感等因素相关，企业关乎社会地位、个人成长、个人价值的实现等，其他包括友谊关怀、工作环境、便利的条件等（如图9-3所示）。

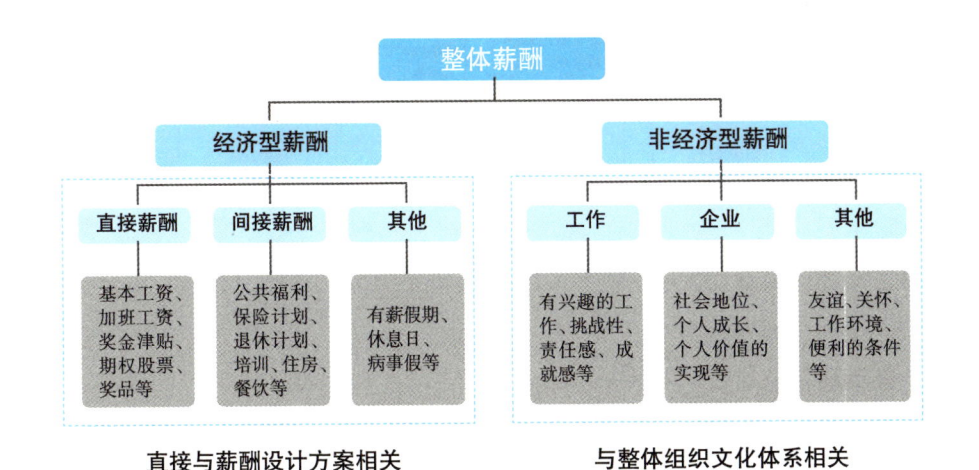

图9-3 整体薪酬框架

经济型薪酬结构

基本工资、绩效工资、福利和中长期激励共同组成了总薪酬。

基本工资由职位在公司中的相对价值决定，受市场薪酬的影响，计算方法根据职位价值、市场薪酬水平和浮动比例确定，可选择的策略有领先策略、适中策略和滞后策略。

绩效工资的关键因素在于公司盈利情况、业绩和职位薪酬水平，计算方法是浮动工资或目标奖金数量乘以业绩得分，形式主要有佣金、提成和绩效奖金。

福利主要由国家政策和公司规定决定，计算方法根据政府和公司的具体规定，可以有现金福利和非现金福利。

中长期激励受员工业绩、对公司的重要程度的影响，计算方法根据具体方案而变动，主要有股权、期权和利润分享等方案（如图9-4所示）。

	基本工资	绩效工资	福利	中长期激励	
关键因素	·职位在公司中的相对价值 ·市场薪酬	·公司盈利情况 ·业绩 ·职位薪酬水平	·国家政策 ·公司规定	·员工业绩 ·对公司的重要程度	总薪酬
计算方法	根据职位价值、市场薪酬水平、浮动比例确定	浮动工资/目标奖金数量乘以业绩得分	根据政府和公司具体规定	根据具体方案	
可选择方案	·领先策略 ·适中策略 ·滞后策略	·佣金/提成 ·绩效奖金	·现金福利 ·非现金福利	·股权 ·期权 ·利润分享	

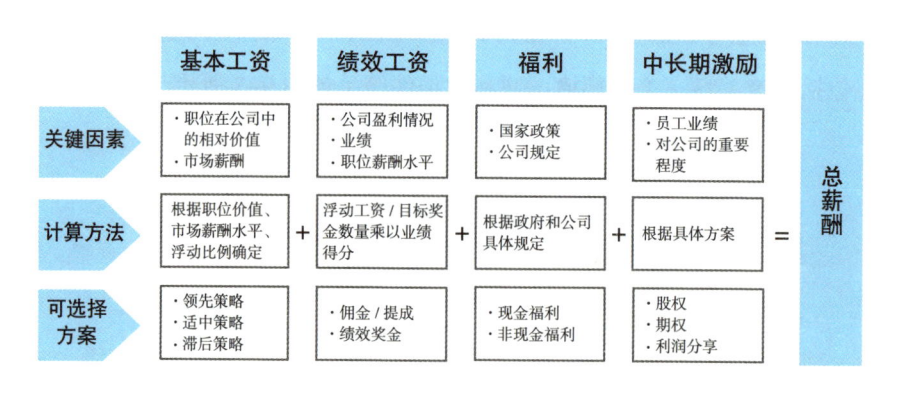

图9-4 经济型薪酬结构

经典案例

京东是一家领先的技术驱动的电商公司并正转型为领先的以供应链为基础的技术与服务企业。截至2019年12月31日，京东共有超过22万名员工。京东岗位序列主要分M、T、P序列，T序列包含产品和技术，P序列为项目经理（如表9-1所示）。

表9-1 京东公司职级划分

T职级	职衔	M职级	职衔
T1	初级1		
T2	初级2		
T3	中级1		
T4	中级2		
T5	高级工程师	M1	主管
T6	资深工程师	M2-1	副经理
T7	架构师	M2-2	经理
T8	技术专家	M3	高级经理
T9	副总监	M4-1	副总监
T10	总监	M4-2	总监
T11	高级总监	M4-3	高级总监
		M5-1	VP
		M5-2	CXO
		M6	高级副总裁

公司的晋升规则和职级划分，是想激励身在其中的每一个人更有目标导向地去努力工作，也在竞争中不断地进步。

京东的薪酬体系包括：基本工资、绩效工资、各类奖金津贴、年终奖、补贴以及特殊情况下支付的工资。

薪酬结构：

● 年薪 = 月薪 ×（12+1），1为年终奖，一般为1~2个月

● 月薪 = 基本工资（70%）+ 绩效工资（30% 基本工资 + 绩效系数）+ 餐补 + 工龄补贴 + 全勤奖

京东在福利方面也比较有竞争力，如公司提供无息贷款10亿元，

骨干员工可以申请；救助基金3000万元，员工可以申请，最高10万元等。

京东每年都在给中层和基层员工加薪，如2017年，基层员工加薪幅度不低于10%，主管、经理级员工则不低于20%。针对重点战略人才群体，涨幅更大。中高层管理人员，也采用现金加股票结合的方式。

值得注意的是，京东严格的季度绩效考核机制，为其薪酬体系进行了很好的"保驾护航"（如表9-2所示）。

表9-2　京东季度绩效考核机制

绩效考核	季度绩效考核机制					
	季度评级	A+	A	B	C	C-
	季度系数	1.5	1.2	1	0.8	0.6

思考与练习

1. 薪酬设计的4D原则和4E原则分别是什么？它们的四大差异和四大公平性对你有什么启发？

_____

_____

2. 薪酬设计的八步法具体是哪八步？

_____

_____

第 10 章
"八柱"之五：绩效

绩效管理是现代企业管理系统的重要组成部分，也是公司经营管理能力的重要体现。

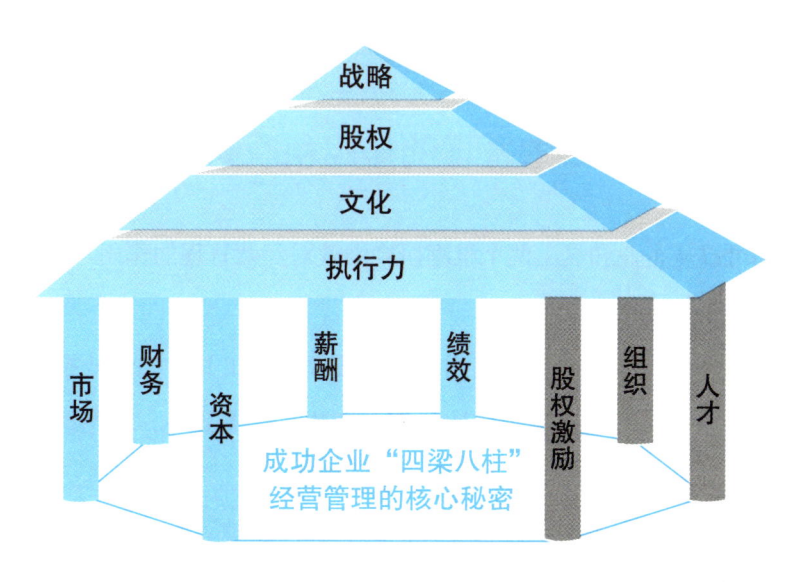

有关绩效管理的概念，目前有三种代表性的观点。

第一种观点认为绩效管理是管理组织绩效的系统，核心是通过组织结构、技术系统和程序等手段制订组织战略并加以实施，而个体因素即员工虽然受到结构、技术、作业系统等因素的影响，却不是主要的考虑对象。持有这种观点的学者有罗杰斯和布雷德拉普，比如布雷德拉普就认为，针对组织绩效的管理过程应该包括计划、改进和考察三个环节。

第二种观点认为绩效管理是管理员工绩效的系统，是对员工工作绩效和发展潜力的考察评估，是管理者和员工共同参与的过程，提倡员工的积极参与，强调员工个人绩效。代表学者有史密斯、海勒斯和奎因等，比如奎因认为绩效管理有计划、管理和考评三个环节。

第三种观点认为绩效管理是管理组织和员工绩效的综合系统，把绩效管理看成一个整体的系统，既重视组织绩效，也看重员工个体的参与。代表人物有麦卡菲和钱佩恩等人。

以上三种观点本质上都包含了绩效管理的两个层面，绩效管理不应简单地理解为测量和评估，是管理者用来确保员工的工作行为和产出与组织目标一致的方法和过程，是管理者和员工共同参与，共同实现战略目标的途径。

绩效管理的作用和原则

我们可以从企业和员工两个维度研究绩效对经营管理的作用。

第一个是企业维度。

绩效管理对组织起着重要作用，通过绩效管理工具，如绩效指标分解、辅导和评估，组织可以向员工传达他们的期望、总体战略、管理理念和组织文化，并将员工的个人行为置于组织要求的轨道上。

通过绩效管理，组织可以确保其战略目标的实现。在现代组织中，专业协作在广度和深度上都在迅速发展，多数任务需要多人和多学科的协作来完成，实现一个组织的战略目标需要所有员工的共同努力。协作意味着将所有员工的力量聚集在一个方向上，绩效管理就是对每个员工的工作行为进行规划、监测和反馈。因此，绩效管理是确保实现战略目标的一个重要手段。

通过绩效管理，可以提高组织效能。绩效管理将组织的绩效目标分解成不同的层次，将团队和员工的责任与他们的能力和动机结合起来，为团队和员工制订一致的绩效目标，消除因目标冲突而产生的内部矛盾，并不断地提升管理效率和组织效能。

通过绩效管理，可以避免管理者和员工的冲突。管理者和雇员之间的分歧常常导致他们之间的冲突，绩效管理强调管理者和员工共同制订绩效标准，共同确保绩效目标的实现，同时，管理者要对员工的绩效实施过程进行监督，及时帮助纠正问题，以避免更严重的后果。从这个意义上说，管理者和员工在绩效管理中是站在同一战线上的，利益是一致的，从而避免了冲突的发生。

第二个是员工维度。

通过绩效管理，可以促进员工的能力提升。由于绩效管理表达了组织对员工的期望，员工能够了解他们所拥有的新技能中哪些是被高度重视的，并产生明确的学习愿望和愿意投资于自己的学习。员工在学习了新的技能后，更容易在绩效管理中得到更高的评价，从而获得加薪和晋升等好处。

通过绩效管理，员工有渠道表达意见、参与决策。绩效管理与员工的经济利益有关系，员工在绩效标准、考核方法的制订过程中发表意见、表达愿望，能够让员工了解自己的权力大小，即进行日常决策的能力，进而提高工作效率。

从绩效管理的两大作用，引申出以下四大原则：

原则一：坚持绩效是用来培养人的理念

绩效管理目的是培养员工，而不仅仅是考核，绩效管理不等于绩效考核。绩效考核不是最终目的，是否推动绩效进步才是关键因素，其中最重要的是培养员工、调动员工积极性。

学者罗伯特·巴克沃认为，绩效管理是通过持续开放的监督和沟通过程来开发团队和个人的潜能，从而实现组织目标和所预期的利益，产出管理思想和具有战略意义的、整合的管理流程和方法。绩效考核是针对企业中每个员工所承担的工作，应用各种科学的定性和定量的方法，对职工行为的实际效果和对企业的贡献或价值进行考核和评估。

绩效考核属于绩效管理的一个环节，考核更注重监督和控制，重点是评价员工的实际工作成果，绩效管理注重员工的激励和发展，重心是实现员工和企业的共同进步。

原则二：分配向优秀员工倾斜

分配公平不等于平均主义，不等于"吃大锅饭"，也不要求平等分享。相反，是要用一种公平的方式，实现员工的多劳多得。分配的公平性直接影响到员工的积极性、主动性，并直接关系到管理的绩效和效果。分配向优秀员工倾斜，打破了传统管理中平均分配的现象，不让优秀员工吃亏，实现激励效果的最佳化。

华为就倡导分配向优秀员工倾斜，任正非提出，华为建立的是对不同人群的差异化评价机制。差异化管理体现在以下四个方面：一是工资分配实行基于员工能力的职能工作制，根据员工的能力分配收入；二是奖金分配与员工个人和部门绩效挂钩，根据绩效完成情况相应获得不同的奖金分配；三是福利分配以工作态度等考评结果为依据，工作态度包括是否具有奉献精神、是否具有团队精神等；四是医疗保险待遇按贡献确定。

原则三：绩效是用竞争来激活团队

建立内部竞争机制是团队协作的必要条件，甚至是形成团队力量最重要的机制，"物竞天择，适者生存"这一准则在企业中也适用。团队中的竞争要在理性基础上开展，用竞争来激活团队的气氛，激发成员的创造活力。正如麦格雷戈所言，个人与个人之间的竞争，才是激励的主要来源之一。只要管理者善于把握员工争强好胜的心理，就能成功激发员工的干劲。

作为企业管理者，以下两条建议可以增强团队的活力。一是适当地从团队外部引进人才；二是竞争引入要恰当，激励措施要合理，防止不良竞争甚至恶性竞争的出现，破坏团队的稳定。

经典案例

日本本田技研工业株式会社的创始人本田宗一郎在对公司进行考察后发现，公司的人员基本由三类人组成：20%是不可或缺的精英人才，60%是以公司为家的勤劳人才，还有20%是拖企业后腿的庸才。为了减少对企业发展无益的庸才的数量，本田从其他公司挖来了一位年轻的销售部副经理担任本田公司的销售部经理，此人的进入将销售部员工的工作热情和活力有效地调动了起来，公司的销售业绩也连连上升。不仅如此，他还将其他部门员工的工作热情激发了出来，整个企业都恢复了活力。

原则四：不让"奋斗者"吃亏

沃尔玛公司的创始人山姆·沃尔顿曾表示："企业越是与自己的员工分享利润，企业的利润也就越多。"任正非也说过："我们没有任何稀缺的资源可以依赖，唯有艰苦奋斗才能赢得客户的尊重与信赖。奋斗体现在为客户创造价值的任何微小活动中，以及在劳动的过程中为充实提高自己而做的努力。我们坚持以奋斗者为本，使奋斗者得到合理的回报，只有这样员工才愿意当'雷锋'，只有艰苦奋斗才能活下去。"

华为有一个基本的准则，就是"不让'奋斗者'吃亏"，"华为基本法"规定了华为主张与客户、员工、合作者结成利益共同体，努力探索按生产要素分配的内部动力机制。"不让'奋斗者'吃亏"的关键在于企业要构建一套科学的评价体系和科学的绩效管理体系，并基于评价给予激励回报。这样奉献者能得到应得的回报，其他人就会以他们为榜样，偷懒者也只能努力工作，不然只能离开公司。

绩效管理能够有效提升企业的管理质量

绩效管理能够有效提升企业的管理质量。公司根据实际需要和发展目标，制订相应的绩效考核机制，完善各部门、各岗位的考核标准和指标，并严格按照考核制度执行。因此，管理者能够监测每个部门业务目标的执行情况，如果发现最终目标没有实现，他们可以及时改进和调整战略，以最大限度地实现这些目标。绩效管理可以促进公司管理制度的实施，提高公司的经营管理质量，成为公司可持续发展的动力。

从战略目标到绩效目标

那么如何将战略分解为可实施的绩效目标呢？围绕战略设计绩效的有三个步骤。

第一步：洞察市场，理解战略

绩效设计的第一部分就是市场洞察，市场洞察可以帮助企业管理者了解外部环境的变化、客户需求的变化以及竞争对手的现状，帮助管理者洞察市场计划，制订合理的绩效计划。市场洞察包括宏观分析、客户分析和竞争分析。

绩效设计还应建立在理解战略的基础上，从本质上讲，绩效设计始于战略目标的设定，终于目标的实现。绩效设计作为一个企业的重要管理活动，重点在于实现业务目标。绩效既是一个过程也是一个结果，最终指向企业的生存和发展。绩效管理体现了一个企业实现其公司战略的手段。

经典案例

华为之所以取得巨大成功，与它成功的绩效管理有很大关系。

传统的绩效管理方法没有制订可以量化的考核方案，因此考核的有效性和公平性有限，而华为将绩效看作结果和过程的总和，在关注结果的同时，关注取得这些结果的过程，就是员工在未来取得优异绩效的行为和素质。华为还将指标量化为具体的步骤：首先，确定部门和个人业务的重点，以及每一职位的业务标准；其次，定义成功的关键因素，就是满足业务发展需要的策略手段；再次，确定关键绩效指标，即判断绩效标准是否达到的实际因素；最后，关键绩效指标的分解与落实。

> **知识卡**
>
> 3W 指的是 Why（为什么需要做）、What（需要做什么）、How（怎么做）。

此外，华为还通过 3W 绩效管理，将公司的目标使命化。

Why 是绩效管理的目的。任正非一再强调要创造高绩效的企业文化，将绩效文化视为企业生存之本，并上升到战略高度加以实施。华为绩效管理的目的就是将公司的目标使命化，且取决于每一位员工实现工作目标的程度。

What 是绩效管理的内容。华为绩效考核机制有三个方面：一是责任结果导向、关键事件个人行为的结果评价考核；二是基于公司战略分层分级述职；三是基于各级职位按任职资格标准，考核员工实际能力是否达到任职要求。

How 是绩效管理者如何管理。华为根据公司整体战略，采取总和平衡计分卡的办法，其核心是通过财务、客户、内部经营过程及学习和成长四个方面相互驱动来实现华为的战略目标。绩效反馈作为绩效管理的重要一环，华为也十分重视，绩效结果一方面作为薪酬的依据，另一方面也是绩效改进的内容之一。此外，华为的绩效管理不仅做到了绩效计划、评估和反馈形成了良性循环，还在于和人力资源开发管理中的其他模块形成了相互作用的整体。

第二步：组织绩效围绕战略目标

组织绩效管理围绕战略目标展开，在企业使命、愿景、发展战略和价值观的指导下，将战略目标分解为公司的目标、业务单元的目标和岗位任职者的目标，分别制订不同的绩效管理方案，其中公司的目标对应企业的绩效，业务单元的目标对应团队的绩效，岗位任职者的目标对应个人的绩效，并投入资金、人才、技术、时间和信息等生产要素，以实现企业的战略目标（如图 10-1 所示）。

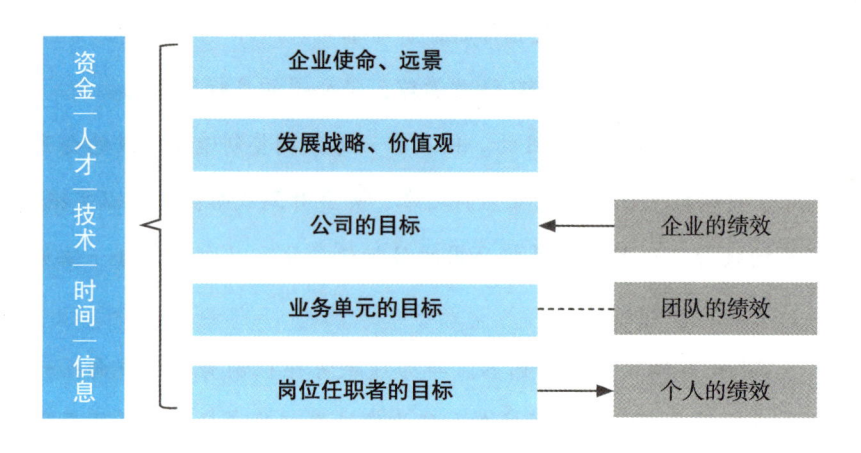

图 10-1 用于组织绩效管理的战略目标

第三步：个人绩效为组织绩效服务

组织绩效和个人绩效具有一致性，组织的绩效就是将组织战略目标转换为具体的目标，通过一层层拆解传导下去，最终要落地到组织的每个成员。这也是整个组织管理的核心逻辑，即如何让员工的行为利益与公司的总体目标及利益挂钩。

个人绩效为组织绩效服务，个人绩效的达成促进团队绩效的完成，团队绩效的完成意味着企业绩效的完成，企业绩效完成，公司目标也就达成了（如图 10-2 所示）。

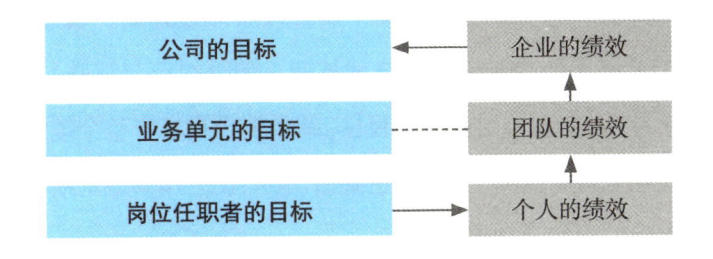

图 10-2　组织管理的核心逻辑

制订绩效方案

制订绩效方案是绩效管理的首要环节，绩效方案的制订要在分析公司业务目标和内外部环境的基础上制订。根据对业务目标和现有组织的审查，对员工工作职责和当前工作条件的了解，以及对绩效考核相关管理制度的合理性的评估，选择关键绩效指标并制订绩效方案。绩效指标必须是具体的、明确的、可衡量的和可评估的，目标必须是个人和公司之间共同商定的，并可在规定期限内实现。通过管理层和员工之间的双向沟通，为企业制订完整的绩效方案。

制订绩效方案的主要任务是对整个绩效管理的准备、计划和系统设计，通过明确企业目标并进行分解，明确重点工作任务和关键绩效指标，管理者和员工协商以确定该完成什么样的工作以及达到什么样的程度。

进行绩效辅导

绩效辅导是绩效管理的执行环节，强调管理者对员工工作的辅导，在整个绩效管理过程中处于中间环节，也是绩效管理循环中耗时最长、最为关键的一个环节，直接影响着绩效管理的成败。

管理者必须及时监督和指导员工的工作，帮助下属制订更详细的工作计划，监督绩效计划和工作方案的实施，及时排除下属在制订和实施绩效计划过程中遇到的障碍，并在必要时帮助下属修改其绩效计划。通过绩效辅导，各部门和员工可以不断改进工作方法和技能，随时纠正与绩效目标的偏差，成功实现绩效目标，实现公司的战略目标。绩效辅导贯穿于整个绩效管理过程，可以通过每周或每月一次的会议、非正式活动（如在工作场所定期肯定和鼓励）以及各种工作后的沟通活动来实现。

绩效评价

绩效评价是绩效管理的关键环节，根据部门和员工制订的计划目标和共同商定的关键绩效指标，管理者对员工的实际表现和业绩进行评估，同时利用绩效实施和管理过程中收集的显示员工业绩的数据和事实，作为判断员工是否达到关键绩效指标的依据。

绩效评价可以按时间分为月度评价、季度评价、半年评价和年度评价，内容包括工作结果评价和工作行为评价两个方面，结果评价是测量和评价员工工作目标实现程度，行为评价是评估员工在绩效周期内表现出来的具体的行为态度。评价方法需要客观、公正、科学，使绩效评价能公平地反映每一个部门和员工的绩效情况。

绩效评估结果出来以后，绩效管理并没有结束，需要对绩效结果进行分析，即绩效诊断，把绩效反馈给员工，然后还需要把绩效结果运用到绩效薪酬、提升等人力资源管理决策上，才能形成绩效管理的封闭环。通过对这些绩效因素的分析，找出产生某些绩效与理想有差距的原因，给予员工一定的反馈，指出其不足，并帮助其在下一阶段改进。

绩效结果反馈

在绩效评价阶段之后，下一个阶段是绩效结果反馈阶段。管理者就绩效考核的结果与员工进行反馈面谈，指出绩效考核过程中出现的问题，分析成功与失败的原因和下一步努力的方向，并共同制订改进绩效的计划。在此过程中，双方应畅所欲言，充分沟通并达成共识，管理者需要倾听员工的心声，并注意最大限度地维护员工的自尊心，以确保员工保持积极的情绪，从而达到增进信任、促进工作的目的。

绩效评价的预期目的能否实现，取决于绩效反馈的实施。通过绩效反馈面谈，可以实现以下目标：第一，充分认识员工的绩效，让员工认识到自己的优点和需要改进的地方；第二，制订绩效改进计划；第三，商定下一个绩效期的目标和绩效评价标准；第四，根据绩效评估结果进行奖励或惩罚。

绩效结果应用

绩效结果应用是绩效管理的最后一个环节，绩效管理评价结果要与其他管理环节相连接。一般来说，绩效结果会运用到五个方面：薪资报酬、职级升降、岗位调整、培训、管理改善。

绩效结果应用之一是制订绩效改进计划。传统绩效考核的应用是讲评估结果作为员工薪酬、奖惩、职位晋升的标准，而现代绩效管理的应用不限于此，根本目的在于提高员工的能力和持续发展绩效。所以，在把绩效评价结果反馈给员工后，还要制订相应的绩效改进计划，有利于员工正视自己的工作绩效，发现工作中的短板。

绩效结果应用之二是组织培训，是根据绩效评价结果为员工量身定制的培训。那些难以通过自学和改善行为与态度来提高业绩的员工，可能在他们的某项知识、技能或能力上存在真正的"瓶颈"。因此，公司必须认识到这一需求，组织有针对性的培训计划，以填补员工能力方面的空白。这样，完成工作的需要和有机会学习的需要都可以得到平衡，对公司和员工都有好处。

常见的绩效管理工具

企业绩效管理是一个系统，与企业的诸多方面有着千丝万缕的联系，而推进实施绩效管理更是一个系统过程，好的管理工具，或许可以起到四两拨千斤的效果。

平衡记分卡

平衡计分卡（BSC，Balanced Score Card），是哈佛商学院教授罗伯特·卡普兰和复兴方案公司总裁戴维·诺顿创建的一种战略管理工具，就是根据企业组织的战略要求而精心设计的指标体系，卡普兰和诺顿认为："平衡计分卡是一种绩效管理的工具。它将企业战略目标逐层分解转化为各种具体的相互平衡的绩效考核指标体系，并对这些指标的实现状况进行不同时段的考核，从而为企业战略目标的完成建立起可靠的执行基础。"

平衡计分卡将企业战略分为财务、客户、内容运营、学习与成长四个角度，并以此建立绩效衡量指标。财务层面体现企业战略的实施对盈利的贡献程度，客户层面使管理者能够了解自己的目标客户和市场，内容运营层面通过关键的内部流程，支持下属和顾客目标的实现，学习与成长层面关注企业的长远发展。

关键绩效指标

关键绩效指标（KPI，Key Performance Indicator）是组织内部某一流程的输入端、输出端的关键参数进行设置、取样、计算、分析，衡量流程绩效的一种目标式量化管理指标，是把企业宏观的战略目标分解为具有操作性的、可运作的目标，并将其转化为很多个考评指标，为企业建立完善的绩效评估体系提供基础。然后，借用这些指标对组织或员工个人的绩效进行多方面的监测和反馈。这些指标组合在一起形成一个对组织、部门和个人都有战略导向作用的体系，就是关键绩效指标体系。关键绩效指标可以从定量和定性两个层面体现，定量可以通过数据体现，定性可以通过对行为的描述体现。

关键绩效指标的设计源于管理学中的帕累托定律，即"80% 的工作任务由 20% 的关键行为完成，抓住 20% 的关键行为并对之进行分析和衡量，就可以抓住战略的重点、目标的核心"。抓住关键的绩效因素，就能抓住绩效考核的重点，从而总揽全局。

目标与关键结果

目标与关键结果（OKR，Objective and Key Results）是一套定义和跟踪重点目标及其完成情况的管理工具和方法，要求公司、部门和员工不但要设置目标，还要明确能够达成目标的具体行动，是企业进行目标管理而设置的一个系统，能够将目标管理自上而下贯穿到基层。

目标与关键结果是一套严密的思考框架和持续的纪律要求，要求员工紧密协作，并专注于能促进公司成长的、便于衡量的贡献上。目标描述应该简洁清晰，被多数人理解，关键结果必须具有可定性、可达到、有价值、可控制、鼓舞人心等特点。

目标管理

目标管理（MBO，Management By Objectives）是管理大师德鲁克在其著作《管理实践》中提出的，他以通用汽车公司为实例，详细阐述了目标管理的基本思想。他认为，并不是有了工作才有目标，而是有了目标才能确定每个人的工作，所以"企业的使命和任务，必须转化为目标"。因此，管理者管理员工时首先要明确组织目标，并对其有效分解为部门和个人的分目标，并且根据目标完成情况对员工考核、评价和奖惩。

目标管理注重的是结果，先由组织管理者提出总目标，再由各部门和员工根据总目标确定各自的分目标，并在获得资源和授权的前提下为完成目标而奋斗，从而实现组织总目标的一种管理模式。

标杆管理

标杆管理起源于20世纪70年代末至80年代初美国学习日本的运动中，首先运用标杆管理的是施乐公司，在世界复印机市场占据主导地位的施乐遭到了来自日本竞争者的挑战，日本公司的产品研发周期短、成本低，给施乐公司造成了很大威胁。在这样的背景下，施乐公司发起向日本公司学习的运动，开展了广泛的标杆管理。

标杆管理的概念可以概括为，不断探索和研究行业内外公司的最佳实践，并将其作为基准，与自己公司进行比较、分析和决策，从而不断改进自己的公司，追赶最好的公司，进入卓越绩效的良性循环。其核心是向行业内外的优秀公司学习。通过学习，公司审查和改进自己的业务实践，并创造自己的最佳实践。从本质上讲，标杆管理是一个模仿和创新的过程。

绩效管理新趋势

绩效管理出现了以下新的趋势：

一是绩效管理的重点从年度考核评估转向绩效辅导和对话，从简单地对目标值的考核转向关注人才的发展，提升员工的能力和价值。

二是将绩效管理和企业文化、价值观相结合，这一点可以从世界500强公司的考核内容上看出来，比如谷歌考核分为工作业绩和能力表现，其中能力包括：谷歌人、解决问题的能力、执行力、思想领导力、新兴领导力，这些是谷歌价值观的行为体现。阿里巴巴的价值观考核占绩效考核比例的一半。

三是针对不同的员工设计个性化的绩效考核，比如GE考核管理人员和普通员工的方式不同、内容不同，针对不同岗位有不同的考核模式。

四是放弃绩效等级排名，排名实际上并不利于员工绩效的提高，可能还会有反作用。包括GE、微软在内的许多500强公司宣布放弃绩效等级制，并不意味着放弃绩效考核，而是把重点转移到绩效沟通和人才培养上。

五是持续的反馈，微软和谷歌公司一直努力推动持续沟通和设计绩效反馈，指导管理者进行高效的绩效面谈和反馈。

思考与练习

1. 从战略目标到绩效目标共有三步，其中第三步主要讲个人绩效与组织绩效之间的什么关系？

   _____
   _____

2. 本书中，绩效管理新趋势共有五条，我们在第二条中以谷歌为例，介绍了哪一种新趋势？

   _____
   _____

第 11 章
"八柱"之六:股权激励

股权激励的对象是对企业而言具有重要价值的人才,这些激励对象或拥有关键技术,或掌握核心业务,或控制关键资源,总而言之都具有一定的核心能力。

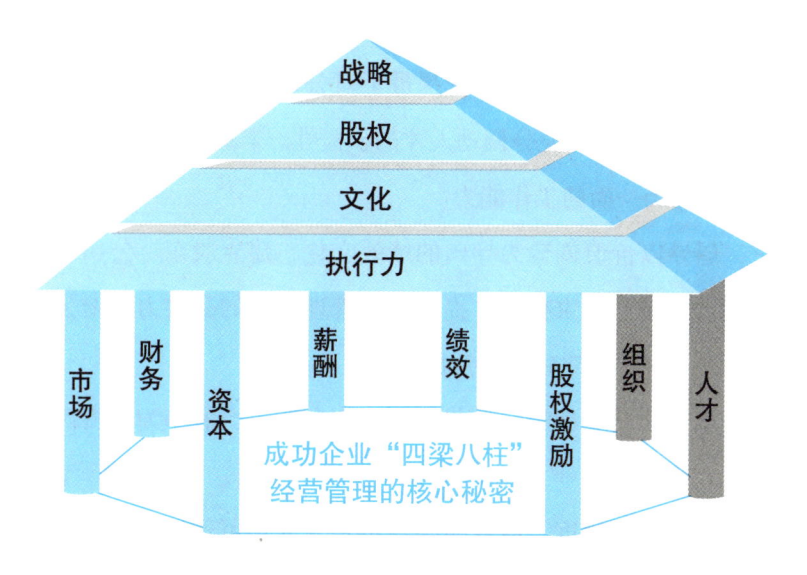

> **知识卡**
>
> 股权激励,是指通过企业员工获得公司股权的形式,使其享有一定的经济权利,使其能够以股东身份参与企业决策、分享利润、承担风险,是企业发展一项中长期的激励制度。

股权激励在中国的发展历史相对比较短,随着我国税收领域的管控越来越严格以及共同富裕等时代背景的共同作用,股权激励作为吸引人才、留住人才的有力武器,具有低成本、强效果的巨大优势,逐渐被大众所知悉和运用。通过股权激励这一手段,员工利益与企业利益紧密结合,企业发展状况影响着员工的收益,这种深度绑定有利于实现员工个人和企业整体目标的共同实现。

那么,企业为什么要采用股权激励这一特殊激励手段呢?事实上,股权激励具有其独特的优势,此点可以从股权激励的目的来说。

股权激励通常具有四大目的:

第一,进一步完善公司治理结构,建立、健全公司长期、有效的激励约束机制,完善公司薪酬绩效体系,促进公司持续、稳健、快速的发展。

第二,回馈资深员工,肯定资深员工对公司所做出的贡献,吸引与保留优秀的业务和管理骨干,充分调动人才的积极性。丰富优秀员工的晋升途径,激发优秀员工独当一面的工作能力。

第三,倡导以价值创造为导向的绩效文化,建立股东、公司以及管理团队之间的利益共享和约束机制,提升公司管理团队的凝聚力,增强公司竞争力,确保公司未来发展战略和经营目标的实现。

第四,探索公司管理层的迭代机制,为有能力、敢作为的资深员工提供合伙人机制。

作为面向员工的制度,股权激励却不是人人均可适用,企业需要经过初步筛选,确定股权激励的对象。如果不加筛选、甄别就实施全员激励的话,对真正付出心血、作出贡献的优秀人才其实并不公平;其次,太容易拿到的股权，员工未必会珍惜；再者，对公司而言，全员激励就意味着要拿出更多的股权与员工分享，一招不慎可能就会影响公司的控制权，同时公司要为全员激励付出大量的人力、物力、财力，这就与股权激励的初衷相去甚远。

股权激励的对象是对企业而言具有重要价值的人才，这些激励对象或拥有关键技术，或掌握核心业务，或控制关键资源，总而言之都具有一定的核心能力。

经典案例

方太集团（以下简称"方太"）创建于1996年，目前在全国已有员工近18000人。作为一家以智能厨电为核心业务的幸福生活解决方案提供商，方太长期致力于为人们提供高品质的产品和服务，打造健康环保有品位有文化的生活方式，让千万家庭享受更加幸福安心的生活。

方太早在2008年就开始考虑股权激励，最开始方太首先考虑采用同市面上大多数企业一样的方案——仅对骨干层实施股权激励，不过这种思路很快就被方太否决了。经过十余次的修改与调整，方太于2010年正式实施身股制。茅忠群坚持认为，儒家思想强调仁义平衡，做事要合理合宜，既然身股制的性质是激励机制，那就应该全员覆盖。不过身股制下虽人人有份，但也人人有别。根据人力资源部薪酬福利中心负责人高旭升的说法，影响员工身股数的因素主要是岗位价值，也就是职等，具体影响到最终收益的则有个人绩效、出勤、团队贡献（事业部利润状况），以及集团利润状况等。

方太整个公司以及不同事业部的身股定价和各自的绩效相关，集团公司根据集团利润有个单价，各个事业部和分公司则根据各自剩余利润有自己的身股单价。集团部分面向所有员工，事业部只面向该事业部的员工，每个员工都同时获得集团利润分红和所在事业部或分子公司利润分红，最后根据员工的岗位情况综合核算。

具体要点归总如下：

1. 员工获得身股无须付费，但是离开即自动退出。同时身股不是完整意义上的股权，只是分红权。

2. 适用对象：自入职开始在公司工作满两年的方太员工，自动成为公司身股激励的对象。

3. 分红比例：公司上年度总额约 5% 净利润的分红。

4. 员工额定身股数：以员工职位等级为基础，结合岗位价值和贡献来确定某个员工的身股数，具体由人力资源部和各部门负责人对员工岗位价值、贡献评估后确定。

5. 员工分红身股数＝员工额定身股数 × 员工个人综合评定系数 × 出勤系数。

6. 分红期：一年。

身股制在集团总部实施后取得了良好的效果，这一制度便被各个事业部及驻外分子公司所沿用。除范围扩大外，身股制本身也发生了变化。2012 年集团副总裁级别岗位身股实行独立计算，部长和总监级别身股数量显著提升。分子公司身股分红与集团总部剥离开，同时侧重于分子公司经理。

方太的身股制在具有"普惠性"的基础上强化合理差别，颇具特色，这也与方太推行的儒家思想治理企业观念相符。身股制的实施得到了员工的肯定，方太也在实践中不断优化这一制度。可以说，方太的身股制夯实了企业发展的基础。

股权激励于企业具有难以言喻的力量，视企业自身情况适时调整，发挥股权激励的作用，有助于企业向好前进。

股权激励的常见方式

股权激励的方式多种多样，随着股权激励在实践中的发展，已经衍生出更多新兴的激励方式。

原始股

原始股方式下员工按照约定的价格以货币出资、实物出资等方式获取一定数额的股权，通过工商登记变为公司的实际股东，是最贴近大众对股权认知的一种方式。但若激励对象人数较多，该种方式对公司股权架构的影响较大，且登记手续办理较为麻烦。

股票期权

股票期权方式是授予激励对象一种期望权利，在未来某个固定的时间可以以某个固定价格购买一定数量的企业股票。在约定日期到来时，若公司股票价值上升，那么员工可以以事先约定的低于股价的执行价格买入，再以高价卖出获取收益；若公司的股票价格未明显上升或呈下跌趋势，那么激励对象可以自行决定是否买入股票以及是否按预期数量全部买入股票。

限制性股票

限制性股票方式是按照预先确定的条件在授予日以低于市场价格授予激励对象股票并予以锁定，锁定期结束后，业绩达标，则可分期解锁。从限制性股票的实践情况来看，限制主要体现在两个方面：一是获得条件，二是出售条件。

虚拟股

虚拟股权激励方式是授予激励对象一种"虚拟"的股票，被授予者可以按照约定享受一定数量的分红权或股票增值收益，但无所有权、表决权，不能转让或出售，在激励对象离开公司时自动失效。

股票增值权

股票增值权方式下不需要实际购买股票，激励对象直接就期末公司股票增值部分（即期末股票市价 – 约定价格）得到一笔报酬。股票增值权是一种虚拟的股权激励工具，享有股票增值权的激励对象不实际拥有股票，也不拥有股东表决权、配股权、分红权。股票增值权一般不能转让和用于担保、偿还债务等。

员工持股计划

员工持股计划又常被称为 ESOP（Employee Stock Ownership Plans：公司职工持股计划），公司答应正式员工在为公司服务一定年限后，能够按照当年计划约定的条件和价格购买公司股份，并委托持股公司进行集中管理的股权激励方式。员工持股计划下，员工通过购买企业部分股权而拥有企业的部分产权，并获得相应的管理权，员工成为公司的股东。

业绩股票

业绩股票方式是在锁定一定年限后才可兑现，根据被激励者完成业绩目标的情况，以股票作为长期激励形式支付给经营者的激励机制。业绩股票的流通变现通常有时间和数量限制，激励对象在以后的若干年内经业绩考核通过后可以获准兑现规定比例的业绩股票，如果未能通过业绩考核或出现有损公司的行为、非正常离职等情况，则其未兑现的业绩股票将会被取消。

延期支付

延期支付是指公司将管理层的部分薪酬，特别是年度奖金、股权激励收入等按当日公司股票市场价格折算成股票数量，存入公司为管理层人员单独设立的延期支付账户，不在当年发放，而是在一定期限后，以股票或现金发放。

储蓄购股计划

在此种方式下，公司建立储蓄金购股账户，员工工资一部分进入账户、约定利息，期初确定购股价格和数量，期末购股时公司补贴差价。

股权激励的时机

股权激励的时机可以从企业发展阶段和关键时间节点两个方面进行考虑。

一、根据企业发展阶段进行股权激励

企业发展大致可以分为四个阶段，分别是创业初期、成长期、成熟期和转型（衰退）期。

在企业创业初期，生存下来是企业的首要目标，新颖且有竞争力的项目离不开人才的支撑。因此，初创企业可以利用限制性股票等模式来激励关键人才，同时员工出资有利于解决企业发展伊始的资金问题，为企业长期发展打好基础，同时不至于因为激励而使得本就缺乏资金的企业陷入更加艰苦的境地。

当企业步入成长期，就进入了股权激励最好的阶段，在这一阶段企业规模不断扩大，员工数量激增，但因此也常常会有员工觉得自己的投入与回报不成正比，导致初期的核心员工离职等现象发生。成长期的企业一般建议可以使用期股、股票期权、业绩股票、员工持股计划等。对于高管、核心技术人才激励时，可以适度放权。对核心高管一般采用限制性股权，对核心技术与中层人员一般采用期权或虚拟股权方式。

经过长时间的发展，企业步入成熟期，此时企业已经形成较为稳定的股权架构，也具有较为雄厚的资金实力，在此阶段为了提高股权激励对员工的吸引力，企业可采取实股激励，或者选择配套的员工持股计划。

经过成熟期后企业开始进入转型（衰退）期，届时公司股权的优势已经大幅减弱，故企业多采用现金激励形式。同时，为了提升企业整体竞争力，企业的发展重点会转向新项目。

经典案例

我国知名科技型企业华为的发展成果在很大程度上离不开各阶段激励模式变化的支持。1990年到1997年是华为的初创阶段，华为作为一家无技术、无资金、无资源、无背景的民营企业，遭到西方巨头和合资公司的碾压与排挤，为了解决资金问题，华为公司内部推行了员工融资持股计划，并且该计划下所涉的激励股权皆为实体股权。借助实股激励，华为获得了内部融资并顺利解决资金问题，员工也因该激励制度而提高了积极性和对企业未来发展的信心。1998年到2012年，华为步入发展期，虚拟股的灵活性和安全性吸引了华为高层，华为开始推行"虚拟受限股"的股权激励，但其实就是期权激励。2003年，华为公司在"虚拟受限股"的基础上进行升级，大幅提高配股额度，并且向核心员工倾斜，同时设置了三年的锁定期。2008年，华为正式推出"饱和配股制"，即不同工作级别匹配不同的持股量，比如级别为13级的员工，持股上限为2万股，14级为5万股。而若某一级别的员工已经达到持股数量的上限，将不参与配股。此后，华为还不断优化配股机制，将配股与绩效、职位等级挂钩，让真正的奋斗者分配到高额价值。

二、根据关键时间节点进行股权激励

倘若按照关键时间节点进行划分，可以分为如下五个阶段：创业初期、成长期的一轮或多轮融资期、新三板挂牌、被并购、IPO。

在企业刚成立时，企业应当重视对创始合伙人的股权分配设置，并事先考虑好预留一部分股权用于日后激励人才或者吸引投资人。若前期在不考虑预留激励部分的前提下进行股权架构调整，可能导致日后因激励需要而打乱先前规划，造成股权比例失衡或者各原股东均不愿意拿出股权的僵持局面。同时企业刚成立，各方面资源匮乏，团队暂未稳定，此时进行股权激励主要用于凝聚队伍，稳住队伍，让成员看到企业发展希望。我国的小米集团在企业创办初期就实行了三种模式的薪酬发放制度，分别是100%的薪酬、70%的薪酬+30%期权以及基本生活费+高期权。期权的引入使得小米在初期便具有了强大的凝聚力。

当企业进行一轮或多轮融资时，企业估值较高，此时对企业内部进行股权激励容易取得良好的效果，这是因为员工基于投资方不断进入的现状及融资时公司估值的提升，会对公司价值产生积极认知。投资方的进入不就是因为看到企业发展的潜力吗？有投资方的投资行为做背书，员工对参与股权激励的预估风险便下降了。前述因素综合作用下，会在很大程度上提升员工参与股权激励的积极性，员工通过现在股价与未来股权的比对权衡，当然乐意尽早参与股权激励，以获得最大的回报。

企业继续深入发展，逐渐有了走向资本市场的需求，如在新三板挂牌。成功在新三板挂牌后，企业建立了外部融资体制，企业的战略合作伙伴进一步增加、领域放宽，更多投资者通过增资扩股的形式进入公司。同时在新三板挂牌促使企业完善公司治理体系，使企业发展经营更加合规，企业价值整体提升。而为了满足挂牌需求，企业需要给予做出贡献的员工以激励，这也是对前期企业经营成果的分享形式。再者，打造牢靠的经营管理团队对吸引私募股权融资意义重大，股权激励在此能够发挥有效作用。故而企业在新三板挂牌前后是进行股权激励的又一良好时间节点。

为了开拓企业发展市场，或为了整合资源等方面的考虑，企业可能面临并购或被并购。那么着眼于整个并购流程，当交易双方达成一致，完成有关协议等的签署并不意味着并购的完成，因为并购是否能取得成效，还要看并购完成后是否能够产生协同发展效益。要想产生良好的协同发展效益很大程度上取决于并购方整合标的公司资源、统一标的公司与并购方的发展目标，并提高标的公司稳定性与运营能力，因此为了实现保障企业的持续经营能力和标的公司人员的稳定性这一后续目标，在并购后实施股权激励也非常重要。

经典案例

在实践中，大洋机电就在并购后实施了股权激励。大洋电机2015年收购美国佩特来100%的股份、2016年收购上海电驱动100%的股份，并于2017年推出股权激励计划。本次激励对象范围较广，全面覆盖子公司层面相关人员，对于公司文化的整合以及业绩的提升都有不同程度的正面影响。

若企业发展持续向好并上市时，企业则要给为并上市作出贡献的核心骨干一个肯定，企业上市后股权相比此前大幅增值，激励效果明显，通过股权激励可以绑定这部分专业资深人才朝着更长远的目标进行冲刺。

经典案例

安纳达是中国资本市场首家正式披露 IPO 前股权激励的国有上市公司。2007 年 5 月安纳达上市，上市前安纳达公布了《安徽安纳达钛业股份有限公司限制性股票激励方案》，安纳达与第二大股东银川投资签订股份回购协议书，约定以公司 2005 年末公司经审计的每股净资产 1.12 元为依据，公司按 200.48 万元的总价回购银川投资所持安纳达 179 万股股票，作为限制性股票奖励给安纳达董事长、高中级管理人员和主要技术（业务）骨干等激励对象，共 50 位自然人。激励对象再协议受让银川投资持有的 179 万股公司股票，累计受让安纳达公司 358 万股股票。对此，发行人认为安纳达公司所实施的限制性股票激励方案是对激励对象在安钛股份发展过程中业已形成的业绩和贡献的奖励，并兼顾了安钛股份的稳定和持续发展。

最后需要指出的是，盲目地实施股权激励并不能达到企业预先的心理预期，不能实现推动企业前进的效果，反而可能因股权激励运用不当而失了人心，破坏企业股权结构，甚至将企业推向加速死亡的道路。因此，企业应当全面掌握企业现状，明确未来企业发展规划，脚踏实地制订科学、贴合企业本身、具有企业独特性的股权激励方案。

思考与练习

1. 本章介绍了九种常见股权激励的方式，它们分别是什么？你能将它们一一介绍给身边的朋友吗？

_____

_____

2.股权激励的时机可以从企业发展阶段和关键时间节点两个方面进行考虑。企业发展大致可以分为创业初期、成长期、成熟期和衰退期四个阶段；倘若按照关键时间节点进行划分，可以分为五个阶段，这五个阶段分别是什么？

_____

_____

第 12 章
"八柱"之七：组织

组织是一个生命系统，对内构建秩序，对外获取企业发展所需要的能量和信息，内部和外部形成一个和谐的循环，使企业得以长久持续的发展。

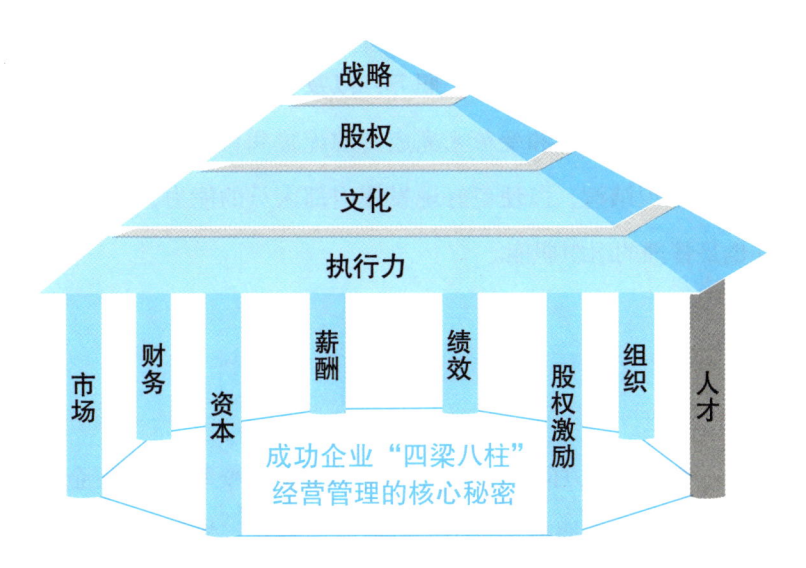

成功企业"四梁八柱"经营管理的核心秘密

四梁：战略、股权、文化、执行力

八柱：市场、财务、资本、薪酬、绩效、股权激励、组织、人才

管理学家巴纳德认为，人类由于受生理的、生物的、心理的和社会的限制，为了达到个人的目的，不得不进行合作。而要使这样的合作以较高的效率实现预定的目标，就必须形成某种组织结构。

组织的定义就是为了有效配置内部资源、高效开展活动和实现一定的共同目标，按照一定的规则和形式构建的权责机构安排和人员协作关系，是职、权、责、利四位一体的结构，其最终目的是用最好的效率实现目标。

组织的具体含义有以下四个方面：

● 目标是组织存在的前提和基础，有了共同的目标，组织才能变成一个整体；

● 组织有不同层次的分工与合作，是高效实现组织目标的前提；

● 组织内部权责体系必须明确，各层次和各岗位的人员都应知晓自己的权力和责任；

● 组织本身是一个整体的系统，不同的子系统组成整体。

在管理学中，组织的概念可以从静态和动态两个方面理解。静态是指反映组织结构的网络，即人、职位、职务，以及它们之间的具体关系。动态是指通过组织的建立、运行和变革来完成资源配置和目标实现。组织工作的最后结果是形成组织结构，以便更好地发挥内部人员的能力，实现资源的有效配置，这也是管理的组织职能。

组织承担着承上启下的作用

战略是一个企业的方向，也是构成核心价值的重要基础，决定企业的成败，企业各项业务的发展按照战略指引的方向有序推进。战略型组织的优势在于坚持战略一致性，根据市场变化实时优化战略，以战略引领业务发展和管理提升。

组织要有稳定的战略目标。这个目标不是短期而是长期，不是一代人的事而是数代人的事。战略目标确定后，还要有基于深入调查的、分阶段逐步实施的、切实可行并行之有效的战略性布局，以及因情变化与时俱进的战略性调整，加之有效的执行，才能引领业务的发展。

如果一个企业的能力建立在了组织上，就很容易给业务赋能。很多企业的能力没有建立在组织上，而是单纯依靠个人能力，一个能力和资源没有组织化的企业，难以给业务赋能。

例如，阿里建立了中台、后台，完成了能力和资源的组织化，华为建立了十大管理平台，也是企业能力组织化的工程。拥有组织化能力体系的阿里和华为做业务就比没完成组织化的企业容易得多。

小米自2018年上市以来，进行了一系列变革，第一轮变革就是调整组织，提拔了一些中层的年轻人做业务负责人，成立了组织部、参谋部等部门，这都是追求组织化建设所做的必要工作，只有这样才能完成组织能力的升级，企业成长才能获得新动能。

人是一个组织的构成基础，离开人谈组织，就犹如空中建楼阁，组织的核心就在于聚集和使用人才。

人才是一个组织是否具有核心竞争力的关键，不同组织所需要的人才能力也不同。一家技术企业要求人才具备专业和创新能力，比如英特尔公司希望不断在技术上取得突破，其对人才的要求也就是专业和创新。一家有着卓越运营能力的企业则需要人才在高效运营和执行上有突出表现，一家专注打造亲密的客户关系的企业则需要在洞察客户需求、维护客户关系等方面展现关键能力的人才。

组织管理的核心是组织设计

组织设计就是对组织活动的流程、任务以及人员的责任、权力和利益进行协调性组合的过程，其目的是有效地实现组织目标，其结果可以用组织结构图和职位说明书表示。组织设计是一个动态的过程，涉及确定组织内各部门和人员之间的正式关系；规划组织部门层次，管理职能，联系与汇报方式；通过组织设计使组织内各级部门的目标、责任、权力等要素发挥最大效能，提高组织的整体功效，主要包括两方面：一是确定组织总目标和需要完成的全部任务，设置机构，安排部门和岗位，明确职责权限、工作程序，合理配置资源，建立有效的相互关系；二是同时要考虑组织内部诸要素的协调和外部环境的影响，设计的结果形成组织结构。

组织设计的八大原则

管理学家厄威尔曾说过："成功的演出，不仅需要每个演员的天才表演，而且要求有优秀的剧本；同样，组织的高效运行，首先要求设计合理的组织结构。"

组织设计的八大原则如下所示：

1. 目标一致性原则

使组织内各部门于公司整体经营目标下能充分发挥能力而达成各自目标。这一原则要求组织机构设计必须有利于企业目标的实现。企业中的每一部分都应该与企业目标相关联。企业的目标是通过输出社会需要的产品或服务实现利润的最大化。每一机构根据总目标制订本部门的分目标，而这些分目标被层层分解，直至每一个人都了解自己在总目标的实现中应完成的任务。这样建立起来的组织机构才是一个有机整体，为总目标的实现提供了保证。

2. 组织有效性原则

有效性原则要求组织机构和组织活动必须富有成效。

（1）组织机构设计要合理。要基于管理目标的需要，因事设机构、设职务匹配人员，人与事要高度配合，反对离开目标，因人设职，因职找事，要做到人与事的优化组合。

（2）组织内的信息要畅通。由于企业内组织机构的复杂性和相互之间关系的纵横交错，往往易发生信息阻塞，这将导致企业管理的混乱，因而对信息管理要求，一要准确，二要迅速，三要及时反馈。只有这样才不至于决策失误，才能了解到命令执行情况，也才能及时得到上级明确的答复，使问题得到尽快解决。

（3）主管领导者要能够对下属实施有效的管理。为此，必须规定各种明确的制度，使主管人员能对整个组织进行有效的指挥和控制。只有明确了规章制度，才能保证和巩固组织内各层次和人们之间关系的协调一致。

3. 稳定与成长性的原则

组织设计要考虑公司的业绩经营与持续成长。随着公司成长而逐步调整组织是必要的，但经常的组织、权责、程序变更将使员工信心动摇。这一原则要求企业组织机构既要有相对的稳定性，又不能频繁变动，但要随外部环境及自身需要作相应调整。一般来讲，一个企业有效活动的进行能维持一种相对稳定状态，企业成员对各自的职责和任务越熟悉，工作效率就越高。但是组织机构的调整和变革也不可避免，只有调整和变革，企业才会重新充满活力，创造高效率。

4. 组织专业化的原则

组织的专业化将有助于内部协调与人力分配。专业化是指组织内的各部门都应该尽量按工作任务的性质进行专业化分工，力求减少管理层次，精简管理机构和管理人员，充分发挥各级各类人员的积极性，使工作精益求精，达到最高效率。为了确保组织目标的实现，在组织内的各部门之间都必须相互配合，这样才能保证整个组织活动的步调一致，否则组织的职能将受到严重影响，目标就难以保证完成。

5. 权责明确化的原则

权责明确、不重叠。权责或职责不清将使工作发生重复或遗漏、推诿现象，易使员工产生挫折感。权就是权力，责就是责任。所谓权力，从法律概念说是指在规定的职位上具有指挥和行使的能力。权力总是与职位相联系的，因此，习惯上也称职权。职权就是人们在一定职位上拥有的权力，主要是指决策或执行事务时的决定权。所谓责任就是在接受职位、职务时所应尽的义务，它也同职位、职务联系在一起的，所以也称职责。职责就是在一定职位上完成任务的责任。权力大，责任也大：基层的管理者通常拥有执行和监督权，因而也承担了相应的监督责任和义务。权责对等是管理组织中的一项重要的原则，通过科学的组织设计，将各种职务、权力和责任等形成规范，订出章程，使担任各项工作的人员有所遵从。权责明确化的原则既是组织设计原则之一，也属领导者用人原则之列。现代化管理必须善于区别不同才能的人，并能安排在合理的岗位上。

6. 专业化分工的原则

企业生产过程包括了许多不同阶段，要求一定数量的参与者利用不同的技能和知识在不同时空进行或组织不同的活动。专业化分工就是要把企业活动的特点和参与企业活动的员工的特点结合起来，把每位员工都安排在适当的领域中积累知识、发现技能从而不断地提高工作效率。从某种意义上来说，企业组织设计就是对管理人员的管理劳动进行分工；部门设计是根据相关性或相似性的标准对不同部门的管理人员的管理劳动进行横向分工；层级设计则是根据相对集权或相对分权的原则把与资源配置方向或方式选择相关的权利在不同层级的管理机构或岗位间进行纵向的安排。

7. 统一指挥原则

统一指挥原则是组织管理的一个基本原则。它虽然源于军事组织，但对现代管理组织也有普遍指导意义。统一指挥原则是建立在明确的权力系统上的。权力系统依靠上下级之间的联系所形成的指挥链而形成。指挥链即指令信息和信息反馈的传递通道。为确保统一指挥，应当注意以下三个要点：

（1）指挥链不能中断。管理组织的指挥链如同人的血液循环系统，靠它来统一全体人员的思想和行动，为实现共同的管理目标而努力。中断了指挥链，就会造成指令无法贯彻，信息无法反馈，整个组织陷于瘫痪无政府状态。

（2）切忌多头领导。组织设计时必须考虑总体协调，以保证统一指挥，即命令的统一性与有效性。多头领导必然政出多门，容易出现矛盾，使下级疲于应付甚至无所适从，严重影响工作效率。

（3）不能越级指挥。为了保证指挥链的完整，在通常情况下，上级对下级的指挥应逐级进行。组织设计时，要明确各层机构不同人员的职责权限。各级做各级该做的事，这样才能有效地发挥组织效应。越级指挥的后果必然是：一方面浪费了领导者的时间与精力，另一方面又会挫伤下属的积极性和责任感。当然，也应当明确：上级对下级不越级指挥，但可以越级检查工作；下级对上级，不越级请示，但可以越级反映情况。

8. 组织设计需要匹配企业发展需要的原则

在管理职能的安排上，组织设计需要解决权力和责任相匹配的关系，只有在权力和责任相匹配的关系中，组织管理才会发挥有效的作用。对于企业来讲，发展到什么样的阶段就设计怎样的组织结构，企业的组织结构既不可一成不变，也不可好高骛远，设计超出自己实力的组织结构。组织结构需要配合企业发展的需要，什么样的阶段用什么样的方式与结构。

（1）创业阶段的组织设计。在创业阶段的组织规模比较小，组织结构比较单一，组织协调要求低，任务和职能比较简单，决策主要由高层管理亲自进行，内部信息沟通主要以非正式的方式进行，因此这一阶段的组织设计要求比较简单。

在创业阶段适合采用直线型的组织结构，其中最大的特点就是所有权与经营权合二为一。创业阶段企业的成功并不取决于是否拥有优秀的员工，不取决于是否能够利用市场机会，不取决于是否拥有良好的企业管理和文化，而是取决于对产品的质量和成本的关注，影响企业生存机会的最重要因素是如何保持低成本和高质量，所以形成了直线型的组织结构。

（2）成长阶段的组织设计。成长阶段的组织的职能变得越来越复杂和多样化，许多决策是由中层以下的管理人员做出的，组织结构变得越来越专业化和正规化，不同职位和职能的协调要求越来越高，信息传递需要通过专业化的正规渠道进行。为了适应这种变化，在组织内部实行权力下放，以有效实现组织的不同职能。这种权力下放造成了复杂的组织结构和对统一协调的高要求，并要求组织设计适应这些特点。

在成长阶段的组织适合采用职能型的组织结构。在这个阶段，企业需要注重建立销售网络，扩大规模，累积品牌，企业最重要的工作是发挥资源的有效性，以便用有限的资源取得最大的业绩。根本特征是引进专业人员，因此公司不再以经验为基础进行竞争，而是以专业人员的能力为基础。企业的所有权将部分移交给一些职能部门进行管理，但企业家需要从事管理的工作。

（3）发展阶段的组织设计。发展阶段的组织职能更加复杂和多样化，职位和权力关系趋于复杂，往往使单纯的高层管理者的协调工作更加困难，因此建议增加职业经理人，来加强协调管理。这就导致了组织结构以及行使权力的渠道和方法的新变化，从而对组织设计提出了新的要求。

在发展阶段的组织适合采用事业部制的职能结构，引入职业经理人，所有权和经营权分离，管理交给经理人。企业处于快速发展的阶段，需要建设高层经理人团队，这就要求充分调动经理人的积极性和创造性，同时又要求经理人能够承担起责任。

（4）成熟或转型阶段的组织设计。在这个阶段组织的管理者针对组织的复杂化问题，会提出新的权力结构和运行方式的要求，从而使得人们根据统一协调和规范的要求，对组织进行再设计。

在成熟或转型阶段的组织适合采用董事会制的组织结构，董事会承担起构建公司的职责。这个阶段最重要的是解决文化价值和理念认同的问题，因此一个领导难以承担那么大的责任，需要打造一个领导团队。

常见的组织结构

1. 直线型

特点是低度部门化、宽管理跨度，常见于创业期企业。优点：快速灵活；缺点：过度依赖个人，风险较大。

2. 职能型

将相似或相关职业的员工组合在一起，形成职能部门，专业化带来成本节约。

80%企业首选直线职能型组织结构。缺点：容易出现部门墙；适合中小企业，较难适应市场多变的环境，横向协调及沟通不畅。解决沟通的问题：建立更多交流机会，比如联谊会、活动等。

3. 事业部制

让企业做大做强，企业管理规范，流程制度清晰，实现分级管理、分级核算、自负盈亏；管理者需要比较成熟。

4. 矩阵式组织

在直线职能式的垂直组织的基础上，增加一种横向的领导系统，横向为完成某项任务而组成的项目系统，按项目经理权力大小，分为弱矩阵（适合简单的项目）、平衡型矩阵（中等技术复杂度，且项目周期较长）、强矩阵（技术复杂，且时间较为紧迫）。优点：机制灵活，可随项目结束而解散，加强了不同部门之间的配合与信息交流；缺点：实行双重领导，容易出现意见分歧而造成工作上的矛盾。

5. 基于互联网的平台型组织

先有平台，后有组织。驱动平台型组织的有市场、技术、人才。

6. 生态型组织

形成上中下游生态圈，通过产品驱动(优质产品及服务供给)、品牌驱动(强势品牌及市场占有率，蓝海市场广泛合作、资源互换)、生态整合驱动（并购整合，共赢），形成不同事业部、不同产品连接，打破公司边界，形成内外部无边界协作。

组织变革

组织变革是由企业组织本身发展过程中的矛盾决定的，企业的发展离不开组织变革，内外部环境的变化，企业资源的不断整合与变动，都给企业带来了机遇与挑战，要抓住新机遇，应对新挑战，就要求企业持续关注组织变革。

很多时候，企业很难决定是否进行组织变革，对组织变革会存在一定程度的担忧，担心组织变革失败对企业的影响更大，因此会采取温水煮青蛙的方式，明明意识到问题，也维持现状，除非迫不得已。

企业的发展一定会遇到很多问题，在管理的过程中确实需要区别对待，但是对于一些明显影响企业运转的问题，我们却不能视而不见，因为问题不会因为我们的刻意忽视就不存在；组织变革是一项"软任务"，即有时候组织结构不改变，企业仿佛也能运转下去，但如果要等到企业无法运转时再进行组织结构的变革就为时已晚了。因此，企业管理者必须准确识别组织变革的征兆，及时进行组织变革。

企业为何需要组织变革

企业本身一直处于发展的过程中，面临着许多变化的因素，外部变化包括宏观环境的变化、行业环境的变化，内部变化包括技术、人员、管理等要素，以及企业自身成长和生命周期的变化。企业规模扩大，人员变多，管理层级也相应增加，流程更加复杂，这些基础条件发生了变化，组织当然也要变革。此外，企业技术创新、流程再造、寻求利润增长、并购重组等因素也推动组织变革。

曾经成功的公司为什么衰退了？这需要我们从两个不同的维度来思考这样的现实：

一是曾经成功的公司因为不能摆脱过去而衰退。曾经有无与伦比的成功历史，现状和预期状况没有太大差异，企业便会一直处于安全区而不尝试改变，满足于现有绩效而不寻求进步。或者，企业依靠丰富的资源取得了成功，理所应当地认为资源起了决定性作用，用资源替代创新，离开了创新企业也就无法前进。

二是曾经成功的公司因为不能创造未来而衰退。成功的企业往往形成了根深蒂固的行为风格，误以为现有的发展惯性就是领导力，不能"重塑"领导力，也就不能创造未来。

近年来很多人用 VUCA 来总结当前时代的特征，它形象地描述了我们生活的世界：易变性（Volatility）、不确定性（Uncertainty）、复杂性（Complexity）、模糊性（Ambiguity）。在 VUCA 时代，科技日新月异，信息爆炸增长，形势瞬息万变，层出不穷的新鲜事物不断地颠覆着人们的生活方式，商业环境更加复杂无序、难以预测，经济形势也更加复杂多变。

在 VUCA 时代，从经济模式到产业行业的变化超过了人们的认知和历史规律，没有事情是确定的，这对企业的组织和管理带来了极大的挑战，过去成功的经验不可复制，因为现在的环境以及将来的环境都会发生巨变，情况与过去截然不同。因此，要以不变应万变，以可确定的组织能力应对不确定的时代。

通用电气公司前任 CEO 杰夫·伊梅尔特曾经说过：21 世纪的领导者必须成为能够适应不明确环境的系统性思考者。这要求在 VUCA 时代，领导者们从逐项鼓励的行为胜任力变成复杂的思考、整合能力，这体现四方面的适应性能力，诸如敏捷的学习能力、自我意识、对不确定性的适应和系统战略性思维。这一切，唯有通过组织变革才能拥有。

两大组织变革方式

在企业经营中有一句话："企业经营唯一不变的原则，就是永远在变。"经营企业，必须面临现实不断变化的处境，企业必须配合调整。在现实环境中，企业必须随着环境的改变加以适应，才能在竞争激烈的商业环境中生存。在现今的商业环境下，不但变化的步调越来越快，经营环境的复杂程度也与日俱增，促进变革的动因也越来越强，"变革"成为企业的日常功课。

组织变革的方式分为两种：渐进式变革和剧烈式变革。

渐进式变革通过新技术改进产品，这个变革贯穿于正常结构与过程，影响组织的局部，起到维持平衡、持续进步的作用。

剧烈式变革通过突破性技术创造新产品、开拓新市场，最终结果是创立新的结构和管理、转变整个组织，最后突破原有的框架，达到新的平衡。

组织变革的关键点

企业活力是衡量企业生存与发展能力的一个重要概念，而企业活力取决于两个因素：人和组织机制。保持组织活力的手段之一就是组织变革。哈默和钱皮曾在《企业再造：企业革命的宣言书》一书中把三"C"力量，即顾客、竞争、变革，看成是影响市场竞争最重要的三种力量，并认为这三种力量中尤以变革最为重要，"变革不仅无所不在而且还持续不断，这已成为常态"。掌握好组织变革的关键点，是组织变革成败的关键。

1. 充分沟通，安全保障，消除恐惧

组织变革需要领导和员工之间充分沟通交流，对变革过程中可能出现的情况做好充分准备，给员工充足的信心以面对不确定的挑战。员工心理层面的压力减小，消除了对变革带来的不确定性的恐惧，才能更好地开展组织变革工作。

2. 获取领导和利益相关者的强力支持

组织变革需要获取领导和利益相关者的强力支持，组织高层的支持是成功变革的基石。对于组织重大变革，比如架构调整等，组织负责人必须给予支持和鼓励。一些小的变革，也需要相关部门的领导支持。

以华为的变革为例，这场变革既有组织设计、权责划分、关键角色与岗位设定，还有大家比较少关注的合规监管、风险管理、资产管理、公司治理等部分。这些顶层设计的内容，基本上都是超过一般老板的业务能力和管理能力，所以要让专业的人去做专业的事，相信专业的力量。

3. 选择合适的变革模式

没有变革，组织就会失去活力，其发展的趋势就是萎缩或消亡。然而，盲目的变革也会给组织带来混乱和损失，甚至导致组织的崩溃。实践证明，要使组织变革取得成功，必须在科学预测的基础上，根据组织本身的特点和未来可能的发展趋势，系统地选择、规划和实施合适的变革模式，才能使组织更好地发展。

组织变革模型中最具影响力的是卢因变革模型。这是卢因在1951年提出的一种有计划的组织变革模式，它包括解冻、变化和再冻结等三个步骤，用于解释和指导如何启动、管理和稳定变革过程。

解冻阶段的焦点在于创设变革动机，发现组织变革的阻力，并采取措施克服变革阻力，同时具体描绘组织变革的蓝图，明确组织变革的目标和方向。

变革是一个学习过程，按照拟定的变革方案的要求，开展具体的组织变革工作。需要给干部员工提供新信息、新行为模式和新的视角，指明变革方向，实施变革，进而形成新的行为和态度。

冻结阶段，可能会出现退回到原有习惯行为方式的倾向，为了避免这种情况的出现，变革的管理者需要利用必要的强化手段使新的态度与行为固定下来，使组织变革处于稳定阶段。如果缺乏这一冻结阶段，变革的成果可能会退化消失。

卢因变革模型适用于为了成功而需要大幅度变革的情况。它还擅长发现那些被认为是理所当然的隐藏的错误，因为你必须分析你正在改变的每一个方面。但是由于该模型中卢因假设组织处于一个相对稳定的状态，是一个静态的变革模型，忽略了各因素变化对组织变革的影响。因此，对内外部环境变化较快的企业不适用。

根据华为的变革轨迹来看，企业变革是一项长期的工作，需要根据企业不同阶段不同情况进行持续的变革。华为的变革模式大致遵循了卢因的阶段性变革模式，第一阶段自主创新，解决了华为当时存在的问题；第二阶段引进复制，实施新的更有效的管理体系；第三阶段创新发展，总结成功经验，巩固一二阶段的成果。

4. 建立短期的具有里程碑意义的目标

组织变革目标可以分为短、中、长期的阶段性目标，变革实施的过程很漫长，为了能够激励员工对组织变革充满希望，在组织变革的具体实施中应该制订短期目标，如果达成了目标，就要对在变革过程中表现突出并有重大贡献的员工予以奖励，激励组织员工向新的愿景努力。先建立短期的有具体里程碑意义的目标，再朝愿景方向走去，这样就更容易形成共识，达成目标。

5. 加强变革过程控制，让变革更可控

组织变革的过程中有许多不确定因素，导致组织变革最终结果难以控制，所以要对变革的过程加强控制，让变革变得更加可控。比如华为在复制阶段的变革主要依靠咨询公司，他们帮助华为建立了各种体系化、标准化的管理体系，使得管理的可控性和透明性得到了明显的改善。

经典案例

IBM的组织变革管理框架包括八个活动要素，分别是：发展赞助人/领导层的支持能力、项目组建设、利益关系人分析及变革准确度分析、组织体系调整、组织与职位重新设计、绩效管理及奖励、沟通、教育与培训。

（1）发展赞助人/领导层的支持能力：是指变革项目启动早期设计的、针对变革赞助人/领导层的流程及活动。

（2）项目组建设：是指以有效的工作团队及小群组动态工作为基础、为项目组提供准备和教育的流程。

（3）利益关系人分析及变革准确度分析：是指用于评估组织对变革的准备程度的流程及为具备变革准确度所需做的工作。

（4）组织体系调整：是指为了与变革需求保持协调一致，对现有的组织特征及能力进行分析及相应调整。

（5）组织与职位重新设计：是指基于重新设计的流程给出的员工角色的详细描述和组织的未来设计。

（6）绩效管理及奖励：是指支持重新设计的工作系统所需要的管理、反馈、目标设定及认同的流程和内容。

（7）沟通：是指伴随和支撑变革过程的各种正式及非正式的信息交流、讲座和公告处理流程。

（8）教育与培训：是指针对受新技术及工作系统影响的最终用户和其他员工的流程及相应培训的课程资料。

IBM 组织变革管理框架每个步骤对实施内容都有特殊的要求，每个步骤都有确定的输出成果。同样，每一个步骤都是必不可少的选项，缺少任何一个环节都会造成变革的障碍，最终导致变革的停滞甚至失败。

★ ★ ★

青岛啤酒的组织变革分为了三个阶段：

（1）2000 年，实行事业部制的分权管理，充分地调动了事业部经理人员的积极性，能适应多变的外部环境。

（2）2005 年，实行直线职能制的组织形式。改革开放进入了稳步发展的阶段，企业对环境的预测有了一定的规律可循，并且面对着日益壮大的竞争力量和日益扩大的市场，就需要对组织的资源进行统筹，分权制的事业部制不能满足组织发展的需要，集权制的直线职能制成为一种必然，政令统一，克服了事业部制的缺点，充分地利用直线职能制的优点。优点如下：

①把直线制组织结构和职能制组织结构的优点结合起来，既能保持统一指挥，又能发挥参谋人员的作用；

②分工精细，责任清楚，各部门仅对自己应该做的工作负责，效率较高；

③组织稳定性较高，在外部环境变化不大的情况下，易于发挥

组织的集团效率。

（3）第三轮变革采用矩阵制的组织结构，矩阵制结构由纵横两个管理系列组成，一个是职能部门系列，另一个是为完成某一临时任务而组建的项目小组系列，纵横两个系列交叉，构成矩阵结构。矩阵制结构的最大特点在于其具有双道命令系统，小组成员既要服从小组负责人的指挥又要受原所在部门的领导，这就突破了一个职工只受一个直接上级领导的传统管理原则。矩阵制结构具有四个方面的优点：

①将企业横向联系和纵向联系较好地结合起来，有利于各职能部门之间加强协作和合作，及时沟通情况，解决问题；

②能在不增加机构和人员编制的前提下，将不同部门的专业人员集中在一起组建而成；

③能较好地解决组织结构相对稳定和管理任务多变之间的矛盾，使一些临时性、跨部门性工作的执行变得不再困难；

④为企业综合管理和专业管理的结合提供了组织结构形式。

但是，矩阵制结构组织关系比较复杂，一旦小组与部门发生矛盾，小组成员的工作就会左右为难。此外，有些小组成员可能会因原有工作分散精力，受临时工作影响观念。

所以，矩阵制的组织结构形式，满足了现阶段日益扩大的国际市场和人民生活水平提高带来的需求变化，既能指挥命令统一，又能兼顾对环境变化带来的影响。

打造韧性组织

在这个充满不确定性、挑战和压力的环境中，逆境事件出现的可能性和频率也随着升高，而"组织韧性"是让企业得以生存且持续成长的关键。组织韧性就是企业在危机中重构组织资源、流程和关系，从危机中快速复原，并利用危机实现逆势增长的能力。一家企业拥有的组织韧性越强,越有助于其快速从危机中复原并获得持续增长;反之,一个企业的组织能力脆弱,就会导致其在危机中越陷越深,最终被危机吞噬。只有高韧性企业才能够穿越多次生存危机,不仅能够快速复原,走出困境,还能够利用每一次危机带来的成长机会,实现持续增长。

如果企业要基业长青,在不确定的环境中保持不断成长和持续领先,就需要在组织形态上表现出组织的坚持与韧性,具备坚持与韧性的组织将驱动企业在动态环境在保持不断地成长和领先。

经典案例

> 吉利公司在疫情期间和很多企业一样面临着复工艰难的问题,但它能够快速在逆境中调整,恢复元气,展现出超强的组织韧性。吉利汽车积极把握国际国内双循环大趋势,通过全球各个子品牌企业协同研发,使得吉利汽车在中美贸易摩擦、应对逆全球化的严峻形势下探索出新机会,形成新一轮的发展机会,这正是吉利公司组织韧性的体现。

组织变革一定会遭受不同程度的阻力,因为变革都会涉及利益调整,触碰到别人的利益,阻力就会产生,有一些是消除不了的,只要不让变革阻力变成主流就可以。要变革,还会有当前短期的利益损失,所以坚持、韧性很重要,如果承受不住众人反对的压力,或者因为短期没有见效而停止变革,对于组织的长远发展是不利的。

组织韧性最终体现在企业面临危机时,股东、客户、员工等相关利益方仍然对企业具有强烈的信心。那么如何打造组织的韧性呢,可以从以下几方面入手:

一是战略选择。

在不确定性的商业环境中,要求企业不断进行变革和创新。关注标准化、流程和机制优化的企业,在稳定环境中能够赢得效率优势,但是企业一旦失去了对于不确定性的灵活适应能力,便会把企业推向悬崖边。所以,企业需要面向未来思考,有前瞻性的战略思维。稳定时期的战略一般会选择将资源聚焦在核心技术、核心产品中。而打造韧性组织的战略选择一般都是一专多能,既聚焦核心业务,又要有足够的资源向多元化倾斜。

二是长期主义。

对于一个组织而言,坚持长期主义非常关键,企业可持续健康发展比短期效益增长更重要,过去几十年中国企业一直保持高速增长,在高速增长的背后,我们需要回到对企业可持续发展的思考。为什么欧洲会有很多百年以上的企业,他们是如何经受住经济发展循环带来的挑战的?在中国,很多中小企业发展到一定阶段,为了做大做强往往会通过资本运作谋求进一步扩张。但在欧洲,企业家对资本的态度都是异常谨慎的,他们更注重企业的延续性,也就是坚持长期主义,而不是被短期财务指标增长的速度蒙蔽了双眼。

三是构建价值感和使命感的企业文化。

一个没有信仰、没有精神、没有意义建构的组织,只是为钱而生存的组织,很容易一触即溃,这种组织是不可能有韧性的。

那些韧性很强的组织,它是有组织使命的,它的愿景感召力是非常强的。例如:创立 SpaceX 的马斯克,SpaceX 三次发射失败,融资出现了问题,马上面临破产。他和一帮科学家在太平洋上的欧姆雷克岛上,组装和发射火箭,既没钱又没空调,工作极为艰苦。即便在这种情况下,仍然有一批顶级的科学家愿意与马斯克一起奋斗,最终 SpaceX 第四次发射成功,马斯克拿到了 NASA 商业轨道运输服务合同。SpaceX 希望为人类构建一个更有价值、更有意义、更美好的未来,在这样的愿景下,大家对企业的梦想、希望都产生了巨大的认同感,这种认同感所迸发出的巨大能量,影响并改变了大家的认知、态度和行为,也使他的团队极具组织韧性。

四是为团队营造有安全的创新氛围。

我们鼓励团队创新,要允许大家犯错,鼓励大家试错,没有试错的经验,团队是没有办法真正成长起来的。鼓励员工大胆提出"不靠谱"甚至"根本不可行"的想法,从中找到更多创新的可能性,并鼓励员工对创新采取额外的行动,允许一定程度的失败和损失,成功的创新是建立在大量失败的基础上的。与其在错误中追责,不如在试错中找到问题点,找到能够解决问题的方法,找到有益于团队成长的点,才能给组织营造出有安全感的创新氛围。

3M独特的15%文化鼓励员工留出一部分工作时间,积极培养和激发员工的创新想法。在与经理协调以确保日常职责仍在执行的同时,员工可以腾出时间探索新鲜而不同的事物,创造性地思考并挑战现状。无论是试验新技术,围绕一个新想法组建一个特殊的兴趣小组,还是寻找一种新的运作方式,15%文化都为各个领域的员工提供了创新机会。得益于这一文化,3M公司的多层光学膜、Cubitron™磨料、Emphaze™AEX混合净化器和APC™快速粘结剂等无数创新成果都是员工创造出来的!

思考与练习

1. 本书介绍了组织设计的八大原则,它们分别是什么?其中,在统一指挥原则中,为确保统一指挥,又进一步介绍了哪三个要点?

_____

_____

2. 为什么要打造韧性组织?打造韧性组织应该从哪些方面入手?

_____

_____

第 13 章
"八柱"之八：人才

人才是企业的生命，是企业最重要的资源，是企业中最积极、最活跃的因素。企业的首要任务就是把人才充分挖掘开发出来。

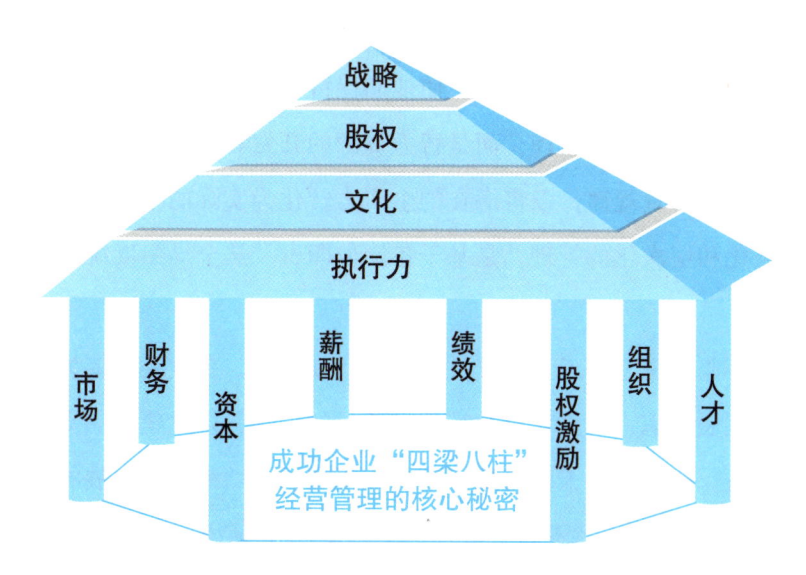

成功企业"四梁八柱"经营管理的核心秘密

战略 股权 文化 执行力

市场　财务　资本　薪酬　绩效　股权激励　组织　人才

"人才管理"一词理论化大致在20世纪90年代末，麦肯锡出版了《人才争夺战》一书，认为人才管理重点在于识别人才，并能够吸引和留住人才，这里的人才一般特指具有特殊才能的员工，因为当时高技能知识领域存在人才短缺的问题。企业家们也热衷于"人才管理"，对高绩效员工和高潜力员工竞相追逐。随着时间的推移，越来越多的企业家认识到人才管理的重要性，学者和专家也通过出版著作、发行期刊、举办学术会议等方式来推动人才管理研究，其中影响较大的著作有：《人才战争》《人才：有求必应》《战略驱动的人才管理》《知识员工的人才管理》。国内知名企业也开始思考人才管理理念，比如万科、联想等企业，对于人才的定义、培养、发展和保留形成了明确的概念体系。

综上所述，人才管理是指吸引、保留和发展劳动力的战略方法。组织（一般是企业）根据业务的需要，以现代管理理论为指导，综合运用最新科技成果，开发各类人力资源和组织管理的过程，包括人力资源需求预测、招聘、培训、运用、评估和考核等内容。

其具体内容包括：尽可能准确地识别、选拔人才；按客观规律要求合理分配和利用人才；为人才能够充分发挥潜力创造良好的内外部条件以支持他们的创造性工作；科学组织人才，使他们保持积极的创新精神和创造能力。人才管理不仅仅是人事管理，而是智力资源的开发和利用，需要适应经济学和企业管理的客观规律，以将潜在的生产力转化为实际的生产力。人才管理还是系统化和层次化的管理，是基于各岗位职责，从全局角度统筹规划的综合活动。

对于企业来说，员工不仅仅可以及时完成任务，企业还需要为员工持续的学习和发展考虑，对员工进行管理和绩效的优化，以此建立一支有竞争力的员工队伍。企业对员工的管理不是一成不变的，始终要以发展的眼光来看待员工，才能让员工满足不断变化的业务需求。换句话说，人才管理不仅是"管理"，更重要的是"赋能"。

随着对员工和客户的竞争日益激烈，企业面临的不仅只是市场份额的竞争,还面临着吸引和保留人才的竞争。人才管理方法不应再局限于少数受青睐的人员,也不应简单地沿用传统继任计划的模式,当今快速变化的时代需要更开放的人才管理方法。

人才管理的基本法则

管理学家汤姆·彼得斯说过:"企业唯一的真正资源是人,管理就是充分开发人力资源以做好工作。"人才是企业的生命,是企业最重要的资源,是企业中最积极、活跃的因素,企业的各项生产活动和管理工作都需要人去完成,因此企业的首要任务就是把人才充分挖掘开发出来,具体有两方面的含义:一是充分发挥现有人才的作用,包括准确选拔人才、合理利用人才、科学管理人才等;二是开发潜在人才,培养未来人才。

人才管理的基本法则包括战略导向、业务驱动、胜任力和高层参与四项。前三项为企业构建了精准的人才画像,最后一项是确保人才管理的高度,这样的高度决定了一个企业人才队伍的质量。

战略导向

人才管理的第一要素是人才符合企业战略导向,任何一个部门、任何一个员工所做的事必须为总体经营目标服务,而不是各自为政。人力资源管理部门要有所作为,一定要首先保证将事情做正确,一定要有智慧、有策略、围绕大局地去干,这就是人才管理为战略服务的理念。人才管理工作要驱动战略目标的实现,一定要围绕"三个务必"做足功课。

一是务必要明确行业发展趋势和企业发展战略,只有洞察行业的方方面面和企业的发展战略,才能站在足够的高度做好人力资源管理工作;二是要了解企业各个板块的业务,这样才能更好地帮助各板块实现价值;三是要清楚战略与人力资源管理专业运作之间的逻辑关联,并衔接好两者的关系,比如培训做得精确到位，对企业战略实现的带动作用就越大。

业务驱动

在新兴商业环境下，人才管理要想成为企业战略落地和业务发展的内在驱动力，就必须以驱动业务为导向，能驱动业务发展的才是优秀人才。

当前，许多世界级企业不断变革和创新人才管理方式，其中普遍运用的是"三支柱模型"，即把人力资源部门分为业务伙伴（HRBP）、专家中心（COE）、共享服务中心（SSC）。基于三支柱模型，人力资源管理的职责就比较清晰了：一是人力资源专家根据战略和业务发展需要，依据员工需求，进行人力资源产品与服务的设计；二是企业的人才管理流程要和业务流程管理融为一体，要把经营人才当作一项业务，把专家中心设计出来的产品和服务交付给业务部门，并推动其实施；三是建立共享服务中心，集中处理常规的人力资源事务性工作，进一步释放出人力资源的专业能量去支撑业务发展。

华为的发展离不开强大的人力资源的驱动，与人力资源三支柱有密不可分的关系。华为人力资源三支柱强调的是客户需求和业务需求以及对业务部门的支撑作用，HRBP、SSC、COE都发挥着自己的作用。

以胜任力为基础

首先要胜任岗位，如果现有岗位都不能胜任，那就不是人才。或者说不能胜任岗位的人才再好也不能称之为人才。

在企业管理上就是要做到"人岗匹配"，根据员工的不同特点将其安排到最合适的岗位上，人尽其才，每个人都要充分发挥自己的才能。

要做到人尽其才，管理者首先要具有一双慧眼，对员工的才能、兴趣等有充分的了解，才能针对某项特定的工作选择最合适的人选，这样才能最大限度地发挥员工才能，公司也会有更长远的发展。

高层参与

成功企业的人才管理不只关乎人力资源部门，CEO 和各层管理人员也要参与其中。管理层需要积极参与到人才管理的各项流程中，将员工招聘、接任继任、领导力培养以及员工留存当作首要任务，这有助于保证企业员工队伍建设，打造一支上下一心的队伍。如果管理层不参与人才管理的实际工作，仅仅停留在制订人力资源管理的规章和制度的层面，这样管理者和员工之间缺乏必要的沟通，导致规划没有得到全员的理解，必然会造成工作上的阻塞，影响工作的正常开展。

经典案例

联合利华主张只招最优秀的人才，为了实现这一目标，高层管理者虽然工作十分忙碌，但也必须抽出时间去参加员工的面试。部门经理可以扮演教练或是导师的角色，给新人提供成长的机会，并鼓励有才能的员工在组织内部轮岗，从而实现职业发展。

干部的培养与管理

在军队中，各级军官的培养与管理是最为重要的，同理，企业人才管理最重要的方面也是干部的培养与管理。

企业干部必须是其业务领域的行家、专家和指路人，必须对公司的相关业务有足够的洞察力和经验。这就要求他们在业务上系统地磨炼自己，培养扎实的基本技能。首先，必须认真学习管理理论，用扎实的理论知识武装自己，建立和深化自己的管理基础。其次，必须提高自己的业务水平，掌握基本技能，认识和掌握企业管理的基本规律和联系，从宏观和微观两方面把握企业管理的脉络，并在实践中提高自己的业务水平。最后，向市场学习，适应市场经济条件下企业管理的新变化，研究市场经济条件下出现的新的经济和法律关系，努力在市场中把握做好企业管理工作的主动权。

干部选拔

《华为EMT（经营管理团队）纪要》指出，干部选拔的最高标准是实践。"华为基本法"第72条明确规定："没有周边工作经验的人，不能担任部门主管。没有基层工作经验的人，不能担任科以上干部。"

谈到干部的选拔，华为反复强调应从有实践经验的人中选择，没有基层一线工作经验的人员是不能选拔为干部的。华为的许多高管都是从基层一步步成长起来的。目前，华为三分之二的中高层干部从事过一线市场相关的工作，而三分之一的中高层干部从事过研发相关的工作。

华为希望所有人才都能站在最接近客户的前线。优秀的管理人才，包括研究和开发方面的人才，也来自基层一线。不能从行政管理部门中选拔干部，没有上过战场的人是不能被提拔的。在华为，无论你是拥有学士、硕士还是博士学位，你都必须经历一线实践工作的历练。华为前副总裁郑树声和徐直军等高级管理人员在获得博士学位后直接到基层工作，并在一线做出突出贡献后才得到晋升。

小事不愿干、大事干不好的员工，在华为是被淘汰的对象，华为坚持实践出真知的原则。这也从侧面印证了任正非说的那句话："大浪淘沙才是这个时代的本色与潮流，把资格、资历看得很重，终有一天要死亡。"任正非认为，华为贯彻选拔制，而不是过分强调公平的培养制。从现在起，华为干部的选拔必须要具备直接的基层实践经验。

任正非表示，华为现阶段的人才管理存在一个重要问题，他说："过去我们总担忧员工会囤积在发达地区，而现在担心的是艰苦地区的员工不愿意回来，因为从艰苦地区回到发达地区，能否适应'航母'时代，能否追上队伍，不被淘汰，是很重要的问题。"现在的情况是，华为在发达地区的人员能力都比艰苦地区的强，而机会总是被能力强的人占有。为防止"大家都不愿意上战场"的局面出现，是否"上过战场、开过枪、受过伤"这样的基层实践经验，将作为华为提拔任职资格的首要条件。

干部应具备的四大特质

特质一：责任感

责任感是员工评价企业干部的一个标准，在对大多数员工的调查中，当问及他们喜欢什么样的干部时，大约60%的人说他们喜欢有责任感的干部。为什么会有这么多员工喜欢负责任的干部？因为他们可以被信任，永远不会推卸责任。凡是卓越的干部从来不会推卸责任。负责任的干部不仅给员工以安全感，还能激励他们检讨自己的行为，反思自己的不足和应该承担的责任，从而增强他们的责任感。

经典案例

前日本八佰伴国际流通集团总裁和田一夫曾这样说过："为了更好地东山再起，也为了弥补自己的过失，所以当年我引咎辞职。作为领导者，你应该负起主要的责任，让别人知道你是什么样的人。"他认为在八佰伴破产后，许多人面临失业的困境，他有责任把自己所有的财产拿出来，这也是日后东山再起的资本。

企业干部作为一种领导和管理企业的职业，与其他职业相比，在掌握和行使权利、制订和执行规章制度、处理人际关系等方面负有更重大的责任。企业干部是否具有责任感关系到企业的发展方向、前途和命运。因此，不断强化企业干部的事业心和责任感，对于提高干部素质、加强干部品德修养，具有特别重要的意义。

特质二：专业

美国管理学会调查了 1800 名优秀的管理人员，认为领导者需要具有才智优秀、人际关系融洽、心理成熟等特征，同时具备专业技术和业务知识。专业能力卓越，意味着只有能把自己工作做好的人才能赢得尊敬，也才会有人愿意追随，这是公信力的问题。

优秀的干部在特定领域能将专业知识和科学的管理知识结合起来，特别是早期的创业者，这一特点表现得更加明显。穆藕出身于棉业世家，拥有美国农学硕士学位，主攻肥皂制造、棉花种植和病害防治，同时系统学习泰罗的科学管理理论；范旭东毕业于日本东京帝国大学化学系；联想的柳传志本身既是计算机专家，又有非凡的经营才干。

特质三：激情

企业干部应该对所做的事情有强烈的热情、信念甚至是痴迷，而且他们应该不屈不挠，相信无论情况如何都会成功。一个好的干部有较高的理想境界和成就动机，并喜欢接受他人和社会的挑战。正如俞敏洪曾经说过的，信念和激情这两个词就是连在一起的，激情是信念的一种外在表现，没有信念就不会有激情。因此，所谓的创业激情其实是对自己内心的一种认可，而投射到企业当中，就是对企业价值以及企业对社会所作贡献的一种认可。

刘强东也多次在公开演讲中表示，作为一个企业家，他一直很有激情，正是这种激情使他能够克服一切困难，持续上升到顶峰。其中最有名的故事是，在 2004 年至 2007 年的三年里，他每天都睡在办公室的地板上，并设定闹钟为每两小时起床一次，只要闹钟一响就起床，在网上回答用户的问题，以便更好地服务客户。刘强东对创业的热情深深扎根于京东的企业根基之中，并对京东的每一位员工产生了深刻的影响。

特质四：大局观

大局观意味着从整体的角度来看待、思考、分析和解决问题。一般来说，具有大局观的人善于从整体、长远的角度来思考、决策和开展工作，为企业的健康和可持续发展服务。没有大局观的人在处理事情时，往往会犯"只见树木，不见森林"和"头痛医头，脚痛医脚"的错误。

大局观具体来说有以下三方面的内涵：

"多"指的是凡事从多方面、多角度地分析和处理。作为干部，必须能够从整体和综合的角度来看待问题，并从不同的维度进行分析。在做决策时，中层干部不仅要考虑自己部门的观点，还要考虑对其他部门的影响。高层干部在做决定时需要考虑他们的决定会产生什么影响。

"长"指的是从长期的视角看待和处理问题，干部做决策不能只顾眼前，还必须考虑这个决策将会对三年后、五年后、十年后的公司产生怎样的影响。比如小米自成立起就主打"性价比"的理念，新产品的价格相对其他品牌具有价格优势，雷军甚至做出承诺，小米的硬件利润率永远不会超过5%。很多人质疑小米这一决定的正确性，但是事实证明小米的战略是正确的，小米从高性价比手机进入市场，至今已打造出了一条完整的生态链，包括扫地机器人、电视机、智能穿戴设备等。小米的性价比战略，短期内虽然降低了利润，但却为小米打造商业帝国铺平了道路。

"根"指的是干部在处理问题时要抓住问题的根本，在做决策时不能仅看表象，还要抓住本质进行分析，从问题的根本入手，只有这样，解决问题时才能一针见血。

开发干部潜能

干部潜能的开发主要有以下两种：

第一，重要任务式开发。

路不险，无以知马之良；任不重，无以知人之才。赋予重要任务往往是考验识别人才、培养开发人才的有效途径，也往往是一个人成长进步的不二法门。

重要任务可以考验干部的能力素质，个人的能力是内在的品质，也可以通过任务考验使之外露。检验一个人能力高低的最直接办法就是委以重任、授以要职，如果任务不艰巨、担子不够重，就难以了解到一个人的真正才能，越是重大困难的任务，越能磨炼干部的意志品质、考验干部的能力本领。

重要任务可以考验干部的担当精神，"有担当"一直是评判干部素质的重要标准。在大事、难事、复杂的事面前，是积极应对、主动承担，还是消极逃避、被动接受，态度的选择最能考验一个人的担当精神。《世说新语》有言："蒲柳之姿，望秋而落；松柏之志，经霜弥茂。"松柏虽经严霜而仍枝繁叶茂，蒲柳未到秋天就已开始零落，说的就是参与重大任务能考验人的意志品质。

重要任务可以激发干部的内在潜力。心理学研究显示，一般人每天只发挥了他工作能力的 20% 到 30%，但如果受到某些外部因素的强烈影响，其潜力可发挥出 80% 到 90%。想要人的潜力得到充分发挥，一般都需要被委派重要任务。学者马尔腾认为，只有经过大责任、大变故或生命中大危难的磨炼，才能把一个人的最大才能催唤出来。

第二，给予有惊喜的回报式开发。

新东方创始人俞敏洪曾说过："新东方聚集了各种各样的人才，有的是高学历的'海龟'，有的是不走寻常路的'牛人'和'怪人'。在这种情况下，我在尊重他们的同时，还需要激励他们。"给予人才有惊喜的回报有利于激发人才的潜力，让他们知道付出就会有回报。

任正非说：付出就会有回报，在华为做"雷锋"绝不会吃亏。华为人的付出也得到了回报，当年他们用自己微薄的收入购买的公司内部的虚拟股，现在这些投资已经为他们带来可观的收益。随着时代的发展，华为为了不被历史潮流所抛弃，只能不断努力、不断进步，这就需要华为拥有一支强大的、能艰苦奋斗、乐于奉献的、能够创造成功的队伍。早年间，任正非提出了"高压力、高绩效、高回报"的三高策略，明确告诉每一名员工，只要你努力工作，就能得到应有的回报。直到今天，这一原则仍然得到推崇。任何员工，无论新老，都需要奋斗，都必须奋斗。

干部继任计划

干部继任计划是指在现有人员仍在发挥作用的情况下开始培养继任者，能够确保当公司的某个职位因各种原因（如业务变化、晋升、退休或前任辞职）而出现空缺时，该职位能被及时接替，保证公司的正常运作和可持续发展，它意味着有效地避免了影响企业正常运作和可持续发展的人力资源短缺的情况。继任管理是指建立一个系统化、标准化的流程，为公司的核心管理职位物色和确定合适的人员，并在适当的时候将关键人员补充到关键职位上，以满足业务发展的需要，是企业人才管理的一项战略级任务。

企业内部不可避免地会发生人员流动，例如干部的离任或调任，这就需要能够有合适的人选及时填补空缺。这就好比足球比赛，除了上场的11名主力球员外，替补球员通常坐在一条长板凳上，随时准备出场比赛。所以，在联想有一个形象的干部继任计划，叫作长板凳计划，长板凳的含义就是替补人员。

联想的现任管理者岗位的背后，都有一连串继任者名单，包括随时可以接任的，一年后可以接任的，两到三年后可以接任的，有了这个名单，任何一个岗位出现变动，最高决策层都能够迅速找到合适的人选去接任。继任者名单是每个职位管理者与自己上级共同讨论达成的，要考虑到业绩、能力、潜力以及工作能力种种因素。

华为从公司业务发展和自身情况出发，同时考虑人才体系建设中的离职和人才供给的变化，基于组织、岗位对人才的需求，识别、发展能够胜任相应岗位而且有能力引领公司走向未来商业成功的领导者及继任梯队。简言之，华为就是通过准确理解人才供给与公司战略需要之间的关系，把握人才继任管理的关键要素来实现对公司岗位继任人选的有效管理的。

企业家如何成为人才管理大师

《福布斯》在纪念创刊50周年的时候，回顾了美国企业50年的发展历程，并指出："所谓出色的经营人,是了解如何使部下以超人的能力奋不顾身地努力工作的人。出色的经营者,如同一位伟大的政治家或将军,必须掌握如何发挥部下的超人能力的方法,了解如何鼓舞部下发挥才能的方式以及引导部下忘我奋斗的方法。"美国企业家非常重视发掘和开发人才,一些企业家常把40%的时间花在人才管理上,包括人员的选拔、培训和考核、激励机制的研究和改进。

脸书创始人深刻地体会到人才的重要性,采取创建企业文化、提高薪资报酬等手段,增强了企业的吸引力,留住了人才。

人才管理是企业管理的核心环节,在企业人力资源管理中具有特殊的价值。人才的能力发挥得好,可以给企业带来更多价值,在全球化竞争日益激烈的背景下,谁拥有更多的人才,谁就能赢得竞争。人才管理是企业家成功的关键要素之一,关系到企业的长期利益,占据着举足轻重的战略地位。

那么,企业家如何成为人才管理大师呢?

参与前100名员工的面试

在企业的发展初期,企业家必须要投入大量的时间和资源来制订企业的发展战略、思考需要什么样的人才。因为早期的核心员工非常重要,其实决定一家企业文化的不是创始人,而是早期的员工,是他们决定了一家企业的文化和价值观。因此,如果早期员工不认可你的文化和价值观,后面加入的员工对企业文化和价值观的认可度也不会太高。为了避免这样的情况发生,企业家一定要亲自面试前100位早期员工,这样能尽可能地找寻到契合自己观念的员工,一起打造双方都认同的企业文化。

经典案例

小米CEO雷军在小米发展初期可能要花80%的时间用于招聘

上，前 100 名员工入职时，雷军都会参与面试。

小米在刚开始的时候，规模很小，甚至连产品都没有，但是 CEO 雷军却将大量时间都用在招人上，甚至当时为了招一个人，他在两个月的时间里，跟对方谈了 17 次，而且平均每次 10 个小时。因为在雷军看来，任何一家公司，不管规模大小，要想找到优秀人才都很困难，而解决这个问题只有两种办法，一是把现有的产品和业务做好，二是老板每天要花足够多的时间去找人。

经常和管理层及核心人才沟通

企业家为了经营好企业必须得协调好各个方面的关系，经常和管理层、核心人才沟通是维持企业家和各方面关系的重要因素。可以这样说，企业家最基本的能力是有效沟通，企业家善于交往，可以避免许多无谓的误会和矛盾。通过管理学家理查森的一项研究发现，成功的企业家更善于和员工直接接触，包括用现场办公来进行管理等方式。他发现，优秀的企业家与一般的企业家在交际模式上有明显的不同。

企业家在与下属沟通时还要注意方式方法，在企业中发展一种具有人情味的工作关系十分重要。前美洲银行董事长克劳森认为，交际、沟通就像潮水一样漂流在高层主管和所有员工之间，而且没有地位之分。在这股潮水中，如果企业家一味地待在组织结构的方舟上，突出自己地位崇高，而不到潮水中游泳，结果只会适得其反。

将企业文化宣贯到底

企业文化是一个企业的灵魂，是最能塑造人的，而企业家往往就是企业文化的设计者、培育者，更是企业文化的积极倡导者。所以，企业家要经常在企业内部宣贯企业文化，潜移默化地影响人、塑造人。

不但在企业内部，就是在企业外部，在所有的社会活动中，企业家都可以将自己的企业文化广而告之，以此吸引优秀人才。

📝 经典案例

青岛海尔集团在短短十几年间由一个亏损 100 多万元的小企业变成销售收入达几百亿元的国际化大型企业集团，这与企业家张瑞敏积极倡导企业文化、强化文化意识的实践密不可分，他积极倡导"敬业报国、追求卓越"的企业精神和"迅速反应、马上行动"的企业作风，他还常把"要么不干，要干就争第一。这好比一颗拳坛新星的起步，它的目标必须首先就指向世界冠军，甚至要超越世界冠军。否则他不仅永远无法问鼎世界第一，而且一不留神还会被任何一个平庸的选手击倒在地"这句话挂在嘴边。在张瑞敏倡导的文化和精神的带领下，海尔集团明确了发展战略，创立了适合自己的 OEC 管理方法，构建了企业文化，并把企业文化与整个经营活动融合，展现了企业文化的真正威力。

未雨绸缪，提前储备人才

人才储备以公司的发展战略为基础，通过前瞻性的人才招聘、培训等工作，确保人才的数量和结构能够满足企业扩张的要求。人力资源库的建立构成了公司人力资源规划的重要组成部分，因此必须与环境变化相匹配，特别是其市场、消费者或客户，并满足公司的人力资源需求，包括人员的数量和结构，人员拥有的知识、能力和水平。同时，建立人才储备库也是公司人力资源规划的重要组成部分。

如果未能做好人才储备的工作，企业的各个部门将会处于超负荷的工作状态，导致员工身体透支、知识老化、效率下降等一系列问题，管理层也会感到在用人问题上顾此失彼，企业的市场服务能力不足，产品质量下降，进而无法实现战略转型升级。

对于华为这样一个拥有十几万员工的企业来说，如何升级员工知识结构，很具有挑战性。纵观全球，云计算、大数据、人工智能方面的人才供不应求，顶尖人才更是稀缺资源，这种情况还会持续甚至加剧。企业应提前布局，大胆争夺人才；未雨绸缪，提前储备人才。华为也一直在积极实施人才战略，希望吸引更多顶尖人才。

从人才管理大师到人才复制大师

企业最宝贵的资源就是核心人才经过长期实践积累下来的工作方法和经验，这对企业各个环节的运行有重要的意义。然而，随着核心人才的离职，这些宝贵的方法和经验如果不能得到传承就会流失。如果企业能建立起人才复制系统，归纳总结核心员工具有的工作技巧和经验并把它传授给新员工，就能保证企业的平稳经营和快速发展。

人才复制系统指的就是企业建立一个平台，梳理和分享企业员工积累的工作经验，帮助企业快速复制自己所需要人才的系统，包括以下几个内容：一是知识产品的可复制性，企业可以将知识产品、工作内容梳理形成知识体系，引导新员工学习消化，并结合自身经验实践完善最终内化为自己的知识；二是工作习惯的可复制性，企业可以将优秀员工的工作习惯和工作行为总结形成模板，作为其他员工学习的典范，帮助他们直接传承优秀的工作习惯；三是管理技能的可复制性，企业可以将管理者隐性的管理技能线性化、系统化为企业标准作业程序，来提高员工标准化操作技能。比如肯德基就有一套完整的人才复制系统——培训树体系，从一个最开始的见习经理，在招聘方面已经形成一种标准化的系统。

企业家必须意识到，人才复制系统能形成知识经验积累，用低成本快速复制人才，来提升企业的核心竞争力。对于企业管理而言，人才复制系统可以减少管理成本，提升管理者的管理水平。对于员工而言，可以帮助员工快速熟悉业务，提高自身工作水平。企业家必须调用一切资源去建设，使自己企业里的人才是可复制的。从人才管理大师到人才复制大师，是普通企业家和卓越企业家的分水岭。

思考与练习

1. 人才管理的基本法则包括战略导向、业务驱动、胜任力和高层参与四项，前三项为企业构建了精准的人才画像，最后一项高层参与的意义是什么？

_____

_____

2. 在"企业家如何成为人才管理大师"一节中，我们提到企业家一定要亲自面试前100位早期员工，这么做的目的是什么？

_____

_____

第 14 章
管理的未来

迈向未来，我们最大的对手，不是技术竞争、资金、人才，而在于我们自身的管理进化。如何把管理框架搭起来，而且要搭牢固了，四平八稳，能经受住经济和技术变化的大风大浪，我们就掌握了拥抱未来的机会。

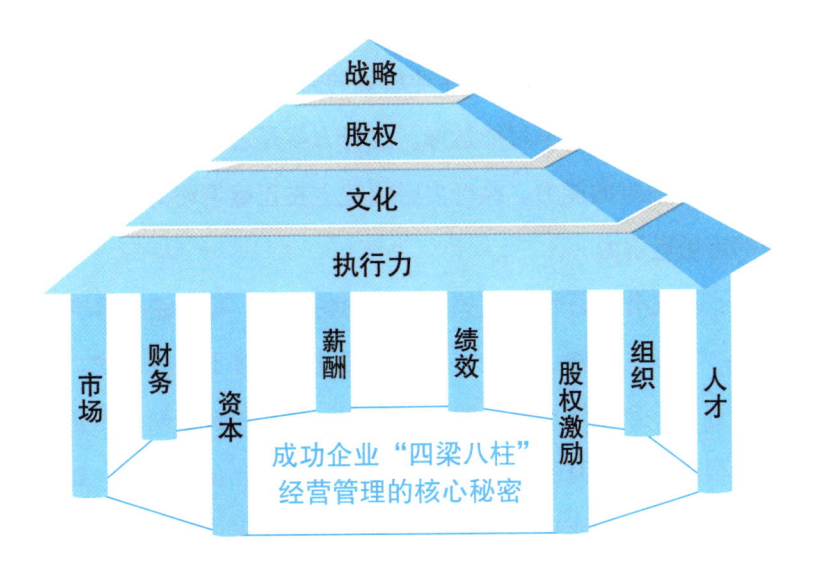

战略

股权

文化

执行力

市场　财务　资本　薪酬　绩效　股权激励　组织　人才

成功企业"四梁八柱"
经营管理的核心秘密

历经百年的公司是怎么持续成功的

美国波士顿咨询公司研究发现，20世纪50年代的500强企业在20世纪90年代有近1/2消失，而20世纪70年代所列的500强企业在20世纪90年代有近1/3消失。许许多多的企业，为何有的企业昙花一现，有的企业却能持续经营？如何才能使企业经营管理持续有效呢？这个问题其实没有什么捷径可走，唯有实打实地来落实各项工作。

第一，需要设立一个明确的战略目标，围绕这个目标配置资源、采取行动，才有可能获得最终的成功。目标明确对于有志于缔造百年名企的企业领导者尤其重要。通过对企业所处环境的分析、企业优势和不足的分析，制订行之有效的经营策略，规划企业未来的长远发展。

企业需要在不同阶段采取不同的战略，这样企业可以通过有限的资源降低经营风险，还能提高竞争力。以明基集团为例，早期主要从事IT周边产品制造，主要市场是本地市场。从20世纪90年代开始利用制造业转移的机会，在欧美海外市场设立30多家销售分公司，成为真正意义上的全球市场经营者。

第二，执行力是关键，越来越多的企业意识到员工执行力的增强必将带动企业整个经营战略的成功。不管企业所处的商业环境多好，战略多么正确，只要执行力不强，绩效就不可能达标。执行力就是通过有效的组织和行动计划把战略转化为结果的能力。执行力必须建立在正确策略的前提下才能大大提升企业的市场竞争力。

第三，企业文化是百年企业核心竞争力的灵魂。每个企业都会不可避免地经历创立、成长、成熟、稳定（转型）的过程。对于企业来说，其发展阶段可以大致分为：创立期、成长期、成熟期、稳定和转型期。当企业处在不同的发展阶段时，往往有不同的定位和改变，来契合企业发展。如果没有了经营理念和企业文化的支撑，企业的一切活动就失去了"灵魂"，谈发展也就毫无意义了。

第四，企业管理的未来在于人才管理。无论企业处于哪一个阶段，人才始终是提高企业竞争力的保证。当今世界知识正逐渐成为最重要的特殊资源，人才作为知识的拥有者，在竞争中起着决定性作用。企业要想不断提高核心竞争力，就必须从战略高度认识人才的重要性。如今，企业竞争的焦点转向科技和知识，归根结底就是人才的竞争，只要有了人才，企业就能在市场竞争中取得优势。人才是企业发展的命脉，是企业各种因素中最重要的因素。企业的发展主要取决于明智的决策，而企业决策来自人才。人才还能指引企业的发展方向，决定企业成功的高度。

驾驭不确定性

未来最大的特点是不确定性，那么如何才能驾驭不确定性呢？通过观察那些能够实现持续增长的企业，可以发现他们都有一些共同点：都有增长型的思维，都勇于变革，都遵守市场规律以及都拥有管理不确定性的能力。

人才自由意志的觉醒

未来的人才将会更多地关注自我，关注自由，包括思想的自由和灵魂的自由。老板对员工生理和心理完全的掌控已经成为过去式，如果想要完全控制一个人的行为和思想，不允许其有自己的想法和思考，结果则会适得其反，引起员工的反感和叛逆。许多老板会不自觉地将自己的信念加到员工身上，遏制员工的自由意志、天性和绩效水平，背后的原因是，许多老板忽略了员工具有自由意志和信念系统。

在未来的企业管理中，人才的自由意志首先会被尊重和考虑。在中国，3M也重视对员工自由意志的尊重和为员工提供冒险和尝试的空间，比如3M有一个"发明记录系统"，员工一旦有了新的发明，便可随时登录该系统，将自己的发明内容发送给相关评审部门，评审部门经过评估考核看是否可以申请专利。

未来的竞争仍是管理的竞争

很多伟大的公司在全球经济面临阻力的环境中逆势成长，他们依靠的不是技术本身，更多的是管理能力。多家公司同样做一个行业，起步与发展的过程都很相似，但最终的发展结果是大相径庭，这个核心作用就是管理的力量。

一个企业，很多资源都可以用金钱解决，但唯独管理是金钱买不到的。尤其是现代化科学管理体系，要靠全体员工的聪明才智和不懈奋斗才能从企业中生长出来。公司保持良性的增长，首先就需要所有的员工理解、接受、消化先进的管理理念和实践，抓好管理的基本功建设。

两个优秀的竞争企业之间比的是什么？比的是整体的管理能力，看谁能借助管理的效益胜出一步。

今天，大数据、人工智能等技术不断进步，加快了管理的效率和进步，加快了各公司之间差距的缩短。未来的竞争一定是管理的竞争，我们要在管理上与竞争对手拉开差距。在大数据时代，技术进步非常之快，而管理进步比较难，难就难在管理的变革，所触及的都是人的利益。

企业间的竞争，说穿了是管理本身的竞争，是精益管理的竞争。如果竞争对手持续不断地进步，而我们不改进就必定衰亡。迈向未来，我们最大的对手，不是技术竞争、资金、人才，而在于我们自身的管理进化。如何把管理框架搭起来，而且要搭牢固了，四平八稳，能经受住经济和技术变化的大风大浪，我们就掌握了拥抱未来的机会。

管理进化推动共同富裕

企业是共同富裕道路的主要承载者，要做好两件事。

一是要做好企业自身"创富"这篇大文章。要将企业做好、做优、做大、做强，做大"蛋糕"是分好"蛋糕"的前提。共同富裕是在企业持续推进高质量发展过程中实现的。因此，企业走共同富裕道路的首要课题是内部管理的升级与优化，这将是共同富裕道路形成的重要微观基础。所谓"一屋不扫何以扫天下"，共同富裕首先是每个企业反求诸已的实践。无论是从强调社会责任的角度，还是从共同富裕的角度，每个企业如果在自身内部很难做到公正平等与相对优化的收入分配，很难谈得上真正地践行企业的社会责任。

经典案例

> 吉利汽车的共同富裕计划是企业界具有领先性的探索案例。吉利汽车在推出全员收入增长计划、全员家庭健康保险计划、全员职业提升计划等一系列举措之后，吉利汽车董事会还批准 3.5 亿股额度，持续实行股份奖励计划，根据员工入职和晋升发展等情况，让更多员工分享企业发展成果。
>
> 吉利的这一系列行动对于企业界如何理解和认识共同富裕，提供了重要的启发和示范。

二是富而思源，企业应积极承担社会责任，推进社会的共同富裕。

企业社会责任，是指企业在创造利润、对股东和员工承担法律责任的同时，还要承担起对消费者、社会和环境等更大范围内利益相关者的社会性责任。从广义的内涵来看，只要企业还在开展生产经营活动，就都应该或多或少地履行企业社会责任，比如提供就业、上缴税费、保护环境、节约能源等，只因企业规模、发展水平和盈利能力等有所不同，在履行社会责任方面存在一定差异。

例如，2021年4月至9月间，腾讯和阿里先后启动"助力共同富裕行动"，各自计划投入1000亿元，围绕公益数字化、乡村振兴、科学探索、碳中和、科技创新、经济发展、高质量就业、弱势群体关爱等方向，积极承担社会责任，助力共同富裕。

思考与练习

1. 未来最大的特点是不确定性,那么,企业如何做才能驾驭这种不确定性?

2. 企业是共同富裕道路的主要承载者,需要做好哪两件事?

参考文献

[1][美]H·伊戈尔·安索夫.战略管理[M].邵冲.北京：机械工业出版社，2022.

[2][美]乔治·斯坦纳.战略规划[M].李先柏.北京：华夏出版社，2001.

[3]何盛明.财经大辞典[M].北京：中国财政经济出版社，1990.

[4]李端生.基础会计学[M].北京：中国财政经济出版社，2014.

[5]杨建锋，王重鸣.薪酬策略与公司竞争战略的匹配机制研究[J].重庆大学学报（社会科学版），2008(05)：63-67.

[6]何娟.人力资源管理[M].天津：天津大学出版社，2000.

[7][美]罗伯特·巴克沃.绩效！绩效！如何考评员工表现[M].陈舟平.北京：中国标准出版社，2004.

[8][美]罗伯特·卡普兰，大卫·诺顿.组织协同运用平衡计分卡创造企业合力[M].刘俊勇，刘睿语，罗紫菁，田书隽.北京：中国人民大学出版社，2021.

[9][美]迈克尔·哈默，詹姆斯·钱皮.企业再造[M].小草.南昌：江西人民出版社，2019.

[10]刘瑛，赵颖.人才管理问题国外研究成果综述[J].科技管理研究，2014（02）：5-79.

[11]彭剑锋.从二十个关键词全方位看人力资源发展大势[J].中国人力资源开发，2015（02）：6-11.

[12]王述祖.大无缝历史的回顾与启示[M].天津：天津人民出版社，2008.

[13]吴大有.读懂华为30年执念是一种信仰[M].北京：中国商业出版社，2018.

[14][日]畠山芳雄.管理的基本：基本最无敌最新版[M].张昭君.北京：东方出版社，2012.

[15][美]史蒂芬·柯维著.高效能人士的七个习惯[M].王亦兵.北京：中国青年出版社，2008.

[16]陈劲，杨文池，于飞.数字化转型中的生态协同创新战略——基于华为企业业务集团（EBG）中国区的战略研讨[J].清华管理评论，2019(06):22-26.

[17]张笑恒.任正非的哲学[M].北京：北京工业大学出版社，2017.

[18]茅理翔.百年传承：探索中国特色现代家族企业传承之道[M].杭州：浙江人民出版社，2013.

[19][日]竹田阳一.数字化老总[M].郭勇.广州：广东经济出版社，2007.